Etude dialectologique de l'aire manding de Côte-d'Ivoire

LANGUES ET CULTURES AFRICAINES

Collection dirigée par Luc Bouquiaux

Le continent africain, sauf sur sa frange septentrionale et méditerranéenne, compte essentiellement des civilisations à tradition orale. Là même où existe de longue date une tradition écrite, comme c'est le cas dans les pays arabes ou en Ethiopie, la possession de l'écriture et de la culture qu'elle véhicule reste presque entièrement l'apanage d'une petite élite politique et religieuse. Bien des civilisations se sont développées puis ont disparu sans que la moindre trace en subsiste. Aujourd'hui plus que jamais, avec l'impact du monde industrialisé dominant, des langues et des cultures s'éteignent. Partout la mutation est profonde, rapide, souvent brutale, rarement heureuse.

Depuis que les Occidentaux ont pénétré cet univers de paroles éphémères, il s'en est trouvé quelques-uns pour ne pas les ignorer ou les mépriser, voire s'obstiner à en goûter les richesses. Des premiers voageurs ou explorateurs éclairés du siècle dernier aux chercheurs d'aujourd'hui, une collecte de ce patrimoine culturel s'est poursuivie, plus ou moins rigoureuse, mais toujours irremplaçable.

La collection d'ouvrages présentée ici se veut une pierre ajoutée à l'édifice commun. Elle rassemblera des travaux de spécialistes, linguistes, ethnolinguistes, ethnologues et non d'amateurs. Sa vocation est de réunir des documents, certes, mais surtout des études approfondies sur des langues et cultures d'Afrique encore peu ou mal connues, certaines n'ayant même pas de nom. On y traitera des sociétés traditionnelles dans leurs rapports avec le passé et la sagesse ancestrale, mais aussi de leurs aspirations vers le monde moderne et des difficultés qu'elles rencontrent à s'y adapter.

Déjà parus dans la collection

3. Marie-Françoise ROMBI, 1983 — *Le shimaore. Première approche d'un parler de la langue comorienne (Ile de Mayotte, Comores)*, 256 p.
4. Georges A.G. GUÉDOU, 1985 — *Xó et gbè. Langage et culture chez les Fon (Bénin)*, 528 p.
5. Jeanne-Françoise VINCENT et Luc BOUQUIAUX (éds), 1985 — *Mille et un proverbes beti (la société à travers ses proverbes) recueillis par Théodore Tsala*, 326 p.
6. Henry TOURNEUX, Christian SEIGNOBOS, Francine LAFAGE, 1986 — *Les Mbara et leur langue (Tchad)*, 317 p.
7. Véronique DE COLOMBEL, 1986 — *Phonologie quantitative et synthématique. Propositions méthodologiques et théoriques avec application à l'ouldémé (langue tchadique du Nord-Cameroun)*, 375 p.
8. Ntole KAZADI, 1989 — *Chants de cultes du Zaïre : Chants et possession dans les cultes du Butembo et des Mikendi (chez les Bahemba et les Baluba)*, 271 p.
9. Véronique DE COLOMBEL, 1987 — *Les Ouldémés du Nord-Cameroun. Introduction géographique, historique et ethnologique*, 74 p.+1 cassette.
10. Suzanne RUELLAND, 1988 — *Dictionnaire tupuri -français-anglais (Tchad)*, 343 p.

LANGUES ET CULTURES AFRICAINES

11

Marie-Jo DERIVE

ÉTUDE DIALECTOLOGIQUE DE L'AIRE MANDING DE CÔTE-D'IVOIRE

Fascicule 1

SELAF n° 318

Publié avec le concours
du CENTRE NATIONAL DE LA RECHERCHE SCIENTIFIQUE (CNRS)
et de l'AGENCE DE COOPÉRATION CULTURELLE ET TECHNIQUE (ACCT)

PEETERS

PARIS
1990

LACITO
Laboratoire de Langues et Civilisations à Tradition Orale
44, rue de l'Amiral Mouchez
75014 Paris
Département «Langues, communication et sociétés en Afrique intertropicale»

AGENCE DE COOPÉRATION CULTURELLE ET TECHNIQUE

(A.C.C.T.)

ÉGALITÉ, COMPLÉMENTARITÉ, SOLIDARITÉ

L'Agence de Coopération Culturelle et Technique, organisation internationale créée à Niamey en 1970, rassemble des pays liés par l'usage commun de la langue française à des fins de coopération dans les domaines de l'éducation, des sciences et des techniques et, plus généralement, dans tout ce qui concourt au développement des Etats Membres et au rapprochement des peuples.

Pays membres

Belgique - Bénin - Burkina Faso - Canada - République Centrafricaine - Comores - Congo - Côte-d'Ivoire - Djibouti - Dominique - France - Gabon - Guinée - Guinée Equatoriale - Haïti - Liban - Luxembourg - Madagascar - Mali - Maurice - Monaco - Niger - Rwanda - Sénégal - Seychelles - Tchad - Togo - Tunisie - Vanuatu - Viêt-Nam - Zaïre.

Etats Associés

Cameroun - Egypte - Guinée-Bissau - Laos - Maroc - Mauritanie - Sainte-Lucie.

Gouvernements participants

Nouveau-Brunswick - Québec.

ISSN 0755-9305
ISBN 2-87723-026-0

Dépôt légal : Décembre 1990

RÉSUMÉ

Marie-Jo DERIVE - Etude dialectologique de l'aire manding de Côte-d'Ivoire (Langues et Cultures africaines 11, Paris, PEETERS 1990)

Le présent ouvrage a un caractère à la fois documentaire, dialectologique et comparatif. La matière en est fournie par une partie des «parlers» constituant le vaste ensemble du manding (généralement classé comme une des langues mandé-nord), à savoir ceux situés au nord (ouest et est) de la Côte-d'Ivoire. Cette étude présente un double intérêt :

1. La comparaison phonétique et grammaticale (sections 2 et 3 respectivement) des vingt-trois parlers recensés, permet d'une part, grâce à l'abondance des matériaux recueillis, de formuler des hypothèses pour la reconstruction du proto-manding ivoirien et d'autre part, à l'aide de schèmes d'évolution, de proposer des éléments d'explication sur l'origine de certains phonèmes et morphèmes présents dans plusieurs parlers.

2. La mise en évidence d'un nombre restreint de traits phonétiques et grammaticaux définissant chaque parler offre la possibilité de mesurer la proximité linguistique des parlers entre eux et d'établir ainsi une hiérarchie de parenté.

Ces résultats, confrontés à ceux obtenus par l'étude de la tradition orale et de la sociolinguistique, fournissent des éléments utiles à une meilleure compréhension du fonctionnement de la culture verbale du manding de Côte-d'Ivoire.

ABSTRACT

Marie-Jo DERIVE - A dialect survey of the Manding region in the Ivory Coast (Langues et Cultures africaines 11, Paris, PEETERS 1990)

This work lies in the fields of documentation, dialectology, and comparative linguistics. The data are taken from a group of Manding dialects spoken in the northeastern and northwestern parts of the Ivory Coast (manding is generally classified as a Northern Mande language). Two main points are made :

1. The phonetic and grammatical comparison (in sections 2 and 3 respectively) of twenty-three dialects leads to the hypotheses, supported by abundant data concerning the reconstruction of Proto-Ivory-Coast-Manding, and to proposals of evolutionary frameworks to explain the origin of a number of widespread phonemes and morphemes.

2. A limited number of phonetic and grammatical traits are defined to characterize each dialect so that their linguistitic proximity can be calculated and a genetic hierarchy can be set up.

Comparison of these results with conclusions drawn from the study of oral tradition and sociolinguistics yields a better understanding of the functioning of Ivory Coast Manding verbal culture.

Principales abréviations utilisées

acc.	accompli	*pl./plur.*	pluriel
asp.	aspectuel	*post.*	postposition
connect.	connectif	*pr.*	pronom
déf.	défini	*préd.*	prédicatif
dém.	démonstratif	*prés.*	présent
foc.	focalisateur	*sg./sing.*	singulier
inact.	inactuel	*spéc.*	spécifique
mq	marque	*suff.*	suffixe
nég.	négatif		

AVANT-PROPOS

Le présent ouvrage a pour objet l'étude dialectologique d'une partie de la zone linguistique manding, celle qui s'étend au nord-ouest et au nord-est de la Côte-d'Ivoire. Nous nous sommes attachée, dans une première étape, comme le suggérait M. HOUIS (1980) "à relever la systématique propre à chacun des dialectes tels qu'ils sont dans leurs états actuels, de façon à dégager, par comparaison, un métasystème", c'est-à-dire à relever des faits d'ordre phonétique et lexical mais aussi des faits d'ordre grammatical sur une base typologique. Dans une deuxième étape, nous avons cherché, en introduisant des "vecteurs chronologiques", à saisir le sens de l'évolution de ces différents parlers et à proposer quelques hypothèses permettant d'esquisser ce qu'a pu être le système du proto-manding ivoirien, avant que se développe le processus de très forte dialectalisation qui a abouti à la situation actuelle.

Le présent ouvrage est divisé en trois sections.

La *section 1* donne une présentation détaillée de chaque parler sur les divers plans – géographique, sociologique, démographique et historique (l'origine des noms des villages recensés, ainsi que leur signification sont données à l'Annexe 2) – présentation qui se poursuit par l'exposé de la méthodologie employée pour faire cette recherche.

La *section 2*, après un rappel des systèmes phonologiques des quatre principaux parlers situés aux quatre pôles de l'aire manding, systèmes que nous avons établis dans notre thèse de Doctorat, présente l'étude comparée, au plan phonétique, de l'ensemble des vingt-trois parlers recensés en Côte-d'Ivoire. La comparaison portera sur quatre aspects qui formeront quatre subdivisions :

1. l'étude des consonnes
2. l'étude des voyelles
3. remarques sur la tonologie
4. les principaux schèmes de structure syllabique

La *section 3*, constituée par l'étude comparée de ce qui, dans les différents syntagmes, au plan nominal et verbal, subit d'importantes variations grammaticales, à savoir :

1. les morphèmes caractéristiques des nominaux et, plus largement, ceux de la personne, c'est-à-dire les pronoms personnels.
2. l'ensemble des prédicatifs verbaux.

Pour compléter cette étude strictement linguistique et lui permettre de s'incarner à partir de l'histoire et de la géographie d'une culture, nous lui avons adjoint:

L'*annexe 1* dans laquelle figurent toutes les cartes illustrant la variation de tel item ou de tel trait phonétique.

L'*annexe 2*, dans laquelle sont rassemblés les items des principaux villages manding, leur signification et leur origine historique telle qu'elle est présentée par la tradition orale.

Les *appendices 1a et 1b* qui présentent le vocabulaire comparatif ayant permis d'établir les correspondances phonétiques.

L'*appendice 2* où sont rassemblées les reconstructions de quelques radicaux.

Dans l'ensemble actuel des études – assez rares – publiées en dialectologie manding, la nôtre semble originale pour deux raisons. La première est que, pour une fois, la comparaison ne porte pas seulement sur des ressemblances lexicales (qui, dans le cas de dialectes très proches, sont évidentes et présentent peu d'intérêt) mais sur une systématisation des correspondances consonantiques et vocaliques permettant de mesurer la distance entre les parlers et, par là même, de repérer des groupes de parlers se définissant par un certain nombre de traits communs. A cette systématisation des faits d'ordre phonétique s'ajoute le relevé méthodique des faits d'ordre grammatical qui constituent un critère de différenciation de tout premier ordre entre les parlers manding.

La seconde raison réside dans le fait que, par un quadrillage systématique de l'aire manding ivoirienne, cette étude vise à une représentation fine de la variation des faits linguistiques, en s'appuyant sur des faits recueillis de première main : les questionnaires portant sur les vingt-trois parlers recensés ont tous été remplis par nous-même, sur le "terrain".

Certes, ce qui fait l'originalité de cette recherche, en définit du même coup les limites. Il ne s'agit pas, en effet, d'une étude comparée de langues ou de dialectes dont la phonologie et la grammaire ont été soigneusement étudiées. Voulant en quelque sorte "photographier" chaque parler, tant du point de vue phonétique que grammatical, nous sommes consciente de ne donner parfois qu'une image floue et approximative de la réalité : une enquête extensive comme celle-ci ne peut saisir que des faits phonétiques et ne peut rendre compte, notamment, des faits de conditionnement au niveau tonologique par exemple.

Depuis que ce travail a été entrepris, plusieurs études intensives ont été menées sur quelques-uns des vingt-trois parlers dont nous avions fait notre corpus de référence[2] ; ces études ont évidemment donné une image beaucoup plus précise et plus détaillée de ces parlers.

L'une des ambitions de notre recherche était précisément de favoriser le développement de telles études, en leur offrant un point de départ. En outre, même si un jour les vingt-trois parlers étudiés ici seront décrits de façon plus exhaustive, cet ouvrage aura encore le mérite de présenter une vision panoramique de la situation linguistique du territoire manding de Côte-d'Ivoire. Un tel point de vue, plus synthétique malgré son caractère nécessairement plus superficiel, permet, grâce aux comparaisons, d'apercevoir un certain nombre de phénomènes dont les études consacrées à un parler ne peuvent rendre compte.

Remerciements

Ce travail a été financé par l'Institut de Linguistique Appliquée de l'Université d'Abidjan et par le programme MAPE de l'Agence de Coopération Culturelle et Technique.

Nous voulons exprimer ici tous nos remerciements à l'Institut de Linguistique Appliquée dans les personnes de ses directeurs successifs qui, lorsque nous étions chercheur dans cet Institut, nous ont toujours donné les moyens d'effectuer les missions nécessaires, que ce soit MM. ATIN KOUASSI ou Pascal KOKORA. Nous remercions également tout le personnel de l'I.L.A., particulièrement les chauffeurs MM. DALY, Ernest N'GUESSAN, Jean-Marie GBANGBE. Que nos collègues français et ivoiriens de l'Institut soient aussi remerciés, tout spécialement Cassian BRACONNIER qui, par ses critiques et par le soin qu'il a porté à la réalisation de cette publication, nous a beaucoup aidée.

MM. les Sous-Préfets et Secrétaires de P.D.C.I.R.D.A. de Kong, Bilimono, Odienné, Samatiguila, Tienko, Gbeleban, Maninian, Goulia, Seguelo, Bako, Koonan, Ganhoue, Fouenan, Touba, Booko, Borotou, Koro, Guintéguéla, Siana, Woronfla, Djiborosso, Kani, Kongasso, Mankono, Tiéningboué, Marhandalla, Sarhala et Faraba trouveront également ici l'expression de toute notre gratitude pour leur aide et leur accueil toujours si précieux lorsqu'on arrive en terre inconnue, ainsi que tous les chefs de village qui ont accepté, bien volontiers, de

[2] Plusieurs recherches ont été faites sur certains parlers manding ; nous pensons notamment à celles de D. Creissels sur le *korokan* que nous citons dans notre bibliographie aux années 1984 et 1987, à celles de M. Bamba sur le *maukakan* qui apparaissent aussi dans la bibliographie et qui ont été publiées en 1984, à la thèse de 3ème cycle d'Aby Sangare sur le *julakan* de Kong, soutenue en 1984 et aux importants travaux réalisés par Cassian Braconnier (1984) sur le *wojenekakan*.

nous livrer leur savoir sur l'origine et l'histoire de leur village.

Nous ne saurions oublier de remercier tous les élèves ou étudiants qui ont accepté d'être nos informateurs, et sans le concours desquels ce travail aurait été impossible. Ne pouvant les citer tous, nous renvoyons le lecteur à l'Annexe 3 dans laquelle figure la liste de tous ceux qui nous ont aidée.

Nos remerciements s'adressent également au LP 3-121 du CNRS, équipe de recherche à laquelle nous sommes associée depuis longtemps et qui nous a permis de repartir en mission en 1980 pour compléter nos enquêtes.

Nous tenons à remercier aussi M. le Professeur HOUIS qui, par son enseignement, nous a initiée à la fois au monde manding et à la dialectologie, et qui a suscité la présente étude.

Notre dette, enfin, est très grande à l'égard de Jacqueline M.C. THOMAS qui a accepté de diriger ce travail de recherche. Qu'elle soit ici remerciée, tout d'abord pour la lecture très minutieuse qu'elle a faite de ce manuscrit, ce qui nous a permis d'éliminer bon nombre d'erreurs, et pour tous ses conseils et suggestions dont nous avons essayé de tirer le meilleur profit.

SECTION 1

GÉNÉRALITÉS

1.1. - LES PARLERS MANDING

Avant d'aborder la présentation des parlers manding, il convient de dire un mot sur la terminologie employée pour les désigner. Le terme de manding, est

> "utilisé par les linguistes pour désigner un ensemble de parlers qui recouvrent une zone étendue de l'Afrique occidentale, de l'embouchure de la Gambie de l'Ouest à la frontière occidentale du Ghana à l'Est ..." (D. Creissels, 1980a)

(cf. carte 1). Ce terme qui, au départ, désignait

> "la province du Manding, située à cheval sur le Haut-Niger entre Bamako et Siguiri" (Delafosse, 1929)

s'est étendu à l'ensemble des populations constituant l'Empire manding dont

> "l'apogée dura de 1250 environ jusque vers la fin du XVème siècle" (*id.*).

Carte 1 – L'ENSEMBLE DES PARLERS MANDING EN AFRIQUE DE L'OUEST

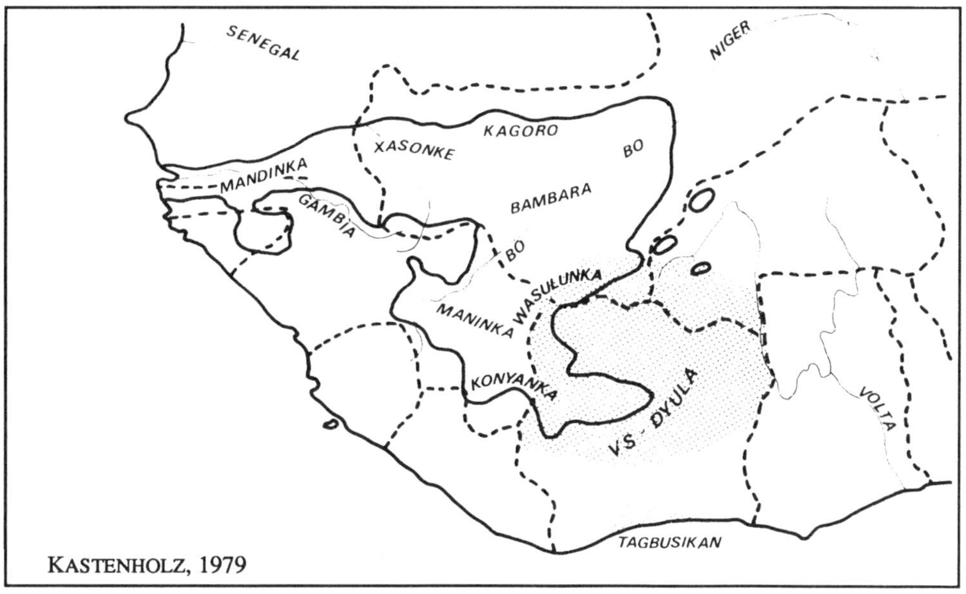

Il est à noter que les locuteurs eux-mêmes ne disposent pas de terme pour désigner la langue manding dans son ensemble ; par contre ils dénomment chaque variante locale de cette langue par un mot spécifique : *mandinka* en Gambie, *bambara* au Mali, *dioula* au Burkina Faso et en Côte-d'Ivoire, etc. Mais là encore, à propos des dénominations utilisées, il convient de faire plusieurs remarques :

- on rencontre couramment, dans la littérature comme dans les ouvrages scientifiques, les termes "Malinké" pour nommer l'ensemble des Manding vivant au nord-ouest de la Côte-d'Ivoire (cf. par exemple la carte des groupes culturels et ethniques figurant dans l'*Atlas de Côte-d'Ivoire)*, et le terme "Dioula" pour désigner ceux qui sont situés au nord-est de la région de Kong ;
- d'après les locuteurs eux-mêmes, les termes employés pour se définir varient selon qu'il s'agit de personnes scolarisées ou non scolarisées. En effet, les intellectuels, et d'une certaine façon tous ceux qui sont scolarisés, lorsqu'ils s'expriment en français, se définissent comme "Malinké" en reprenant le terme que leur a inculqué l'enseignement en français de l'histoire africaine, et protestent énergiquement lorsqu'on les appelle "Dioula", terme qui ne représente pour eux qu'une catégorie professionnelle, celle des "commerçants" ; ceci ne vaut pas pour les Manding du nord-est de la Côte-d'Ivoire qui se définissent bien comme "Dioula". Par contre, les non-scolarisés, ne parlant ni ne comprenant le français, ignorent complètement le terme "Malinké", qui ne signifie rien dans leur langue, et se disent "jù̀là̀".

Quant au terme qu'un Manding emploie pour désigner sa langue, d'après les observations que nous avons pu faire, il variera selon l'interlocuteur :

- si celui-ci n'est pas "manding", il répondra "julakan" ;
- si celui-ci est aussi manding, il précisera "bɔdugukakan" ou "maukakan", etc., c'est-à-dire qu'il emploiera alors le nom du parler de la région dont il est originaire.

C'est pour toutes ces raisons que, pour la terminologie que nous proposons d'utiliser pour ces parlers que nous avons étudiés en Côte-d'Ivoire, nous préférons écarter le terme de "malinké" qui ne correspond à rien ni pour le scientifique, ni pour le locuteur lui-même, ainsi que celui de "dioula" perçu trop souvent de façon péjorative par les locuteurs, et retenir d'une part celui de "manding" pour désigner l'ensemble de ces parlers, qu'ils soient au nord-ouest ou au nord-est, et d'autre part celui qu'emploient les locuteurs eux-mêmes pour désigner chaque variété dialectale ; nous verrons plus loin les noms de ces différents parlers. Ce terme de manding, déjà utilisé comme on l'a vu plus haut pour des parlers autres que ceux de Côte-d'Ivoire a au moins le mérite de faire référence à une tradition historique à laquelle se rattachent toutes celles que nous avons pu recueillir dans l'aire ivoirienne et dont nous reparlerons au § 1.1.2.

1.1.1. Statut linguistique du manding

Depuis les premières classifications des langues mandé (DELAFOSSE 1901) jusqu'aux plus récentes (R.W. LONG 1971), celle du manding n'a généralement posé beaucoup de problèmes. Il est classé par Greenberg dans la branche mandé-ouest de la famille Niger-Congo. En fait, ces classifications, pour bien des langues mandé, reposent le plus souvent sur des ressemblances lexicales plus ou moins nombreuses à partir de listes réduites de vocabulaire dont la notation n'est pas toujours scientifique. Disons qu'elles peuvent fournir des hypothèses de classement à "soumettre, comme le dit Creissels (*op cit.*) à l'épreuve de la comparaison dialectale systématique". Compte tenu de ces réserves, nous nous en tenons pour l'instant à la répartition des langues mandé proposée par Long (*op. cit.*) :

1 – ***Division Nord-Ouest***

a) Groupe Nord : soninke - bozo - yalunka - mandekan [mandinka, xassonke, maninka, bambara, dyula, konyanka, wassulunka, diakhanka, mauka, bô (marka)] - kurankɔ - vai kɔnɔ - ligbi (hwela, numu ?) - samogo - gouan - sembla.

b) Groupe Sud-Est : mande - bandi - loko - loma - kpelle

2– ***Division Sud-Est*** (sans distinction de groupe) : mano - dan - tura - mwa - nwa - gan - kweni - tougan - samogo - busa - bisa.

3 – ***Division Bobo-fing*** : Bobo-fing (sya).

En ce qui concerne les parlers manding de Côte-d'Ivoire classés ici dans le groupe des langues mandé-nord et faisant partie du mandekan, nous ne notons que deux noms parmi les vingt-trois que nous avons relevés : le dyula et le mauka. Ceci montre bien qu'avant de vouloir considérer la famille mandé dans sa totalité, il semble plus utile, dans une première étape, de se concentrer sur des ensembles dialectaux restreints (ceux d'un pays par exemple) puis, de proche en proche, d'étendre la comparaison à des ensembles plus vastes, ceci afin de donner une base solide au classement de ces langues.

1.1.2. Données géographiques, démographiques et historiques

En Côte-d'Ivoire, l'aire manding s'étend sur le nord-ouest du pays avec une enclave au nord-est dans l'aire des langues gur (cf. carte 2), soit une superficie de 60 204 km^2. Elle est limitée au nord par le Mali, à l'ouest par la Guinée, au sud par les territoires dan (yacouba) et gouro, et à l'est par tout le département de Korhogo où vivent les Sénoufo. Sur le plan administratif, elle couvre les départements d'Odienné, de Touba, de Séguéla et la sous-préfecture de Kong (département de Ferkéssédougou).

D'après le document du Comité National de Recensement sur le dernier recensement effectué en 1975, le nombre des Mandé du nord est de 709 839, ce qui représente 14,8% de la population ivoirienne. Mais cette population mandé-nord est extrêmement mobile comme l'indiquent les données qui nous ont été fournies sur la base de renseignements recueillis par D. ZIMMERMANN (S.I.L.) auprès de la Direction de la Statistique : dans ce document sont établies les statistiques des ethnies de Côte-d'Ivoire par préfecture et sous-préfecture ; après un rapide comptage, nous avons relevé le nombre de 392 261 Mandé du nord vivant à l'extérieur de leur territoire d'origine, principalement dans de grands centres urbains (Abidjan ville + département : 90 875 – c'est également le groupe le plus urbanisé : 36,40% d'urbains –, Bouaké ville + département : 47 764, Daloa département : 38 623). Cette très grande mobilité est une des caractéristiques de la population manding ; en effet, si nous comparons par exemple avec la population akan (qui englobe les locuteurs des langues kwa et des langues lagunaires) nous ne trouvons que 216 630 personnes sur les 2 212 941 recensées (soit 9,78%) vivant en dehors de leur territoire d'origine. Après ces quelques remarques on comprendra aisément que, d'une part, le taux de densité dans les zones manding soit le plus faible de Côte-d'Ivoire (6 hab./km^2 à Odienné, 9 hab./km^2 à Touba et 7 hab./km^2 à Séguéla, alors qu'à Korhogo, également dans le nord, il est de 22 hab./km^2) et que, d'autre part, ce soit un parler manding – le dioula, appelé "tagbusikan" par les mandingophones – qui se soit répandu dans toute la Côte-d'Ivoire et qui, d'après les quelques enquêtes sociolinguistiques faites en milieu scolaire et sur les marchés d'Abidjan (KOUASSI 1977), apparaisse comme la deuxième langue la plus parlée par les Ivoiriens.

D'un point de vue historique, toutes les traditions que nous avons enregistrées dans les différents villages du nord-ouest s'accordent sur le fait que ces populations viennent du Manden (Mandé) qui, comme l'a noté DELAFOSSE (1929), constituait une province du Mali. Certains *tarikhs* que nous avons recueillis chez les Sia à Gbèma et chez les Koyaga à Mankono, font allusion à la dispersion des peuples du Manden, consécutive à une sécheresse annoncée par un serpent dont la tête, coupée par une des servantes de la reine d'alors, aurait disparu dans le ciel.

Arrivés en Côte-d'Ivoire entre le XVIème et le XVIIème siècle, ces peuples rencontrèrent soit les Sénoufo – dans les régions d'Odienné (M.-J. DERIVE 1976) et de Faraba –, soit des Mandé du sud (Yacouba ou Dan dans la région de Touba, Gouro dans celle de Séguéla et Sia dans la région de Kongasso), soit les Baoulé avec lesquels ils entrèrent en contact après s'être installés dans la région de Mankono. Quant aux Manding de l'est, ceux qui établirent le royaume de Kong vers 1605, venant eux aussi du Mali (DERIVE et DIABATE 1977), trouvèrent là des Falafala dont on ne sait rien ni de la langue ni des coutumes ; cependant les récents travaux entrepris dans cette région par des archéologues (Diabate) et des préhistoriens, de même que l'enquête sociolinguistique que nous avons menée, prouvent très clairement que, tout comme à l'ouest, le substrat de cette zone, actuellement manding, est sénoufo. De façon générale, la rencontre avec ces populations parlant différentes langues constitue peut-être, l'un des facteurs de la très forte dialectalisation de cette langue manding en Côte-d'Ivoire.

Carte 2 – L'AIRE MANDING EN COTE-D'IVOIRE

1.1.3. Présentation des différents parlers manding

Ce qui semble caractériser l'ensemble manding c'est plutôt l'aspect de chaîne dialectale que forment tous ces parlers dont les extrêmes sont très différents, que celui de groupes nettement séparés. Nous reparlerons de ce phénomène aux chapitres traitant de la phonétique et de la grammaire. C'est pourquoi il nous semble difficile dès à présent de les présenter par groupe, dans la mesure où, comme on le verra à la fin de cette étude, leur constitution dépend des traits retenus. Nous nous contenterons, dans cette présentation, de suivre le découpage administratif. Ceci se justifie d'autant plus que, à quelques exceptions près (département d'Odienné et de Séguéla), le découpage administratif a, pour une fois, respecté les frontières linguistiques.

Les noms des parlers sont ceux qui nous ont été donnés par les locuteurs eux-mêmes et que nous avons transcrits en Alphabet Phonétique International (la transcription est donnée entre crochets). L'orthographe utilisée à partir de cette transcription phonétique est celle fixée par l'Institut de Linguistique Appliquée en mars 1979 pour les langues de Côte-d'Ivoire. Nous pouvons remarquer que ces noms sont presque tous formés de la même façon : radical du nom de la région + **ka** (suffixe marquant l'origine) + **kan** ("langue")

En procédant à un quadrillage géographique, que nous expliquerons au § 1.2. consacré à la méthodologie, nous avons pu relever pour la Côte-d'Ivoire vingt-deux parlers manding dont la liste et la localisation apparaissent sur la carte 3. Il serait sans doute possible d'en allonger la liste en affinant davantage l'enquête, par exemple en cherchant à saisir les petites différences qui existent d'un village à l'autre à l'intérieur d'une même zone, voire, dans le cas des grandes villes, d'un quartier à l'autre.

Notre propos étant, dans un premier temps, de dresser un tableau d'ensemble de l'aire manding ivoirienne, nous ne pouvions du même coup prétendre à une description très fine des particularismes. Il s'agissait plutôt de relever les principaux parlers et de déterminer les contours de l'aire linguistique de chacun d'entre eux.

A ce propos, nous aimerions rappeler que les données qui vont suivre, relatives à l'aire d'extension des parlers, nous ont été communiquées par plusieurs informateurs ; ces derniers se sont efforcés de nous donner des renseignements aussi exhaustifs que possible mais, pour notre part, faute de temps, nous n'avons pas pu les vérifier systématiquement. Il faut donc lire les cartes plutôt comme des documents d'ethnogéographie que comme des documents de stricte géographie linguistique : elles ont été établies d'après des informations recueillies dans les villages, non seulement auprès des jeunes mais aussi, et surtout, auprès des chefs de village entourés des notables.

Carte 3 – LOCALISATION DES PARLERS MANDING

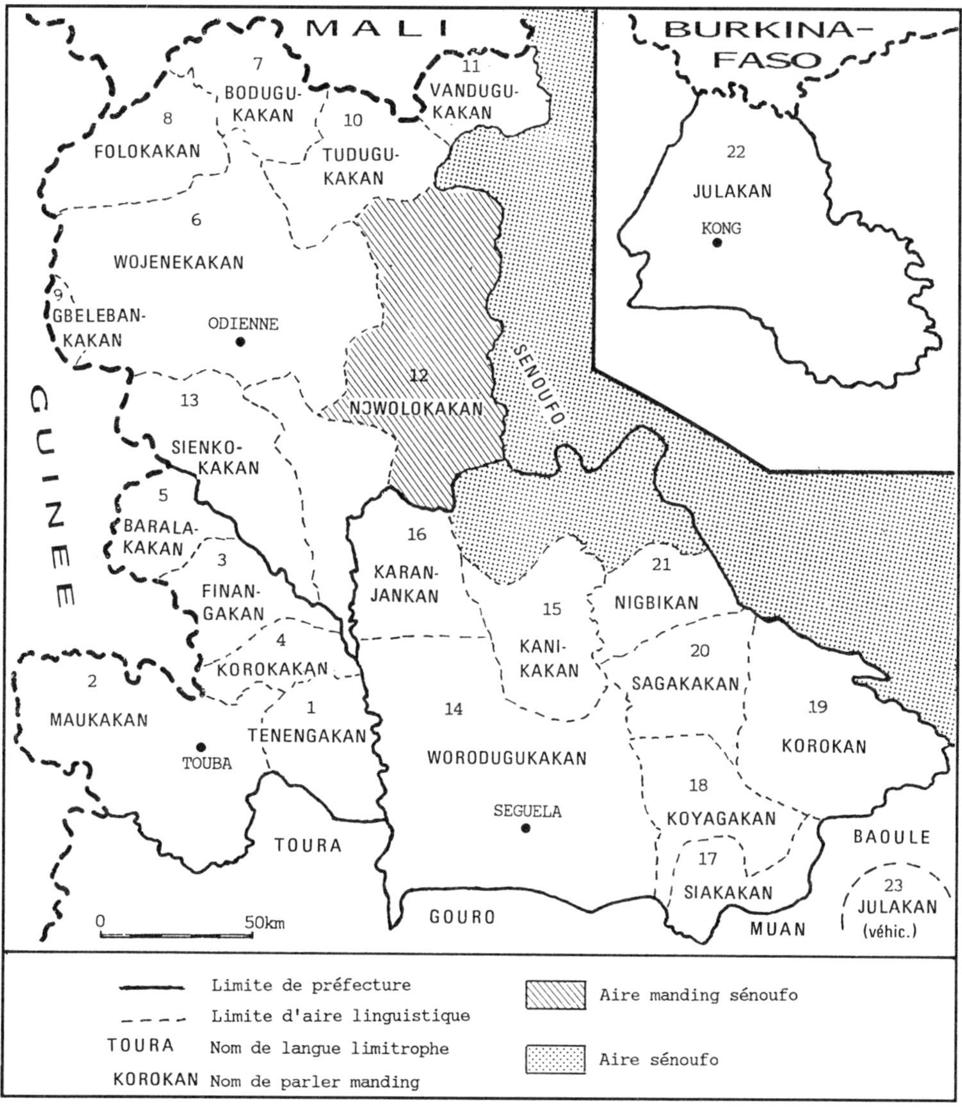

Carte 4 – PARLERS DU DÉPARTEMENT DE TOUBA

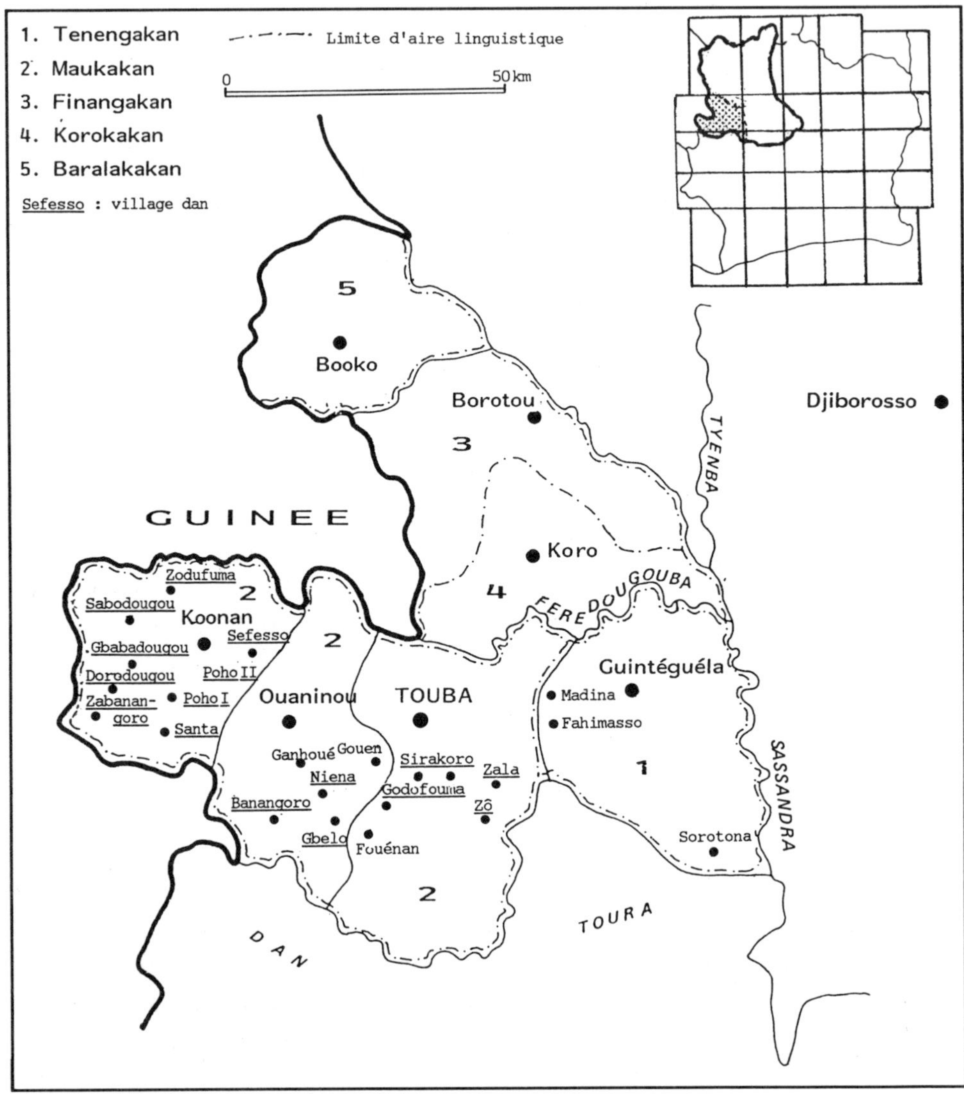

1.1.3.1. Département de Touba

a) Le tenengakan [**tɛ̃nɛ̃gakã**] est parlé par 3247 personnes[1] dans la région appelée "Tenen" qui, administrativement, correspond à la sous-préfecture de Guintéguéla, située à l'est du Département de Touba, limitée par les fleuves Sassandra à l'est et Férédougouba au Nord, et voisine des Toura (Mandé-sud) au sud (cf. carte 4). Les vingt-deux villages[2] de la sous-préfecture parlent le tenengakan, à l'exception de Madina et Fahimasso qui parlent le maukakan, et de Sorotona qui parle le koyagakan (cf. carte 5).

Carte 5 – VILLAGES PARLANT LE TENENGAKAN

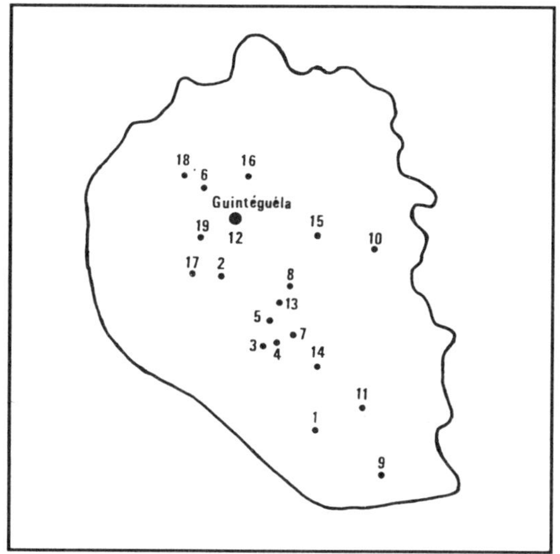

1. Baadala
2. Banzi
3. Bontoma
4. Bonzo
5. Do
6. Faman
7. Fena
8. Gouana
9. Gouralo
10. Guébasso
11. Guétéma/Bétéma
12. GUINTÉGUÉLA
13. Kaako
14. Kamalo
15. Kolon
16. Konima
17. Madialo
18. Tienfou
19. Vacerisso/Vasèso

b) Le maukakan [**maukakã**] ou [**mɔ̃kakã**] est parlé par une population de 33 385 Mahous répartis dans trois sous-préfectures de la façon suivante : 2 813 locuteurs dans la sous-préfecture de Koonan située à l'ouest du département et limitée à l'ouest et au nord par la Guinée ; 15 955 locuteurs dans la sous-préfecture de Ouaninou et 16 337 dans la sous-préfecture de Touba (cf. carte 6).

Cette région n'est pas linguistiquement homogène. En effet, nous avons noté la

---

[1] Les chiffres donnés sont ceux qui apparaissent dans *Statistiques des ethnies de Côte-d'Ivoire par préfectures et sous-préfectures*, renseignements recueillis auprès de la Direction de la Statistique par David ZIMMERMANN (S.I.L.).

[2] L'orthographe utilisée pour les noms de villages est celle qui a été employée par le *Répertoire des localités de Côte-d'Ivoire*, Comité National du Recensement, Abidjan, 1976. Cette notation est souvent très fantaisiste; pour établir un document sérieux, il faudrait systématiquement transcrire le nom de chaque village en A.P.I., puis dans l'orthographe des langues ivoiriennes.

présence de nombreux Yacouba ou Dan (7 566 au total) vivant surtout dans les sous-préfectures de Koonan et de Touba, et répartis comme suit (cf. carte 4) :

- 11 villages (Sabodougou, Santa, Poho I, II et III, Dorodougou, Gbabagoudou, Zodufuma, Koseguisanta, Sefesso, Zabanangoro) sur 23 dans la sous-préfecture de Koonan ;
- 7 villages (Zô, Zala, Booni, Sirakoro – qui est le village principal – Nyéma, Londana, Godofouma) sur les 82 de la sous-préfecture de Touba sont également yacouba ;
- dans la sous-préfecture de Ouaninou, seuls 3 villages, sur les 57 qui forment la sous-préfecture, sont yacouba ; il s'agit de Banangoro, Gouelo, Gouan.

Carte 6 – VILLAGES PARLANT LE MAUKAKAN

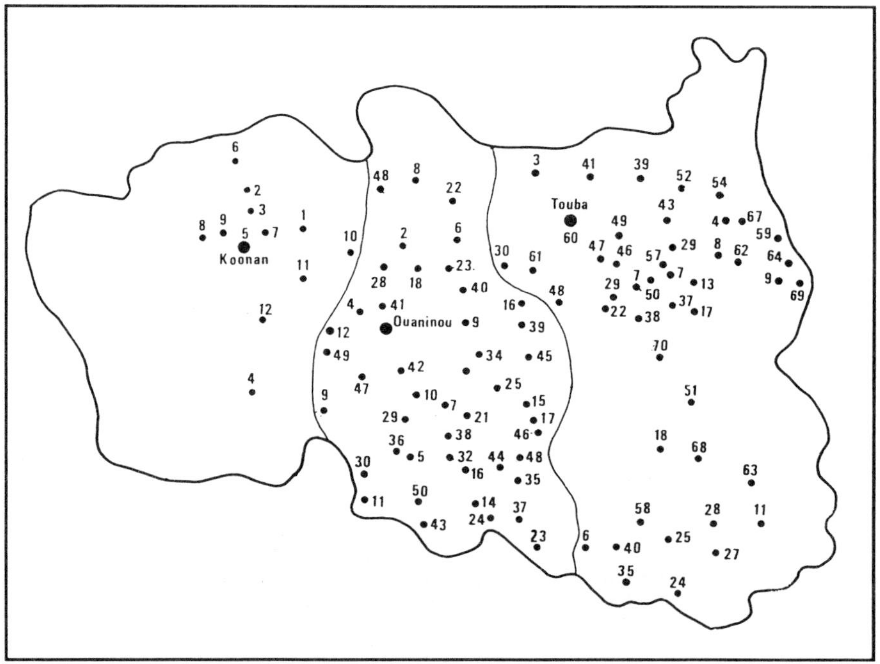

N.B. - Certains villages de moins de 200 habitants n'ont pu être identifiés sur la carte au 1/200.000e et, par conséquent, n'ont pas été portés sur cette carte.

Sous-préf. de KOONAN

1. Bayola
2. Fouana
3. Golla
4. Gouekoro
5. KOONAN
6. Massédougou
7. Monzona
8. Ouéna
9. Soula
10. Ténémasso
11. Togbadougou
12. Yafé

Sous-préfecture de OUANINOU

1. Banandjena
2. Bayola
3. Becosso
4. Binvé
5. Borontoulou
6. Faala
7. Fadouadougou
8. Faragbélé
9. Ferentella
10. Ganhoué
11. Goko
12. Golotoulo
13. Gouatoulo
14. Gouekan
15. Gouéla
16. Guétéma
17. Kogouélo
18. Kongbékoro
19. Koniangoro
20. Kossafinisso
21. Mandougou
22. Nesso
23. Ohidougou
24. Oualigou
25. OUANINOU
26. Ouintoulo
27. Sahouéla
28. Sanadougou
29. Sérifina
30. Sérifoula
31. Sidougou
32. Sifié
33. Silakoro
34. Sinkoro
35. Sougouéko
36. Tiawé
37. Tieko
38. Tiekomandougou
39. Tienive
40. Tika
41. Tirikoro
42. Toubako I
43. Toubako II
44. Toufinga
45. Toungoura
46. Tounvé
47. Toutié
48. Vacérisso
49. Vahidougou
50. Vayasso
51. Yamafasso

Sous-préfecture de TOUBA

1. Bafingdala
2. Bakandesso
3. Banandougou
4. Bangofé
5. Baninga
6. Bémasso
7. Bengoro
8. Bianko
9. Boola
10. Boutisso
11. Danduy
12. Dépanon
13. Dioman
14. Dolla
15. Douasso
16. Fobédougou
17. Fouala
18. Fouenan
19. Foungbesso
20. Gagnasso
21. Gahasso
22. Gatasso
23. Gbeka
24. Go
25. Gouana
26. Gouékolo
27. Gouela F.
28. Gouela T.
29. Guénimanzo
30. Kamassela
31. Karamokosso
32. Kohidougou
33. Konigouela
35. Koungo
36. Kouroukro D.
37. Kouroukro K.
38. Langana
39. Mamballa
40. Mamouesso
41. Mana
42. Massaso
43. Morigouédougou
44. Ngolodougou
45. Ohisso
46. Ourossanisso
47. Sanakoroni
48. Sekodougou
49. Siano
50. Sogbeni
51. Sogbosso I/II
52. Sokourala
53. Sokourala-Touba
54. Tiasso
55. Tiekourasso
56. Tiémasso
57. Tienko
58. Tikro
59. Toa
60. TOUBA
61. Toubako
62. Touéla Kobafé
63. Touko
64. Toulo
65. Vayouasso
66. Woyengoro
67. Yaala Touba
68. Yala-Fouena
69. Yamatoulo
70. Yengoro
71. Yo

Les Mahous sont divisés en groupes ethniques différents :

- les Kandesi, dont le centre est Touba,
- les Sesasi, dont le village principal est Dioman,
- les Famosi, dont le village principal est Fouenan,
- les Saakula, dont les principaux villages sont Mandougou et Gouekan. A l'intérieur de ce groupe, on distingue encore les Tubako, dont le village principal est Ganhoué,

– les Gboka, dont le centre est Ouaninou,
– les Kawa, dont le centre est Koonan.

D'après les enquêtes que nous avons faites à Koonan sur le kawakakan, à Ganhoué sur le tubakokan, à Fouenan sur le faamosikan, il ressort qu'il y a très peu de différences dialectales : sans doute un Mahou sera-t-il tout à fait capable de distinguer un locuteur faamosikan de celui du kawakakan mais par des critères qui échappent à ceux de nos questionnaires.

Tous ces groupes déclarent parler le maukakan [mɔ̰kaka̰] et se comprennent parfaitement.

Ce parler, dont l'une des principales caractéristiques est, comme nous le verrons au § 2.2.3, la présence de voyelles longues due à la chute d'une consonne intervocalique, est généralement très mal compris des autres locuteurs de parlers manding, à l'exception du worodugukakan et du koyogakan. En effet, dans l'enquête d'intelligibilité des principaux parlers manding de Côte-d'Ivoire faite par des membres de la S.I.L. (J. Maire) et de l'I.L.A. (Y. Keita) pour le projet AGECOOP, on relève les taux de compréhension du maukakan suivants :

- 30% par des originaires de Kong
- 33,5% par des originaires d'Odienné
- 20,5% par des originaires de Boundiali
- 79,5% par des originaires de Séguéla (worodugukakan)
- 88% par des originaires de Mankono (koyagakan)
- 77% par des originaires de Tieningboué (korokan)

c) Le finangakan [fināgakā] est parlé dans la région nord-ouest de la sous-préfecture de Borotou (cf. carte 3) limitée au nord par la Boa qui constitue une limite naturelle avec la région du Barala (sous-préfecture de Booko) et au sud par l'aire korokakan, c'est-à-dire dans les villages qui apparaissent sur la carte 7, soit par une population d'environ 7 500 personnes.

D'après la tradition recueillie auprès de Moussa Dosso, chef du village de Borotou, les Finan (qui est le nom de leur totem, un serpent d'une espèce particulière), appelés aussi Gbeka par les Mahous, s'étaient installés dans la région de Barala (sous-préfecture de Booko) à Massala et Torano d'où ils furent chassés par les Diomandé qui les obligèrent à traverser la Boa ; ils établirent alors leur premier campement à Modougou (entre Bambadougou et Ouassiko), à une époque contemporaine à celle de l'installation des Diarassouba dans la région d'Odienné, c'est-à-dire vers le milieu du XVIIIème siècle.

On verra dans les chapitres suivants qu'il y a peu de différence entre ce parler et le baralakakan, mais que, par contre, ces deux parlers se distinguent plus nettement du maukakan.

Carte 7 – VILLAGES PARLANT LE FINANGAKAN

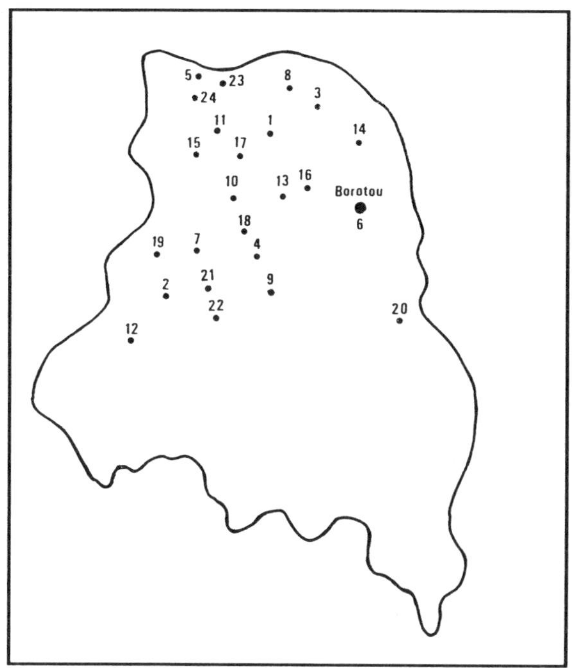

1. Bambadougou
2. Barazan
3. Bilazo
4. Bini
5. Blamandougou
6. BOROTOU
7. Desséné
8. Flatièdougou
9. Gouakè
10. Kalassi I, II
11. Karamotièdougou
12. Massabouèdougou
13. Moyendougou
14. Niamatou
15. Niokosso
16. Ouassiko
17. Silafresso
18. Silakoro
19. Sinzédougou
20. Tioronidougou
21. Touresso I
22. Touresso II
23. Vafindougou
24. Vakabadougou

D'après la tradition recueillie auprès de Moussa Dosso, chef du village de Borotou, les Finan (qui est le nom de leur totem, un serpent d'une espèce particulière), appelés aussi Gbeka par les Mahous, s'étaient installés dans la région de Barala (sous-préfecture de Booko) à Massala et Torano d'où ils furent chassés par les Diomandé qui les obligèrent à traverser la Boa ; ils établirent alors leur premier campement à Modougou (entre Bambadougou et Ouassiko), à une époque contemporaine à celle de l'installation des Diarassouba dans la région d'Odienné, c'est-à-dire vers le milieu du XVIIIème siècle.

On verra dans les chapitres suivants qu'il y a peu de différence entre ce parler et le baralakakan, mais que, par contre, ces deux parlers se distinguent plus nettement du maukakan.

d) Le korokakan [**korokakã**] est parlé au sud-est de la sous-préfecture de Borotou (cf. carte 3) dans les villages apparaissant sur la carte 8, soit par une population d'environ 3 800 personnes.

L'histoire de cette région, et particulièrement celle de la création du village de Koro par un marabout venu de Tombouctou après un pélerinage à La Mecque, est bien connue dans tout le monde manding (cf. Annexe 2, Koro), du moins en Côte-d'Ivoire.

Carte 8 – VILLAGES PARLANT LE KOROKAKAN

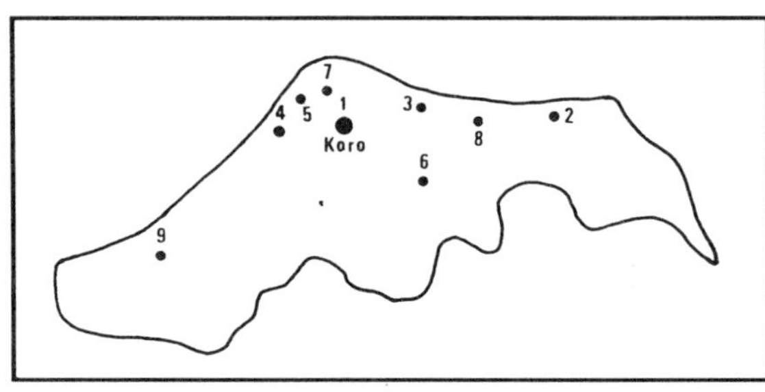

1. KORO
2. Bountou
3. Massala
4. Moako
5. Nigbila
6. Kountiguisso
7. Bouagbesso
8. Morifinso
9. Sanankoro

e) Le baralakakan prononcé soit [**beakakã**] soit [**baalakakã**] est parlé dans les cinquante-deux villages de la sous-préfecture de Booko (cf. carte 9), limitée à l'ouest par la Guinée et au sud-est par la Boa, soit par 11 271 personnes.

Il serait intéressant de pouvoir comparer ce parler avec celui qui est utilisé dans la région de Sankarani en Guinée, car d'après la tradition (cf. Annexe 2, Booko), les fondateurs de cette région du Barala viennent de ce village de Guinée.

Carte 9 – VILLAGES PARLANT LE BARALAKAKAN

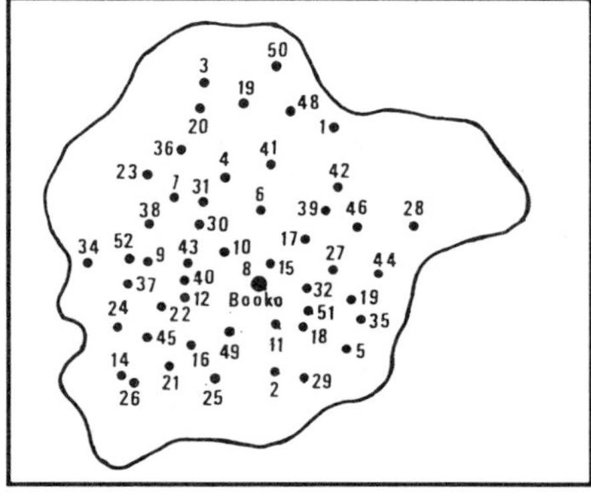

1. Badala
2. Banandougou
3. Barabarasso
4. Baralassoba
5. Blandougou
6. Bonangoro
7. Boningoué
8. BOOKO
9. Booro-Kessienko
10. Bouédougou
11. Diabissédougou
12. Diala
13. Dienguélé
14. Douagbesso
15. Dougbé
16. Féna-Barala
17. Farako-Moambasso
18. Foufoukoro
19. Kaala
20. Kessesso
21. Kofina
22. Kofina-Kessienko
23. Konigouélo
24. Konsasso-Sokourala
25. Lahomodougou
26. Massala-Barala
27. Mefandougou
28. Moakro-Booko
29. Moambasso
30. Modougou
31. Mofuesso
32. Niamandougou
33. Niendougou
34. Ouayéré
35. Ourossanisso
36. Ourossoungoro
37. Samodougou
38. Sena
39. Sessienko
40. Sesso
41. Silakoro-Moambasso
42. Silakoro-Sokourala
43. Sokoro-Kessienko
44. Sokoura
45. Somana
46. Tamadougou
47. Tienlo
48. Tirikoyo
49. Toranou
50. Tounzi
51. Mahandougou
52. Tiana

Carte 10 - PARLERS DU DÉPARTEMENT D'ODIENNÉ

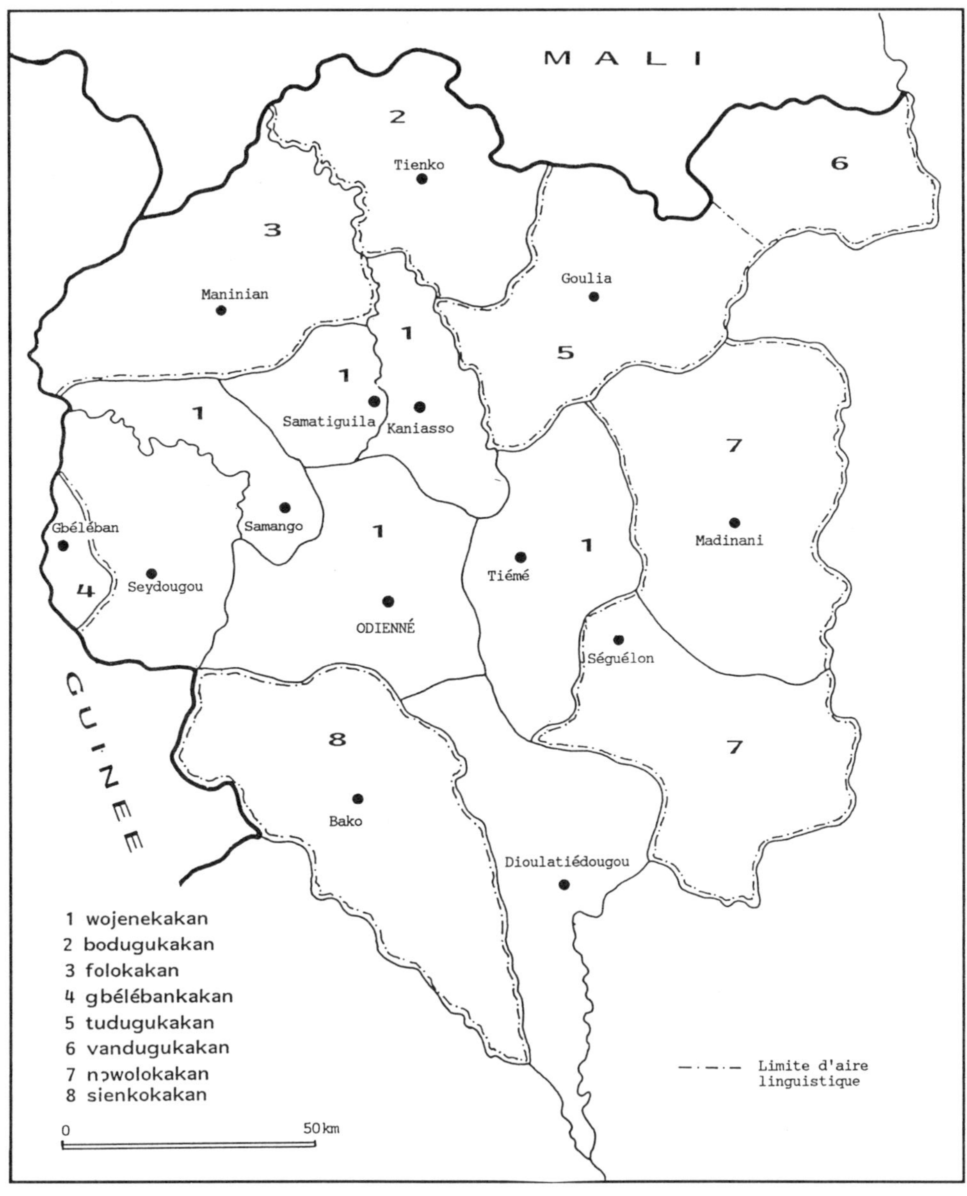

1.1.3.2. Département d'Odienné

a) Le wojenekakan [wojenekakã] - Bien que, strictement parlant, ce terme signifie "langue d'Odienné", nous l'utiliserons pour désigner les parlers de la sous-préfecture d'Odienné, ceux des sous-préfectures de Seydougou et de Samango situées à l'ouest d'Odienné, ainsi que ceux des sous-préfectures de Samatiguila, de Kaniasso et de Tiémé entourant Odienné au nord et à l'est (cf. carte 10). En effet, si les différences entre les parlers (dénommés souvent par des termes spécifiques : [sɛdugukakã], [samãgokakã], etc.), de ces sous-préfectures sont peut-être perceptibles pour un autochtone, elles échappent aux questionnaires limités à notre enquête. Des recherches plus approfondies et des séjours plus longs dans ces villages permettraient sans doute de mieux saisir ces différences.

Le nombre de locuteurs de ce parler est de 43 391. Ce chiffre inclut les Manding de la sous-préfecture de Dioulatièdougou où nous n'avons pas eu l'occasion de nous rendre pour des raisons indépendantes de notre volonté. En effet, un très grave incendie ayant mis la moitié de la population sans abri à l'époque de notre enquête (mars 1980), nous avons jugé indécent d'aller travailler dans cette sous-préfecture. D'après les informations recueillies à Odienné, il semblerait que le parler de cette région, nommée "nafana" soit légèrement différent de celui d'Odienné. Dans la mesure où la population de cette région, habitée surtout par les Diarassouba, vivait, ainsi que le rapporte la tradition (cf. M.-J. DERIVE 1976), dans la région d'Odienné avant d'en être chassée par Vakaba Touré à la fin du XVIIIème siècle, il serait intéressant d'avoir des informations sur ce parler qui est plus ancien que le wojenekakan.

Si, comme nous l'avons expliqué plus haut, nous englobons dans le wojenekakan les parlers des sous-préfectures situées autour d'Odienné, le nombre de villages parlant cette variété du manding est de quatre-vingt un. Nous n'en donnerons pas la liste puisque pour l'instant nous ne sommes pas sûre de l'exactitude de notre découpage.

b) Le bodugukakan [bɔdugukakã] est parlé par 6 233 personnes réparties dans les dix-neuf villages situés dans la région du Bodugu dont la sous-préfecture est Tienko, à l'extrême-nord de la Côte-d'Ivoire (cf. carte 10), dans deux villages appartenant à la sous-préfecture de Mininian et dans un village appartenant à celle de Kaniasso, soit les villages figurant sur la carte 11.

CARTE 11 - VILLAGES PARLANT LE BODUGUKAKAN

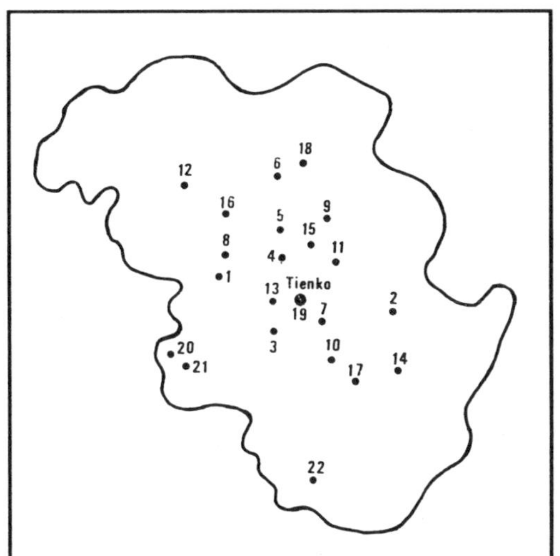

1. Bokouna
2. Diolola
3. Kabangoué
4. Keni
5. Kemissiga
6. Kimbirila-Nord
7. Koliko
8. Konéla
9. Kongohila
10. Kotoula
11. Kouban
12. Lélé
13. Mazéla
14. M'bana
15. Missimahana
16. Naguina
17. Sanzanoni
18. Tiefinso
19. TIENKO
20. Nabagala (sous-préf. Minamian)
21. Djirila (*id.*)
22. Sananférédougou (sous-préf. Kaniasso)

c) Le folokakan [folokakã] est parlé par 8 848 personnes réparties dans les dix-sept villages de la sous-préfecture de Mininian (orthographié Maninian sur la carte 10), dont la limite occidentale constitue la frontière avec la Guinée ; la carte 12 donne la répartition des villages parlant le folokakan.

Carte 12 - VILLAGES PARLANT LE FOLOKAKAN

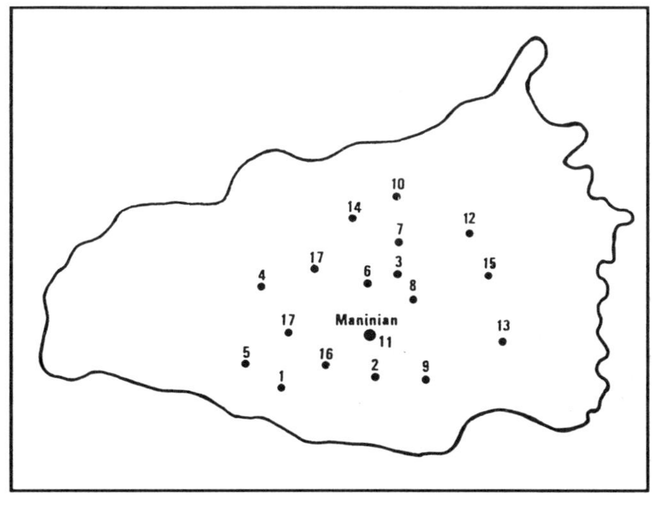

1. Bougoussa
2. Diandéguéla
3. Diérila
4. Dioronzo
5. Fanhala
6. Gouenzo
7. Kénégouara
8. Koriani
9. Linguékoro
10. Madina
11. MANINIAN
12. Niamina
13. Samandougou
14. Sokoro
15. Sokouraba
16. Tiemba
17. Tienny

Ce parler, comme nous le verrons plus loin, est très proche du Gbélébankakan, ce qui n'est guère surprenant compte tenu de l'origine guinéenne commune de ces deux branches de la famille Cissé dont l'une est fondatrice de la région du Folon, comme le rapporte la tradition (cf. Annexe 2, Mininian), et dont l'autre vint à Gbéléban pour enseigner la religion musulmane aux Traoré, fondateurs de ce village (cf. *ib.* Gbéléban).

d) Le gbélébankakan [**gbelebãkakã**] n'est parlé que dans les deux villages de Gbéléban et de Gbanhala qui constituent la sous-préfecture de Gbéléban, frontalière de la Guinée (cf. carte 10) et où les camions guinéens franchissant le Gbanhala à la saison sèche sont nombreux. On compte environ 2 100 locuteurs de ce parler – qu'il serait intéressant de pouvoir comparer à celui qui existe de l'autre côté de la frontière à l'est de la Guinée.

Carte 13 - VILLAGES PARLANT LE TUDUGUKAKAN

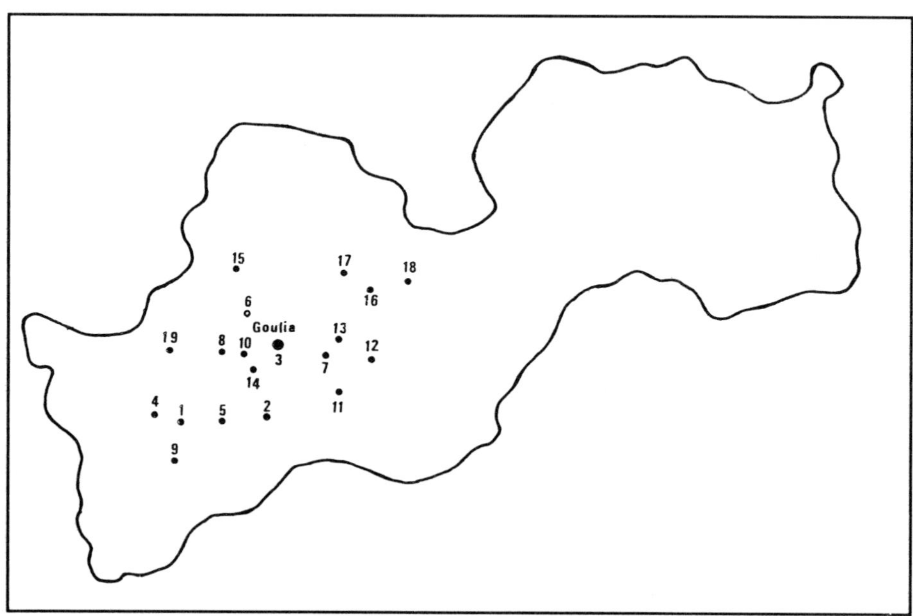

1. Bogodougou
2. Gouendo
3. GOULIA
4. Kamalezo
5. Koba
6. Kohoma
7. Kouroulingué
8. Linguékro
9. Manadoum
10. M'beblala
11. Missila
12. N'golondié
13. Niarala
14. Samakona
15. Sangouani
16. Sokouraba
17. Tahara
18. Tienny
19. Tourondio

e) Le tudugukakan [**tudugukakã**] est parlé dans dix-neuf villages situés autour de Goulia dans la partie méridionale de la sous-préfecture de Goulia (cf. carte 10). Le tudugukakan est parlé dans les villages représenté sur la carte 13.

Le nombre de locuteurs est d'environ 7 400 personnes. Ce parler manding, ainsi que ceux qui se situent à l'est d'Odienné (nɔwolokakan), est assez récent dans cette région puisque, comme le rapportent les enquêtes de tradition orale recueillies à Goulia (cf. Annexe 2), la troisième génération des ascendants de l'actuel chef de village était, et parlait, sénoufo. Ce n'est que depuis le passage de Samori Touré que cette région est manding.

f) Le vandugukakan [**vãdugukakã**] est parlé dans onze villages situés au nord de la sous-préfecture de Goulia (cf. carte 3), très proches de la frontière malienne comme l'illustre la carte 14 ; notons que ces villages constituaient l'ancien canton du Vandougou. Le nombre de locuteurs est de 5 800 personnes.

Carte 14 - VILLAGES PARLANT LE VANDUGUKAKAN

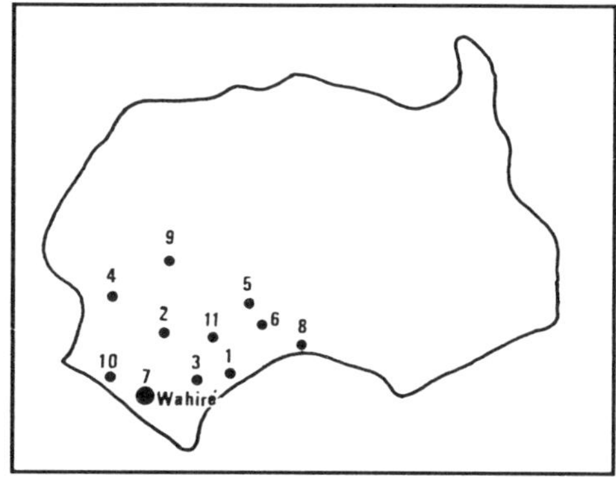

1. Doumbala (appelé aussi Sobala)
2. Fafala
3. Gouengueni
4. Goueya
5. Mahandianaba
6. Sokourani
7. WAHIRÉ
8. Ouanssagolasso
9. Ouelli
10. Semé
11. Tokala

g) Le nɔwolokakan [**nɔwolokakã**] est parlé dans environ vingt-quatre villages de la sous-préfecture de Séguélon, située au sud-est de la sous-préfecture de Tiémé (cf. carte 10), soit par une population de 9 555 personnes. La plupart des hommes de plus de quarante ans de ces villages parlent encore sénoufo. Certains villages de la sous-préfecture comme Farakoro et Ndéou, situés respectivement au nord et au sud de Séguélon, ne parlent que sénoufo. Dans la mesure où nous n'avons pas pu faire d'enquête sociolinguistique systématique dans tous ces villages, il nous semble prématuré de dresser la carte de ceux qui parlent le nɔwolokakan et qui sont donc considérés comme manding.

Dans la sous-préfecture de Madinani, qui est à l'extrême-est du département d'Odienné (cf. carte 10) la proportion des villages parlant sénoufo est encore plus importante et le parler manding utilisé est identique au nɔwolokakan.

Carte 15 – VILLAGES PARLANT LE SIENKOKAKAN

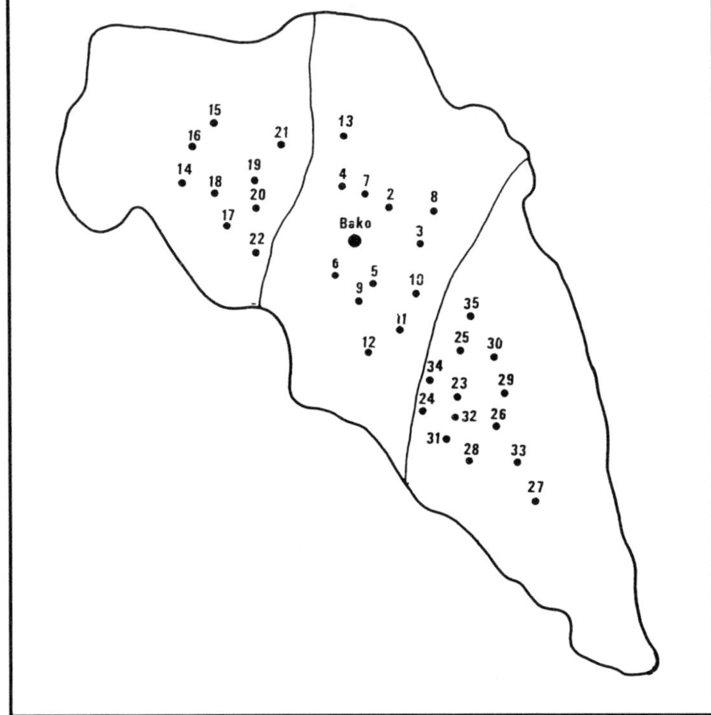

Ancien canton de SIENKO

1. BAKO
2. Gboisso
3. Gbondiédougou
4. Korondougou
5. Toumba
6. Neguenso
7. M'basso
8. Mindiadougou
9. Nienesso
10. Moya I
11. Sarakorodougou
12. Tiégbela
13. Kanhansso

Ancien canton de BANBALA

14. Bengo
15. Bougousso
16. Diafahana
17. Kessédougou
18. Ferefougoula
19. Foula
20. Niamantogola
21. Saharala
22. Sienieni

Ancien canton de GOUANANGALA

23. Badioula
24. Férémandougou
25. Kahanlo
26. Kona
27. Mamouroudougou
28. Mamoya
29. Mohimoussadougou
30. Moya II
31. Sokorodougou
32. Tindrima-Sokoro
33. Tindrima-Sokoura
34. Yagbèdougou
35. Zandougou

h) Le sienkokakan [ʃyɛ̃kɔkakã] est parlé dans la sous-préfecture de Bako, située au sud du département d'Odienné. Elle regroupe trois anciens cantons : Banbala, Sienko et Gouanangala (cf. carte 15). D'après les informateurs originaires de Sienko et de Banbala avec lesquels nous avons travaillé, il semble qu'il y ait très peu de différence entre les parlers de ces deux cantons ; quant au parler de Gouanangala, il serait, d'après les informations recueillies à Bako mais que nous n'avons toutefois pas pu vérifier, identique au sienkokakan ; c'est pourquoi nous englobons sous ce terme les parlers des trente-cinq villages de ces trois cantons, ce qui représente 14 000 locuteurs.

1.1.3.3. Département de Séguéla

a) Le worodugukakan appelé encore [**wöduukakã**] par les locuteurs eux-mêmes[3] est parlé dans la région appelée le Worodougou qui signifie "pays (**dugu**) de la cola (**woro**)" à cause de l'importance des services commerciaux dans cette région : les marchands maliens venaient échanger leurs blocs de sel contre les précieuses colas du sud.

Cependant, si on a souvent appelé Worodougou l'ensemble du département de Séguéla, il apparaît clairement d'après nos enquêtes que l'aire du worodugukakan ne s'étend que sur les sous-préfectures de Séguéla (qui vient d'être subdivisée en trois sous-préfectures : Duala, Séguéla et Massala), de Sifié et de Worofla (cf. carte 16). A l'intérieur de ce vaste ensemble, on peut encore distinguer plusieurs variétés régionales comme le [**sɣelakakã**] parlé dans les sous-préfectures de Séguéla, de Massala et de Sifié, le [**watarakã**] et le [**nigbikakã**] dont les aires d'extension se situent respectivement l'une au nord de la sous-préfecture de Worofla dans treize villages, et l'autre au sud de cette même sous-préfecture dans quatorze villages dont nous donnerons les noms plus loin. Mais, comme le dit Y. KEITA (1976) :

> "à la limite, on pourrait même dire qu'il existe autant de variétés du worodugukakan qu'il y a de villages".

En fait, les différences minimes existant entre ces parlers, l'intercompréhension totale entre les locuteurs et la réaction identique de chacun à situer son parler dans un ensemble qu'il oppose très nettement aux parlers de Kani ou de Mankono par exemple, nous conduisent à inclure dans le worodugukakan les variétés régionales dont nous venons de parler. A l'occasion de l'étude phonologique et morphologique qui va suivre ce chapitre, nous citerons les différences enregistrées entre ces "variétés régionales" en nous référant au travail de Y. KEITA pour le [**sɣelakakã**].

---

[3] "worodugukakan" est, pour ainsi dire, la traduction en dioula urbain du terme [**wöduukakã**] utilisé dans le parler de terroir. Les locuteurs préfèrent souvent employer ce terme afin de mieux se faire comprendre du plus grand nombre ; c'est pourquoi nous l'avons retenu, plutôt que l'autre, tout au long de notre travail.

Carte 16 - PARLERS DU DÉPARTEMENT DE SÉGUÉLA

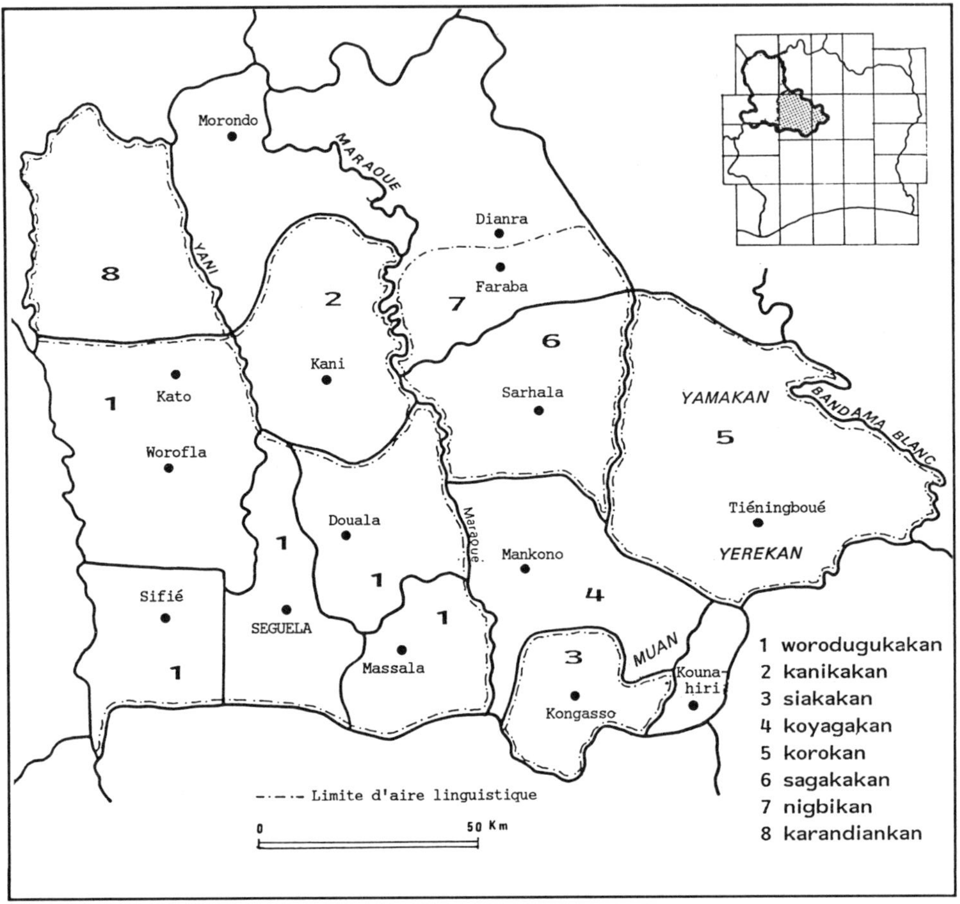

Les treize villages parlant le watarakan (soit 3 081 locuteurs), au nord de la sous-préfecture de Worofla sont :

Bananigoro	Kagnimasso	Kondogo	Massala
Dabala	Karaba	Kanganna	Soko
Dougougbé	Kato	Mankono	Yanfissa
Gbémazo			

Les quinze villages parlant le nigbikan (soit 5 260 locuteurs), au sud de Worofla, sont les suivants :

Bagana	Gbogoba	Kohimon	Wongo
Behema	Gbotogo	Lohou	Worofla
Bonna	Kieyé	Monso	Yamonzo
Gbiniman	Kohego	Tiéman	

Pour obtenir le nombre approximatif de locuteurs du worodugukakan, il faut ajouter à ces chiffres les quelque 30 500 personnes réparties dans les cent trente-cinq villages des sous-préfectures de Sifié, Séguéla, Massala et Duala, et dont la liste, trop longue pour être donnée ici, peut être consultée dans le *Répertoire des localités de Côte-d'Ivoire et population* (1975).

Tout comme le maukakan, ce parler est difficilement compréhensible aux autres locuteurs manding, comme l'indiquent les résultats des enquêtes menées par J. Maire (1980) :

Lieux de test	Séguéla
Kong	37%
Bondoukou	58,5%
Odienné	60%
Boundiali	56%
Mankono	100%
Touba	92,5%
Tieningboué	94,5%

Nous voyons par contre qu'il est bien compris par les locuteurs assez proches géographiquement ; c'est le cas des locuteurs du maukakan (Touba), du korokan (Tieningboué) et du koyagakan (Mankono).

Carte 17 - VILLAGES PARLANT LE KANIKAKAN

1. Banandjié
2. Batogo
3. Bonangoro
4. Fadjadougou
5. Frototou
6. Gbédiguéla
7. Kabelekro
8. KANI
9. Katogbo
10. Komatou
11. Manabri
12. Massasso I
13. Massasso II
14. Soba

b) Le kanikakan [**kanikakã**] est parlé par environ 8 500 personnes réparties dans les quatorze villages (cf. carte 17) qui forment l'actuelle sous-préfecture de

Kani[4], limitée à l'ouest et à l'est par les frontières naturelles que constituent les fleuves Yani (à l'ouest) et la Maraoué (à l'est), au nord par la sous-préfecture de Morondo et au sud par celles de Duala et de Séguéla (cf. carte 16).

Cette région, tout comme celle de Séguéla, n'est manding que depuis peu, ainsi que l'indique la tradition orale (cf. annexe 2, Kani). Par exemple, certains vieux du quartier Bambarakunda du village de Kani connaissent encore quelques mots de [**syɛ̃dɛ**], langue sénoufo qui était parlée dans la région de Kani, et dans les villages de Massasso et de Komatou. Mais de nos jours, la plupart de ces familles de souche sénoufo, devant les Manding arrivés plus récemment mais possédant très vite le pouvoir politique et le pouvoir religieux, répugnent à affirmer cette origine sénoufo.

Dans toute cette zone manding, plus on monte vers le nord, plus on s'éloigne de l'influence manding ; ainsi, la sous-préfecture de Morondo, située à l'extrême-nord du département de Séguéla, est presque entièrement sénoufo (sur les 19 353 personnes recensées dans l'ancienne sous-préfecture de Kani, qui comprenait, comme on l'a vu en note 6, les actuelles sous-préfectures de Kani, Djiborosso et Morondo, on relève un nombre de 6 244 "Voltaïques", c'est-à-dire sénoufo dans la terminologie utilisée par la Direction de la Statistique, soit 33% de la population totale).

c) Le karanjankan [**karã jãkã**] est parlé dans les douze villages de la sous-préfecture de Djiborosso limitée à l'ouest et à l'est par les fleuves Tyenba et Yani, au nord et au sud par les sous-préfectures de Séguélon et de Worofla (cf. carte 16). On pourra voir, sur la carte 18, les noms et la répartition de ces villages représentant une population de 5 000 personnes.

d) Le siakakan [**syakakã**] est parlé dans dix des douze villages qui forment la sous-préfecture de Kongasso, bordée à l'ouest par la Maraoué et à l'est par la Béré (cf. carte 16), et qui apparaissent sur la carte 19, soit une population de 4 100 personnes.

Les deux autres villages Kavagouma et Tiéningoué, qui appartiennent aussi à la sous-préfecture de Kongasso, sont de langue mwona ou mouan, langue classée comme mandé-sud[5].

---

[4] A l'époque du recensement de 1975, les sous-préfectures de Djiborosso et de Morondo n'avaient pas encore été créées ; elles étaient incluses dans la sous-préfecture de Kani. C'est en 1977 que l'on procéda à un redécoupage administratif.

[5] Le mwona est une langue mandé-sud. FLICK et BOLLI ont publié une phonologie du mona (mwan) dans les *Annales de l'Université d'Abidjan*, série Linguistique 1978.

Carte 18 - VILLAGES PARLANT LE KARANJANKAN

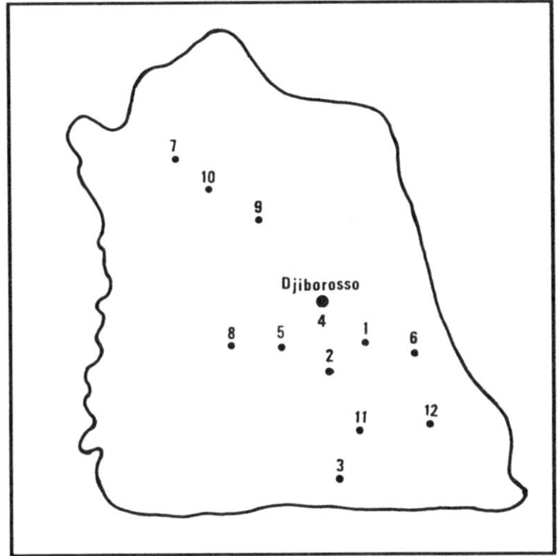

1. Borobadougou/Gborobadougou
2. Dabé/diabé
3. Djorofa
4. DJIBOROSSO/Guiborosso
5. Koumbara
6. Madji
7. Mbotro/Metro
8. Moritièdougou
9. Sébédjan
10. Mokoyako/Moyako
11. Souasso
12. Toté

Carte 19 - VILLAGES PARLANT LE SIAKAKAN

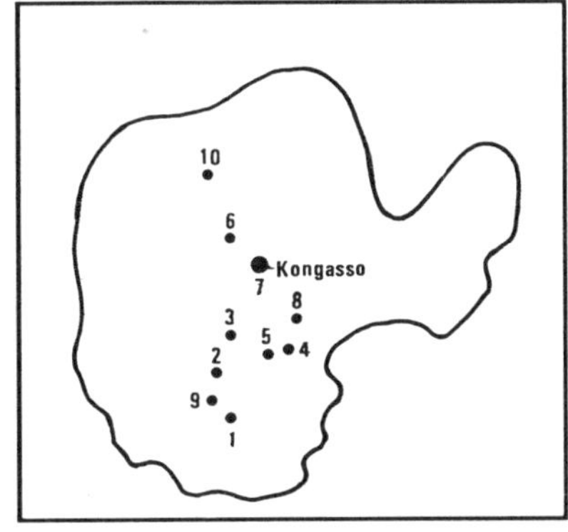

1. Boaka
2. Bourouno
3. Foanga
4. Gbéma
5. Guéasso
6. Kouroukourounga
7. KONGASSO
8. Tofesso
9. Toubalo
10. Tulé

Précisons que le parler des autochtones de cette région, qui s'appellent "Siaka", est différent de la langue – injustement dénommée sya par WELMERS – parlée au Burkina-Faso et qui, comme le précise S. PLATIEL (1978) reprenant M.L. MORSE, correspond en fait au bobo-fing. Par contre, ce sont bien des Sya de Kongasso dont parle Y. PERSON dans *Samori ou la révolution dyula* (1968, t. III, p. 1609) :

> "Les Sya, installés entre Marawé et Béré, parlent un dialecte malinké aberrant, mais leurs institutions coutumières sont proches de celles du Koyara, malgré un métissage gouro considérable".

Plus tard, A. Deluz dans son article "Réflexions sur la fonction politique chez des islamisés et des animistes malinké, Sia, Guro de Côte-d'Ivoire" (1973), note qu'il n'existe pas de langue sia et que dans les différents villages (Toubalo, Tofesso, etc.) où elle a mené ses enquêtes sociologiques, les gens sont "bilingues guro-malinké".

D'après nos enquêtes, le siakakan apparaît bien comme doté de toutes les caractéristiques d'un parler manding ; cependant, par certains de ses traits, il ressemble aux parlers du sud de l'aire manding (au worodugukakan par exemple) et c'est peut-être ceci qui a choqué l'oreille de Person, habituée au bambara. Sinon, dans l'état actuel des choses, nous ne voyons quant à nous rien d'«aberrant» dans ce parler manding.

Il est d'autre part possible qu'en vingt ans, ce parler, de plus en plus influencé par le dioula "urbain", se soit modifié, mais il faudrait alors, pour vérifier ce fait, procéder à une enquête sociolinguistique très précise, ce que nous n'avons malheureusement pas eu le temps de faire.

e) Le koyagakan prononcé [**koyaɣakã**] ou [**ɸwoyaakã**] est parlé dans la sous-préfecture de Mankono, située à l'est du Département de Séguéla (cf. carte 16), plus précisément dans les villages figurant sur la carte 20 et constituant, selon l'ancienne appellation coloniale, le canton de Koya.

Carte 20 – VILLAGES PARLANT DE KOYAGAKAN

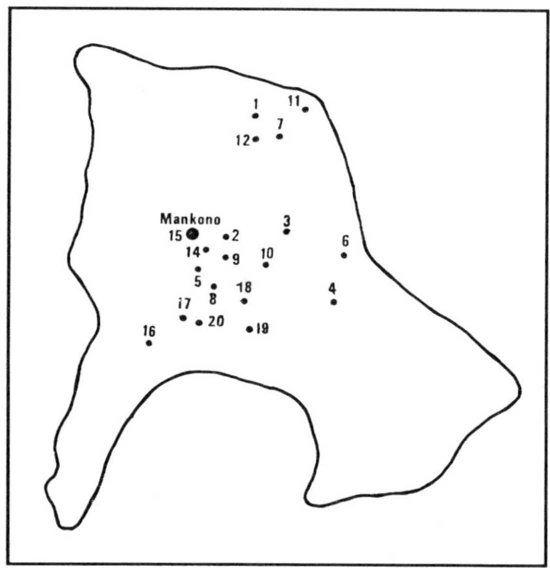

1. Borohoulema
2. Dantogo
3. Diénédian
4. Fizanloma
5. Gbanvielo
6. Gbaziasso (regroupé avec Kabakoro et Kounandiadougou)
7. Gouaranan
8. Karamokola
9. Kogolo
10. Konotou
11. Koukoulokoro
12. Madian
13. Magnékoro
14. MANKONO (comprenant les trois quartiers d'Oussougoula, de Tonwulen et de Mankono)
15. Somasso
16. Soukouroula
17. Soungasso
18. Tièma
19. Togasso
20. Touloukoro

Le nombre des locuteurs du koyagakan est de 19 183 ce qui représente à peu près les deux-tiers de la population de la sous-préfecture de Mankono, l'autre tiers étant formé par les Kanienė regroupés au nord de la sous-préfecture dans six villages[6] et par les Mona, ou Muan, installés dans six villages[7] au sud de la sous-préfecture.On note dans cette région une population akan plus importante (1 420 individus) que dans les autres aires manding, due en partie à la proximité géographique, et sans doute aussi à l'attrait pour la ville de Mankono dont l'activité est beaucoup plus importante que celle de Tieningboué, pourtant géographiquement plus proche des Akans.

Carte 21 – PRINCIPAUX VILLAGES PARLANT LE KOROKAN

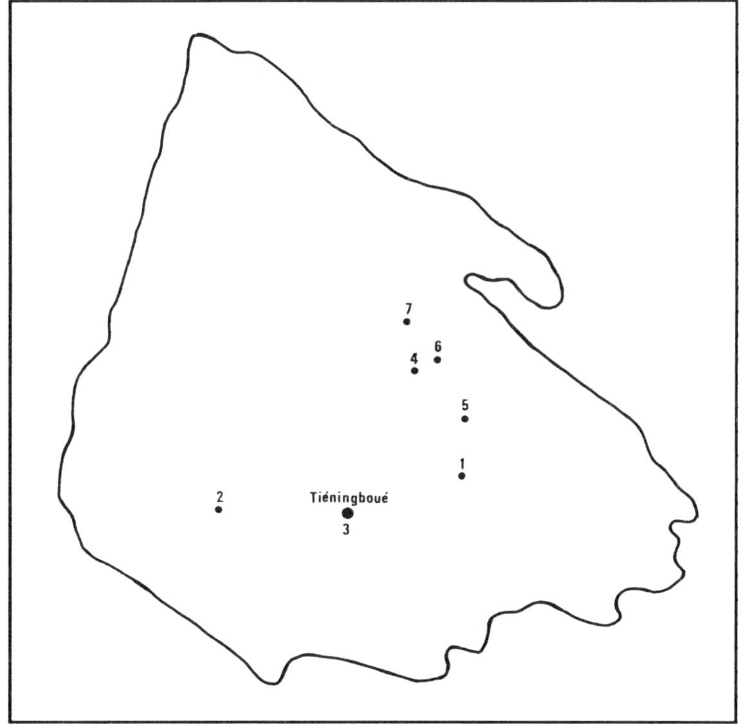

1. Boandougou
2. Ouédalla
3. TIÉNINGBOUÉ
4. Dandougou
5. Kamoro
6. Kpeso
7. Marandalla

f) Le korokan [**korokã**] est parlé dans soixante-treize villages de la sous-préfecture de Tieningboué, limitée à l'est par le Bandama blanc, et à l'ouest par

[6] Les villages kaniéné sont les suivants : Dawara - Gonda - Sangoroso, Tomono - Tondolo - Tonzoa. Quant aux villages mona ou mwan, ce sont : Kominapla - Korokopla - Sogbeni - Sokoro - Soukourougban - Tialuma.

[7] Ce chiffre nous a été donné par Monsieur A. BOUA, sous-préfet de Mankono, lors de notre enquête de 1979.

les sous-préfectures de Sarhala et de Mankono (cf. carte 16), soit une population de 21 364 personnes. Précisons qu'à l'exclusion de deux villages : Nakara et Tabakoro (qui, bien qu'appartenant administrativement à la sous-préfecture, parlent non pas le korokan mais, respectivement, le sénoufo et le somoro), tous les autres villages de la sous-préfecture parlent le korokan ; il suffit donc, pour en avoir la liste, de se reporter au *Répertoire des localités de Côte-d'Ivoire et Population* (1975)

Les Koroka distinguent, à l'intérieur de l'ensemble korokan, deux variétés : le yerekan [**yɛrɛkã**] parlé à Tiéningboué, Bouandougou, Ouédalla pour ne citer que les principaux villages, c'est-à-dire dans une zone située aux alentours de Tieningboué, et le yamakan [**yamakã**] parlé à Marandalla, Kpeso, Dandougou, Kamoro, c'est-à-dire dans une zone située autour de Marandalla, au nord de la sous-préfecture (cf. carte 21). Mais il semble que les différences entre ces deux parlers ne soient perceptibles qu'aux locuteurs eux-mêmes. Notre enquête, menée à Tieningboué, porte donc sur le yerekan.

g) Le Nigbikan [**nigbikã**] est parlé dans quatorze villages appartenant à la sous-préfecture de Dianra, et situés au sud de cette dernière ; la carte 16 permet de situer l'aire d'extension de ce parler dans la sous-préfecture et la carte 22 précise le nom des villages et leur emplacement dans cette zone. Il s'agit d'une population de 3 700 habitants environ.

Carte 22 – VILLAGES PARLANT DE NIGBIKAN

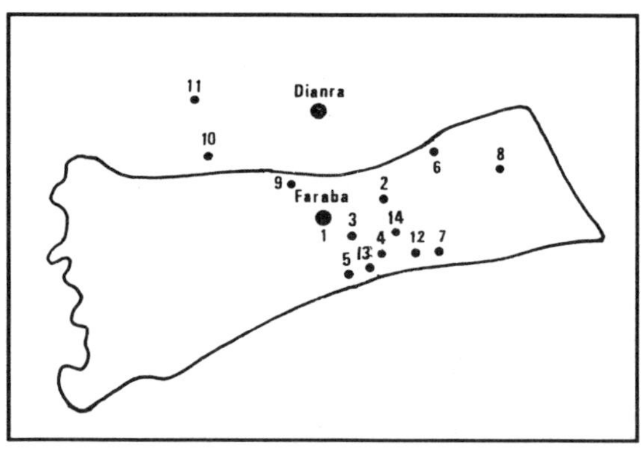

1. FARABA
2. Mahan
3. Dyénéné
4. Kafégué
5. N'guissidougou
6. Tamafuru
7. Nodioni
8. Dianra (petit village de 330 hab. et non pas la sous-préfecture)
9. Lessoumansso
10. Lalogo
11. Gbominasso
12. Manandougou
13. Flaflaraba
14. Kan

Ce petit groupe manding est une enclave dans la sous-préfecture de Dianra, peuplée en majorité de Sénoufo. Les Nigbi, ou Négbi, distinguent trois groupes :

les Kunungunigbi vers Kani
les Nioronigbi à Faraba
les Fanyarannigbi vers Diélaso (à l'est de la sous-préfecture)

Il s'agit d'une distinction ethnique mais la langue est la même. L'enquête a été faite dans le groupe nioronigbi.

h) Le sagakakan prononcé soit [**saɣakakã**] soit [**sahakakã**] est parlé dans les seize villages qui constituent la sous-préfecture de Sarhala, limitée à l'ouest par la Maraoué et à l'est par le Béré (cf. carte 16). Ces villages apparaissent sur la carte 23. Le sagakakan est donc parlé par une population de 5 579 personnes[8].

Carte 23 – VILLAGES PARLANT LE SAGAKAKAN

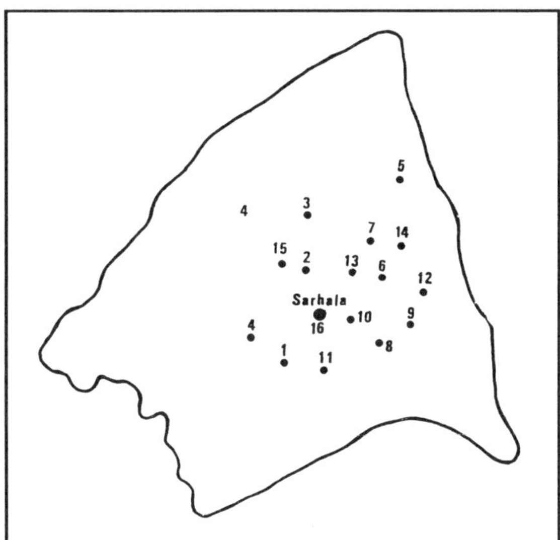

1. Banankoro
2. Misirikoro
3. Tabakoro
4. Meneni
5. Somokoro
6. Paniko
7. Diaralla
8. Kantiédougou
9. Niarana
10. Kodun/kadohm
11. Bougouno
12. Siriho
13. Filasso
14. Madina
15. Fisankoro
16. SARHALA

1.1.3.4. Les parlers manding hors de la zone manding

Après la présentation des parlers de l'ensemble de l'aire manding située à l'ouest de la Côte-d'Ivoire, nous allons aborder les parlers recensés dans les régions non manding, à savoir : a) le julakan, dont l'aire d'extension se situe à l'est de la Côte-d'Ivoire, enclavée dans la zone des langues voltaïques ; c'est en

[8] Ce chiffre, qui nous a été communiqué par M. Mamadou KOUYATE, sous-préfet de Sarhala, correspond à l'ensemble de la population de la sous-préfecture. Nous ne connaissons pas la proportion de non-Manding dans cette circonscription ; d'après notre informateur, le sous-préfet, il semble qu'elle soit faible.

effet le seul parler qui prévaut dans cette région, la langue manding étant beaucoup moins dialectalisée qu'elle ne l'est à l'ouest, et b) le tabusikan, langue véhiculaire parlée à Abidjan.

a) Le julakan [**julakã**] est parlé dans la sous-préfecture de Kong (cf. carte 24), où les locuteurs préciseront parfois qu'il s'agit du [**kpɔ̃kakã**], ainsi que dans la ville de Bondoukou et dans un quartier du village de Sotama-Sokoura (cf. carte 2).

Carte 24 – VILLAGES PARLANT LE JULAKAN DE KONG

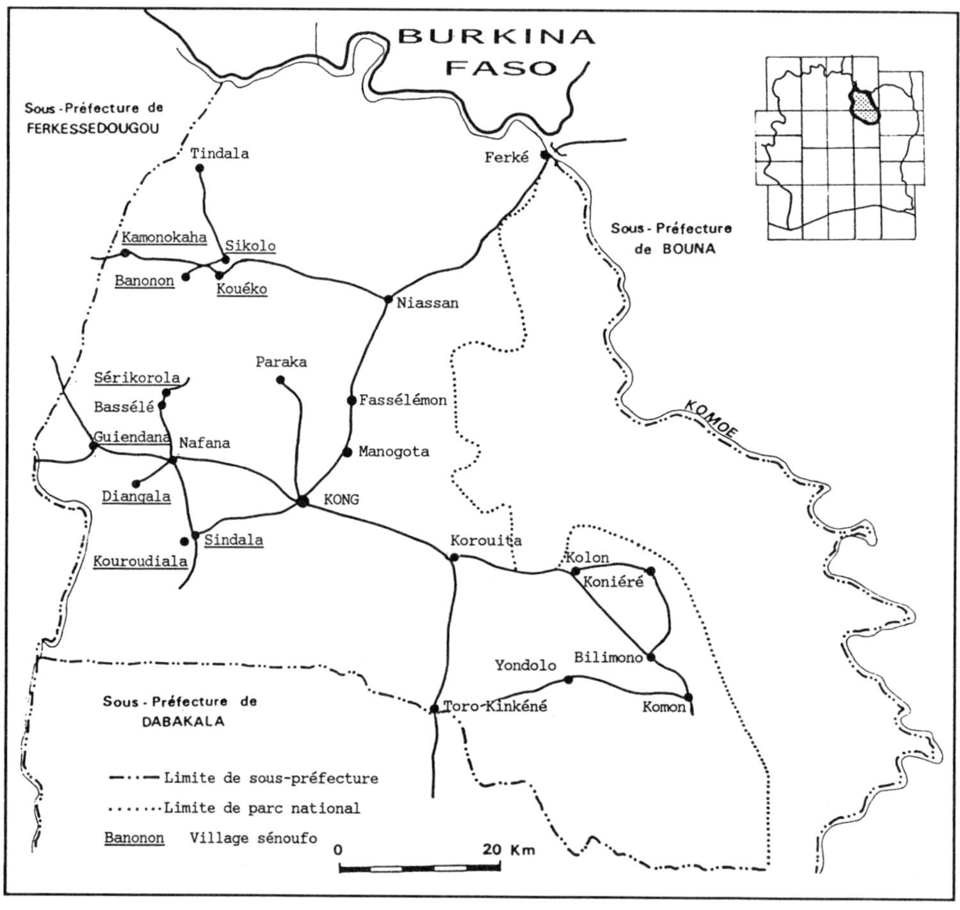

D'une façon générale, les populations de ces régions ne sont pas linguistiquement homogènes. Lors de nos enquêtes sociolinguistiques que nous avons effectuées de manière systématique sur le territoire de la sous-préfecture de Kong, nous avons relevé plusieurs villages, mentionnés sur la carte 24, parlant une langue sénoufo (le palaka, le tagbana ou le niarafolo), le dioula n'étant parlé que par un ou deux jeunes garçons servant d'interprète. Sur cette carte figurent également les villages parlant le julakan. Les chiffres de 6 766 Mandés du nord et de 3250 Voltaïques, donnés par la Direction de la Statistique (cf. document de D. ZIMMERMANN, S.I.L.) pour la sous-préfecture de Kong, viennent corroborer ces faits. Ces populations sénoufo sont, comme le confirment les enquêtes de tradition orale (cf. Annexe 2, Kong) et les fouilles archéologiques (V. DIABATÉ 1979) beaucoup plus anciennes que les Manding venus au début du XVIIème siècle.

De même, dans la sous-préfecture de Bondoukou, les Manding représentent le dixième de la population (9 957 Manding contre 30 091 Akan et 56 186 Voltaïques), concentrés surtout dans la ville de Bondoukou.

Quant aux Manding de Satama-Sokoura, ils constituent une très faible minorité (312) au milieu d'une population sénoufo (8 606). On a également signalé l'existence de Manding dans la sous-préfecture de Ouangolodougou, frontalière avec le Burkina-Faso, mais nous n'avons pu, faute de temps, aller enquêter sur place. Les chiffres de 4 473 Mandé du nord et 2 817 Voltaïques donnés par la statistique de cette sous-préfecture semblent bien confirmer cette présence manding.

Nos enquêtes ont été faites essentiellement à Kong.

Il est d'autre part important de remarquer que le terme employé par les locuteurs pour désigner leur langue est "julakan" En effet, il s'agit bien d'une ethnie se définissant comme "jula" et non d'un groupe professionnel exerçant le métier de commerçant (ce qui se traduit dans ce parler par [**jàwukɛbaga**] : "celui [**baga**] qui fait [**kɛ**] le commerce [**jàwu**]". Ce parler est tout à fait spécifique et diffère par certains traits des autres parlers manding. WELMERS (1971) avait lui aussi remarqué cette spécificité du dioula de Kong :

> "The speech of this Dyula colony has diverged considerably from its Bambara origin and perhaps deserves the status of a distinct language ; it certainly should not be confused with the so-called Dyula spoken by traders [...]."

Après cette rapide présentation du julakan de la région de Kong, nous dirons un mot des variantes existant ici ou là. Comme nous l'avons dit précédemment, ce "dioula" est très peu dialectalisé. Il existe cependant quelques différences, selon le village, qui ne nuisent absolument pas à la compréhension mais qui sont simplement des "signes de reconnaissance" permettant à n'importe quel autochtone de situer immédiatement le locuteur dioula qu'il a en face de lui. On ne peut, à ce niveau, parler de dialecte différent, mais plutôt de variantes. Nous citerons l'exemple de trois villages où le julakan varie légèrement. La brève enquête que nous avons effectuée à Tindala, situé au nord-ouest de Kong (cf. carte 24), montre qu'il existe dans ce village, créé et habité presque uniquement par des Karamɔgɔ (maîtres coraniques), un vocabulaire tout à fait particulier pour désigner les parties du corps ainsi que certains verbes d'action. Citons, à titre d'exemple :

kàra	"la bouche"	**kà nɔ́mɔ̰̀**	"s'asseoir"
wɛ́rɛ́	"l'oreille"	**kà wɛ́ʀɛ́**	"entendre"
kòrògà	"l'oeil"	**kà bɛ́rɛ́**	"se coucher"
sárá	"la tête"		

Ces termes sont souvent connus des Dioula de Kong mais ne sont employés que par une certaine "classe" sociale. Il est intéressant de constater qu'il ne s'agit plus là d'un dialecte mais d'une "langue soutenue"[9] qui s'est développée et est devenue la langue familiale de tout un village.

Le cas de Bilimono, au sud-est de Kong (cf. carte 24) est un peu différent. Ici, nous avons relevé certains mots prononcés en intervertissant les deux dernières syllabes :

dègèlè	"la chemise"	au lieu de	**dèlèkè**
súgúrú	"l'hyène"	au lieu de	**súrúkú**
sègèrè	"aggraver"	au lieu de	**sèrègè**

Faute d'avoir trouvé une explication à ces transformations, nous ne pouvons que formuler une hypothèse : il existe à Kong une jeu de langage dans lequel certains excellent ; c'est le **kumayɛlɛmakã** (ce qui signifie "langue qui renverse les mots"), sorte de *verlan* consistant à parler le plus vite possible en inversant l'ordre des syllabes, ainsi

ń kɛ́rɛ́ í tágá lɔ́gɔ́ rá kà tágá búrú sà̰
"je te dis d'aller au marché pour chercher du pain"

devient **rɛ́kɛ́ gádá ràgɔ́lɔ́ gátágá rúbú sà̰.**

On peut imaginer que des traces de jeu sont restées figées dans le parler de Bilimono.

A Bondoukou, enfin (cf. carte 2), on relève dans le lexique de nombreux emprunts à l'anglais qui s'expliquent par les fréquents échanges avec les Ghanéens. Citons par exemple :

---

[9] Ce terme, généralement employé pour désigner un certain niveau de langue dans la langue française semble bien recouvrir la même réalité pour un locuteur dioula qui fait très bien la différence avec la langue vulgaire par exemple.

bàsèkè	<	bicycle	"vélo"
fɔ́rɔ́tɔ́	<	in front of	"le devant"
lɔ́rí	<	lorry	"camion"
màcɛ́sé	<	matches	"allumettes"
sʊ́kʊ́rʊ́	<	school	"école"

Ceci mis à part, le julakan de Bondoukou est *presque* le même que celui de Kong[10].

Avant de terminer notre présentation des parlers manding de Côte-d'Ivoire, il convient de dire un mot sur l'emploi véhiculaire qui est fait du dioula, dénommé généralement tabusikan par les locuteurs manding.

b) Le tabusikan [**tabusikã**] appelé encore tagbisikan ou tagbusikan selon les régions, désigne le "dioula" parlé par les locuteurs non manding. Cette langue, souvent utilisée dans les grandes villes et surtout à Abidjan, sert de langue de communication entre les locuteurs des différentes langues de Côte-d'Ivoire. D'après les enquêtes faites en niveau scolaire (cf. H.C. Grégoire 1974), ce "dioula véhiculaire", appelé aussi "dioula populaire" apparaît comme la première langue ivoirienne parlée comme seconde langue par les locuteurs non manding.

Il est très difficile de faire une description systématique de ce parler car il varie selon la compétence du locuteur. Cependant G. Dumestre (1974) en a fait une approche dans son cours audio-oral **kódì**, et c'est cette description qui nous servira de référence pour le tagbusikan dans notre étude comparative.

Tout au long de nos enquêtes, nous avons pu remarquer que ce parler est, de façon unanime, méprisé par l'ensemble des locuteurs manding qui ont conscience de parler chacun le "vrai" dioula. D'après l'étymologie populaire "busimani" (forme intégrée en dioula de l'anglais *bushman*) désignerait les hommes de la forêt ; ainsi, le tabusikan serait la langue de ces hommes du sud opposés à ceux de la Savane.

Notons enfin qu'il existe un dioula qui, comme le dit Creissels (1980), peut être caractérisé

> "comme un parler manding non lié à un terroir précis, qui est en Côte-d'Ivoire le parler de communautés mandingophones [et qui se distingue] des différents parlers de terroir [...] et du manding plus ou moins pidginisé que l'on a parfois désigné comme «dioula véhiculaire»."

Nous avons, quant à nous, observé qu'il existait en effet une langue commune, une koiné, qui permettait aux Manding originaires de terroirs aussi différents que

---

[10] Notons certaines différences, tel le morphème **trì** au lieu de **tì** à Kong qui, associé aux autres morphèmes de la conjugaison, exprime l'inactualité, et l'emploi dans certains mots de la consonne palatale [**c**] à l'initiale correspondant à la vélaire [**k**] à Kong ; exemples : **cɛ̀rɛ̀** "bagarre" ; **cì̠** "mordre"

ceux de Kong ou de Touba par exemple, de se comprendre parfaitement. Un projet de recherche avait été lancé avec l'aide de l'A.C.C.T. pour tenter de décrire cette langue de communication. Pour l'instant, les recherches sont en cours ; il serait intéressant , dans une perspective de promotion des langues nationales, de mieux connaître ce dioula "urbain", sans doute très proche du dioula utilisé comme langue de communication entre tous les Manding et distinct du tabusikan.

1.2. MÉTHODOLOGIE

1.2.1. Détermination des points d'enquête

Nous avons employé la méthode utilisée par le LACITO du C.N.R.S. (LP. 3-121) pour établir l'*Atlas Linguistique du Cameroun,* ainsi que ceux du Tchad et de Centrafrique. Nous avons quadrillé les cartes I.G.N. au 1/200 000e des régions étudiées en carrés de 50 km de côté, et avons choisi, à l'intérieur de chaque carré, un village dont la population est numériquement importante. On pourra s'étonner de la dimension assez importante des carrés ; elle s'explique par la faible densité (environ 6 hab./km^{2}) du nord de la Côte-d'Ivoire. Le plus souvent, ces points d'enquête correspondaient, sur le plan administratif, à des sous-préfectures. Ce choix, d'abord géographique, pouvait être modifié dans la mesure où, de l'avis général des autochtones, le parler de tel ou tel village était connu pour être identique à celui qui avait fait l'objet d'une enquête. Nous procédions toutefois à des vérifications sur ce point en effectuant des enquêtes-sondages lors de nos déplacements d'un village à un autre.

C'est ainsi qu'au cours de dix missions d'une quinzaine de jours chacune (de 1974 à 1980), nous avons enquêté dans les trente villages suivants :

- Au nord-est (région de Kong) : Kong - Sikolo - Tindalan - Bilimono.
- Au nord-ouest : Odienné - Samatiguila - Tienko - Gbeleban - Maninian - Goulia - Séguélon - Bako.
- A l'ouest : Koonan - Ganhoué - Fouenan - Touba - Booko - Borotou - Koro - Guinteguela - Siana (près de Séguéla) - Worofla - Djiborosso - Kani - Kongasso - Mankono - Tieningboué - Marhandalla - Sarhala - Faraba.

1.2.2. L'enquête elle-même

L'instrument de l'enquête linguistique de terrain est double :

- d'une part un questionnaire de 220 mots illustrés dans 220 phrases, élaboré par le LP 3-121 du CNRS pour les atlas déjà cités, et adapté par nous au contexte ivoirien : c'est une adaptation de la liste de 200 mots de M.

SWADESH ; chaque mot figure dans une phrase au moins, qui n'utilise que les mots figurant parmi les 200 items.

- d'autre part, une grille grammaticale d'une centaine de phrases environ, visant à dégager le système des marques grammaticales variant d'un parler à l'autre, et permettant ainsi de caractériser ces parlers les uns par rapport aux autres. Celle-ci, élaborée par nous-même sur les conseil de M. Houis à partir de ce que l'on sait déjà d'autres parlers manding non ivoiriens, tente de cerner un certain nombre de points qui nous semblaient particulièrement intéressants à approfondir dans la description des parlers que nous allions étudier.

En même temps que ces données linguistiques recueillies par ces deux questionnaires (cf. Annexe 4) sous forme de transcription phonétique, nous avons relevé, outre le nom du village noté de la même façon, l'aire d'extension du parler étudié, en demandant à plusieurs informateurs de citer les villages parlant exactement la même langue qu'eux[11]. Il nous a également semblé utile, dans la mesure du possible, d'ajouter à cette enquête linguistique, une enquête ethno-historique permettant de connaître :

- l'origine des fondateurs du village sur lequel portait l'enquête ;
- la signification du nom du village ;
- le nom des populations qu'ont rencontrées les Mandé en s'installant en Côte-d'Ivoire.

En effet, il peut être intéressant de connaître le substrat linguistique de ces populations (cf. Annexe 2).

Ce dernières informations étaient recueillies auprès des chefs de village, tandis que les données linguistiques étaient collectées auprès de jeunes informateurs, le plus souvent des élèves du CM2 âgés d'environ 14 ans et n'ayant jamais quitté leur village. Chaque fois que cela a été possible, ces données linguistiques ont été contrôlées par des informateurs plus âgés car l'on sait qu'un jeune de 14-15 ans ne possède pas encore parfaitement sa langue. Nous étions accompagnée le plus souvent par un jeune originaire de Kong qui nous servait d'informateur de référence. Les noms de tous les informateurs sont donnés pour chaque parler, avec le nom du village, dans l'Annexe 3.

Quant aux résultats de nos enquêtes qui apparaissent sous forme de termes cartographiés, il nous semble plus juste d'en rendre compte sous forme de cartes par point d'enquête plutôt que par plage représentant des aires linguistiques (cf. carte 25).

---

[11] Généralement, les responsables de village, chefs ou secrétaires du P.D.C.I. (Parti démocratique de Côte-d'Ivoire), connaissent parfaitement leur région et savent très bien qui parle quoi. Nous avons eu plusieurs fois l'occasion de vérifier leurs dires par nos enquêtes-sondages au cours de nos déplacements.

Carte 25 - L'AIRE MANDING IVOIRIENNE - LES POINTS D'ENQUETE

De même, les résultats apparaissant dans les tableaux comparatifs devront être lus en se souvenant que les termes recueillis dans un parler donné sont toujours ceux du village où l'enquête a été menée, voire du locuteur qui nous a servi d'informateur, et donc ne sont peut-être pas valables pour un autre village appartenant pourtant à l'aire d'extension du même parler.

SECTION 2

ÉTUDE PHONÉTIQUE COMPARÉE

Dans cette section, nous voudrions donner un aperçu du système consonantique et vocalique des différents parlers manding ivoiriens afin d'en dégager les caractéristiques générales. Nous ne sommes pas en mesure, compte tenu de la complexité de certains parlers, de faire le même type d'étude au niveau tonologique ; nous essaierons cependant d'apporter quelques éléments sur le rôle du ton au niveau phonologique et de ses fonctions au niveau grammatical dans quelques parlers manding. A la fin de cette section, nous décrirons les structures syllabiques propres à certains parlers en vue de dégager, à partir de notre corpus, les caractéristiques de l'ensemble manding ivoirien.

Ainsi que nous l'avons déjà précisé dans l'introduction, l'utilisation d'un questionnaire portant sur un corpus aussi restreint ne nous permet évidemment pas de présenter une analyse phonologique complète des parlers recensés. Dans la mesure où, au moment où nous avons commencé cette recherche[1], aucune étude descriptive n'avait été menée sur les parlers manding de Côte-d'Ivoire, hormis le travail de G. Dumestre sur le dioula véhiculaire (tagbusikan) et celui de Y. Keita sur le worodugukakan[2], il nous a paru intéressant de recueillir de plus amples données sur des parlers de régions situées aux quatre «pôles» de l'aire manding (nord-ouest, nord-est, sud-ouest, sud-est) et pouvant être représentatifs de groupes de parlers, de manière à, malgré tout, avoir, pour certains d'entre eux, un aperçu de leur système phonologique.

C'est pourquoi nous avons procédé à une enquête plus intensive qui nous a permis de recueillir des corpus de 700 à 1000 mots (que nous appellerons «corpus élargis») Nous avions pu, dans un précédent travail qui constitua notre thèse de Doctorat, établir, à partir de ces corpus, les esquisses phonologiques de ces quatre parlers ; certains, tel le dioula de Kong[3] ont été depuis décrits plus en détail. Nous nous contenterons donc ici de rappeler, sous forme de tableaux, le

[1] Nous avons commencé cette recherche en 1975. Depuis, C. BRACONNIER a travaillé sur le dioula d'Odienné.

[2] Il s'agit, d'une part, du cours audio-oral de dioula **kōdī** et d'un lexique fondamental publiés par G. DUMESTRE, et d'autre part, d'une esquisse phonologique du worodugukan qui a fait l'objet de la maîtrise de linguistique de Y. KEITA en 1976.

[3] A. SANGARÉ, 1984, *Dioula de Kong (Côte-d'Ivoire). Phonologie, grammaire, lexique et textes*, Thèse pour le Doctorat de 3ème cycle, Université de Grenoble III.

système phonologique de chacun d'eux, à savoir :

- le julakan de Kong au nord-est
- le wojenekakan d'Odienné au nord-ouest
- le maukakan au sud-ouest
- le worodugukakan au sud-est

Nous y ajouterons également le classement des phonèmes (les consonnes notamment) par ordre décroissant, ce qui nous permettra de comparer les fréquences consonantiques obtenues à partir des corpus élargis – recueillis dans les quatre parlers ci-dessus – à celles obtenues à partir d'un corpus plus limité – recueilli, lui, dans l'un des parlers du territoire manding ivoirien.

Enfin, dans la mesure où certains parlers ainsi étudiés de façon plus intensive nous ont paru avoir, sur le plan soit consonantique, soit vocalique, des traits tout à fait spécifiques de telle ou telle aire linguistique – puisque nous les avons notés dans d'autres parlers – nous avons pris le soin d'ajouter un commentaire sur la description de ce trait.

Dans cette section, nous allons donc voir tout d'abord le problème des *consonnes* : l'étude comparée de tous les parlers ivoiriens permettra de poser des hypothèses pour la reconstruction du système consonantique du proto-manding ivoirien[4] et de repérer les pertinences au plan de la géographie linguistique. Nous poursuivrons par un aperçu des systèmes vocaliques des autre parlers, auquel succédera l'étude comparée des *voyelles* de l'ensemble manding, ceci afin, non pas de proposer une reconstruction du système vocalique PM-I – car nous verrons que le cadre strictement ivoirien n'y suffit pas – mais de montrer ce qui est commun à tous ces parlers, et surtout ce qui est différent, pour ensuite essayer de comprendre ces différences saisies en synchronie, révélatrices sans doute d'une évolution subie par certains parlers. La mise en lumière des dissemblances vocaliques fournira, comme ce fut le cas pour les consonnes, des critères de distinction permettant de repérer des groupes de parlers. Les différentes hypothèses ainsi proposées offriront la possibilité de reconstruire certains radicaux – une soixantaine – qui sont donnés en appendice

[4] Nous utiliserons désormais l'abréviation PM-I pour proto-manding ivoirien.

2.1. LES CONSONNES

D'une façon générale, les consonnes des parlers manding ivoiriens, comme celles de tous les autres parlers manding, n'apparaissent que dans deux positions : à l'initiale et à l'intervocalique.

2.1.1. Le julakan de Kong

a) à l'initiale

		labiales	alvéolaires	palatales	postérieures	labiovélaires
occlusives	sourdes	p	t	c	k	kp
	sonores	b	d	j	g	gb
nasales	mi-nasales				(ng)	
	totales	m	n	ɲ		(ŋm)
fricatives		f	s	y	(h)	w
latérale		l				

b) à l'intervocalique

		labiales	labio-dentales	apicales	alvéo-laires	palatales	postérieures	labio-vélaires
orales		b	f	t	s	y	(k), g	w, (gb)
nasales	mi-nas.	mb	(nv)	nd	nz	nj	ng	
	totales	m		n		ɲ		
latérale				l				
vibrante				r				

phonèmes entre parenthèses ( ) = faible occurrence.

Si nous comparons le nombre des phonèmes à l'initiale à celui des phonèmes en position médiane, nous obtenons un résultat quasiment identique (21 et 20 respectivement), mais les ordres sont plus nombreux à l'intervocalique et les séries ne sont pas les mêmes. En effet, l'opposition occlusive/fricative a disparu, tout comme l'opposition sourde/sonore dans les occlusives, ce qui nous conduit à ne retenir, /-l-/ et /-r-/ mis à part, que deux séries – les orales et les nasales – que nous subdiviserons en mi-nasales et nasales totales. On remarquera que la série des mi-nasales, toutes sonores – ce qui n'a rien de surprenant compte tenu de la disparition de l'opposition sourde/sonore – est complète à l'intervocalique.

On notera également l'absence de la nasale labio-vélaire en position médiane et l'apparition d'un phonème /-r-/ inexistant à l'initiale, défini ici comme vibrant.

On remarque enfin une autre définition des phonèmes quant à leur point d'articulation ; nous avons dû définir sept ordres en position médiane, alors qu'il n'en existait que cinq à l'initiale.

Classement des consonnes du julakan par ordre décroissant

Les fréquences des phonèmes consonantiques sont présentées selon la position initiale : 100% représente 1050 consonnes ; nous n'avons retenu que les monèmes simples, les composés n'ayant, eux, été retenus que pour l'analyse. Soit l'ordre suivant :

s	14,7%	n	5,5	c	2,09
k	14,1	ɲ	5,04	p	1,7
t	8,2	d	4,9	g	1,6
l	6,2	m	4,8	h	0,9
b	6,09	y	4	kp	0,6
f	5,9	gb	3,3	ŋm	0,6
j	5,9	w	3,04	ng	0,5

Il ressort de ce tableau que les phonèmes les plus fréquents sont /s-/ et /k-/ avec des taux qui sont presque le double de ceux des consonnes arrivant après. Notons également les faibles fréquences de /h-/ et des labio-vélaires.

2.1.2. Le wojenekakan

a) à l'initiale

	labiales	alvéolaires	prépalatales	palatales	vélaires	labiovélaires
sourdes	(p)	t	s	c	k	(kp)
sonores	b	d	z	j	(g)	gb
nasales { mi-nas. totales	(mb) m	nd n		(nj) ɲ	ng	(ngb)
continues	f	l		y	h	w
vibrante		r				

b) à l'intervocalique

	labiales	alvéolaires	prépalatales	palatales	vélaires	labiovélaires
sourdes		t	s			
sonores	b		z		g	gb
nasales { mi-nas.	mb	nd		nj	ng	ngb
nasales { totales	m	n		ɲ		
continues	f	l		y		w
vibrante		r				

Dans cette position, le tableau est plus réduit. L'opposition sourde/sonore a quasiment disparu, à l'exception des prépalatales /s/ et /z/. Par contre, les autres séries sont maintenues. Il y a, en wojenekakan, encore plus de raisons qu'en julakan de Kong, d'interpréter les séquences Nasale + Consonne en position médiane comme des prénasalisées plutôt que comme des suites Voyelle nasale + Consonne, puisqu'elles existent à l'initiale. Tout comme dans le parler précédent, elles nasalisent la voyelle qui les précède.

Classement des consonnes du wojenekakan par ordre décroissant

Comme pour le julakan, la fréquence des phonèmes consonantiques est calculée en position initiale, 100% représentant 649 consonnes recensées dans des monèmes non composés. Soit l'ordre suivant :

s	14,3%	l	4,1	nd	0,4
k	13,8	r*	3,2	ng	0,3
b	10,9	w	3,08	h	0,3
t	7,7	n	2,7	ngb	0,3
j	7,2	ɲ	2,6	mb	0,1
f	6,6	c	2,3	kp	0,1
d	5,8	y	2,1	g	0,1
gb	5,7	z	0,6	nj	0,1
m	4,6	p	0,6		

* nous n'avons pas compté ici les verbes composés avec les préfixes ra- et rɔ-

2.1.3. Le maukakan

Avant de proposer un tableau phonologique du maukakan, nous voudrions rappeler ici que cette esquisse a été faite à partir d'enquêtes effectuées en 1976, d'une part auprès d'un étudiant mahou, Moussa Bamba, originaire de Ferentella et ayant résidé longtemps en Guinée, et d'autre part auprès de jeunes informateurs du village de Ganhoué, situé dans la sous-préfecture de Ouaninou. Nous ne prétendons donc pas décrire "le" maukakan mais simplement donner une esquisse du système consonantique de l'une de ses variétés.

Nous rappellerons également que D. Creissels a travaillé sur le maukakan avec un étudiant originaire de Mwààlùù, village mahou situé du côté guinéen de la frontière ivoiro-guinéenne. Grâce a l'important lexique (environ 1500 termes) qu'il a publié en 1982, nous pourrons faire des comparaisons avec nos propres enquêtes.

Précisons enfin que le maukakan présente des traits de nasalité tout à fait uniques dans toute l'aire manding ivoirienne La langue présente en outre un phénomène que D. Creissels (1982a) décrit comme un appendice nasal latent qui ne s'entend pas en prononciation isolée, mais qui se réalise en liaison. On trouvera au § 2.2.3. une description plus détaillée de ce phénomène.

Les phonèmes consonantiques du maukakan sont les suivants :

a) à l'initiale

	labiales	alvéolaires	prépalat.	palatales	vélaires	labiovélaires
sourdes	(p)	t	s	c	k	
sonores	b		z		g	gb
nasales	m	n		ɲ	(ŋ)	
fricatives	f	l*		y	w	

* l se réalise [d] lorsqu'il est devant une voyelle antérieure

b) à l'intervocalique

Dans cette position, le nombre des phonèmes consonantiques passe de 17 à 13.

	labiales	alvéolaires	palatales	vélaires	labiovélaires
occlusives	b	t	s	k	(gb)
nasales	m	n	ɲ		
fricatives	f	l	y	w	
vibrante			r		

Classement des consonnes du maukakan par ordre décroissant

k	16,1%	f	5,8	n	2,6
s	15,8	m	5,1	g	1,7
l/d	14	gb	4,8	z	1,2
b	9,7	ɲ	3,1	p	0,9
t	6,8	c	2,9	ŋ	0,2
y	6,1				

2.1.4. Le worodugukakan

Dans le système consonantique de ce parler manding, nous retrouvons dans l'ensemble les mêmes phonèmes qu'en julakan et en wojenekakan, sauf dans la série des fricatives dans laquelle apparaissent deux nouveaux phonèmes : une bilabiale /ɸ/ et une chuintante /ʃ/. L'existence de cette fricative bilabiale est tout à fait caractéristique non seulement de ce parler mais aussi de ceux de cette région située à l'est de l'aire occidentale manding de Côte-d'Ivoire, qui s'étend de Guintéguéla à Tieningboué, et de Séguéla à Djiborosso, soit sur l'ensemble du département de Séguéla à l'exception de la sous-préfecture de Kongasso (cf. carte 16).

Les phonèmes consonantiques du worodugukakan sont les suivants :

a) à l'initiale

	bilabiales	labiodentales	alvéolaires	palatales	vélaires	labiovélaires
sourdes	(p)	f	t	c	k	(kp)
sonores	b	(v)	d	j	g	(gb)
nasales	m		n	ɲ		
fricatives	ɸ		s	ʃ	(h)	
continues			l	(y)		w

b) à l'intervocalique

Dans cette position, le nombre des consonnes est, là encore, plus réduit ; toutes les séries sont maintenues mais certains ordres ne sont, pour ainsi dire, plus représentés (celui des palatales par exemple). Nous retrouvons :

	labiales	alvéolaires	palatales	vélaires	labiovélaire
sourdes	f	t		k	
sonores	v			g	gb
nasales	m	n	ɲ	ŋ	
fricatives	(ɸ)	s			
continues	l	(y)			

Notons l'existence de la nasale vélaire /-ŋ-/ qui n'apparaissait pas à l'initiale.

Classement des consonnes du worodugukakan

Ce classement est indicatif puisqu'il ne porte que sur un total de 430 consonnes rencontrées à l'initiale ; il peut cependant donner une idée de la fréquence des phonèmes dans cette position – 100% représente 430 consonnes :

s	13,72%	ʃ	5,11	w	2,09
k	12,32	gb	5,11	g	1,16
b	8,83	l	4,6	v	0,93
m	7,90	n	3,95	h	0,93
f	6,27	ɲ	3,25	p	0,46
j	6,04	ɸ	2,79	y	0,46
t	5,58	c	2,32	kp	0,46
d	5,34				

Avec le worodugukakan se termine la présentation des systèmes consonantiques des quatre parlers manding. Elle nous a permis, dans un premier temps, de repérer les similitudes et les différences existant entre eux.

Le tableau ci-après est un récapitulatif de ces phonèmes consonantiques et de leur fréquence respective en position initiale ; on y verra que partout /k-/ et /s-/ ont la plus grande occurrence.

A titre indicatif, nous y avons ajouté le taux de fréquence obtenu pour chaque consonne en tenengakan, l'un des parlers manding dont le corpus recueilli est beaucoup plus réduit que celui des quatre autres. Ainsi, la comparaison des résultats obtenus par un questionnaire d'enquête extensive (corpus réduit : 220 mots) avec ceux fournis par une enquête intensive (corpus élargi : 700 à 1000 mots) permet d'observer, d'une part, qu'aucune des consonnes n'a été oubliée : tous les sons ont été répertoriés par le questionnaire extensif, et que, d'autre part, le taux de fréquence, pour certaines consonnes tout au moins (c'est le cas de /s-/ et /k-/), est le même ; le questionnaire de l'enquête extensive, bien que "léger", donne donc une image assez précise, sur le plan phonétique en tout cas, de la réalité des faits.

Nous allons, dans le chapitre qui suit, étendre la comparaison à l'ensemble de l'aire manding ivoirienne afin de voir si les résultats concernant la fréquence des consonnes en tenengakan se vérifient dans d'autres parlers, et aussi si les parlers de terroir dont nous venons de présenter les systèmes consonantiques sont représentatifs de groupes de parlers.

FRÉQUENCES DES CONSONNES EN POSITION INITIALE
DANS LES PARLERS MANDING

Julakan		Wojenekakan		Maukakan		Worodugukakan		Tenengakan	
s	14,7%	s	14,3%	k	16,1%	s	13,72%	k	15,4%
k	14,1	k	13,8	s	15,8	k	12,32	s	15
t	8,2	b	10,9	l/d	14	b	8,83	b	9,5
l	6,2	t	7,7	b	9,7	m	7,9	t	8,6
b	6,09	j	7,2	t	6,8	f	6,27	d	8,18
f	5,9	f	6,6	y	6,1	j	6,04	m	7,2
j	5,9	d	5,8	f	5,8	t	5,58	l	7,7
n	5,5	gb	5,7	m	5,1	d	5,43	f	5,9
ɲ	5,04	m	4,6	gb	4,8	ʃ	5,11	j	5,9
d	4,9	l	4,1	w	3,4	gb	5,11	n	4,5
m	4,8	r	3,2	ɲ	3,1	l	4,8	ɲ	4
y	4	w	3,08	c	2,9	n	3,95	w	4
gb	3,3	n	2,7	n	2,6	ɲ	3,25	gb	4
w	3,04	ɲ	2,6	g	1,7	ɸ	2,75	c	2,7
c	2,09	c	2,3	z	1,2	c	2,32	y	1,8
p	1,7	y	2,1	p	0,9	w	2,09	ʃ	1,8
g	1,6	z	0,6	ŋ	0,2	g	1,16	ɸ	1,3
h	0,9	p	0,6			v	0,93	g	0,9
kp	0,6	nd	0,4			h	0,93		
ŋm	0,6	ng	0,3			p	0,46		
ng	0,5	h	0,3			y	0,46		
		ngb	0,3			kp	0,46		
		mb	0,1						
		kp	0,1						
		g	0,1						
		nj	0,1						

2.1.5. Hypothèse pour une reconstruction du consonantisme proto-manding ivoirien

Nous tenterons, à partir du vocabulaire recueilli dans ces quatre parlers et dans les autres parlers périphériques, d'établir des séries comparatives permettant de poser quelques hypothèses pour la reconstruction du consonantisme du PM-I.

Conformément à l'usage de M. Guthrie (cité par G. Manessy 1975), nous entendons, par série comparative

> «une liste d'éléments lexicaux de même sens appartenant à diverses langues, et dont les dissemblances formelles sont analogues à celles que l'on constate dans d'autres listes d'éléments appartenant aux mêmes langues et également unis par un sens commun.»

Rappelons que *les correspondances envisagées sont établies sur la base d'une transcription non pas phonologique mais phonétique*, y compris pour les quatre parlers étudiés ; en effet, pour le comparatisme, il ne semble pas que le niveau phonologique soit le plus important puisqu'il rend compte du phénomène de la communication dans un temps donné, tandis que le niveau phonétique conserve les phénomènes résiduels.

Afin de fonder plus avant nos hypothèses, nous avons parfois dépassé le cadre strictement ivoirien et avons tenu compte de la documentation recueillie sur d'autres parlers manding voisins ou sur d'autres langues mandé-nord (ligbi du Ghana, vaï du Liberia, etc.).

Deux positions ont été considérées pour l'élaboration des formules de correspondance : initiale et médiane. Les séries comparatives permettant d'établir les correspondances phonétiques sont données dans l'Appendice 1, ce qui permettra de lire les séries au fur et à mesure de l'exposé. Les radicaux verbaux ont été recueillis avec le morphème de l'infinitif (**kà**, **kɛ̀** ou **kì** selon les parlers) ; dans les tableaux, cependant, ce morphème n'apparaîtra pas. Quant aux nominaux, ils sont le plus souvent donnés avec la forme du spécifique[5], mais là encore, sans le morphème correspondant (sauf lorsque celui-ci est un ton). Nous reparlerons plus loin (section 3) du morphème du spécifique.

[5] Généralement, les nominaux ont été recueillis à la forme spécifique, appelée encore "définie" car c'est ainsi qu'elles sont données spontanément par les informateurs. Nous verrons, dans les parties traitant de la tonologie et de la morphologie, les différences selon les parlers. Dans la mesure où nous n'avons pu faire l'étude tonologique détaillée de chaque parler, nous avons noté ce que nous avons entendu et nous avons pu nous rendre compte, par une meilleure connaissance de certains parlers, que cette notation correspondait au spécifique.

2.1.5.1. Correspondances entre consonnes en position initiale

a) Les labiales

Le statut phonologique particulier de **p-** a déjà été signalé dans chacune des esquisses phonologiques des parlers précédents : sa très faible occurrence (1,7% en julak., 0,6% en wojenek., 0,9% en mauk. et 0,46% en woroduguk.) se retrouve dans l'ensemble des parlers manding puisque, sur les 220 mots recueillis dans chacun d'eux, pas un seul ne contient le phonème p- Celui-ci, en plus d'une fonction distinctive, a une fonction expressive, ainsi que l'a signalé M. Houis (1974).

Les correspondances pour **b-**, **m-** et **f-** ne posent pas de problème particulier. A l'initiale, b- correspond très régulièrement à b- dans tous les parlers, comme on peut le voir dans les séries comparatives telles que "bras", "oncle maternel", "fleuve", "cendre", "herbe", "tomber". b- est un phonème très fréquent dans les parlers manding : 6,09% en jk, 10,9% en wojenek., 9,7% en mauk. ; 8,83% en woroduguk. et 5,90% pour les autres parlers.

La correspondance b-/gb-, malheureusement attestée non pas par une série comparative mais par seulement une seule entrée, "bâton", permet malgré tout de poser l'hypothèse selon laquelle l'actuel b- aurait une autre origine : ce phonème pourrait être issu d'une labio-vélaire qui se serait dévélarisée ; nous reviendrons sur ce point à propos de la labiovélaire gb-.

En dépassant le cadre strict des parlers manding ivoiriens et en étendant la comparaison à une langue voisine de la Côte-d'Ivoire, le ligbi[6] parlé au Ghana, également classée comme mandé-nord, nous avons retrouvé cette même correspondance b-/gb- :

ligbi	julakan de Kong	
gbɔ́	**bɔ́**	"sortir"
gbóó	**bóló**	"main"
gbògò	**bùgùrì**	"cendre"
gbɔ̀ŋ	**bɔ̰̀**	"verser"

Il faudrait, pour vérifier le bien-fondé de cette hypothèse, étendre la comparaison à l'ensemble des langues mandé-nord.

La correspondance m-/m- est très régulière dans tous parlers (cf. les séries comparatives telles que "personne", "couteau", "boire", "entendre, comprendre"). Notons cependant l'exception que fait l'entrée "vache". En effet, il semblerait que

---

6 Les informations que nous possédons sur le ligbi nous ont été fournies par A. et J. PERSSON dans une étude ronéotée *Preliminary phonological statement for Ligbi* (S.I.L.) que ces chercheurs ont bien voulu nous communiquer.

la racine ait n- à l'initiale. C'est en tout cas ce que suggère là encore la comparaison avec d'autres langues mandé-nord, comme le vaï (Welmers 1976) qui a la forme nìí, le sembla (Prost 1971) qui présente une forme nìgì et le mandinka (Creissels, communication personnelle) qui a nìnsì. La forme mìsì rencontrée dans huit parlers de Côte-d'Ivoire ainsi qu'en bambara pourrait venir de l'influence de -mùsò "femelle". Ainsi, par harmonie consonantique, on aurait le schéma : nìsì.mùsò → mìsì.mùsò → mìsì. Quant à la forme ndìsì rencontrée dans huit parlers au sud de la zone manding (cf. carte 26)[7], nous pouvons émettre l'hypothèse que c'est au contact des Mandé-sud, qui présentent une forme dìrì (en gouro par exemple), que le n- de la racine s'est développé en nd-. Il faut toutefois remarquer une autre correspondance n-/nd- dans le terme "fer" dont la forme ndɛ̀gɛ̀ en sagak., ajoutée à ndìsì "vache", laisserait supposer que le n- actuel proviendrait d'une mi-nasale nd-, mais nous ne disposons pas pour l'instant d'un nombre suffisant d'éléments pouvant étayer cette hypothèse. Pour ce qui est de m- il s'agit d'un phonème assez fréquent tant dans les quatre parlers présentés plus haut (4,8% en jk, 4,6% en wojenek., 5,1% en mauk. et 7,9% en woroduguk.) que dans l'ensemble des parlers (4,54%).

f- correspond très régulièrement à f- (cf. "calebasse, "pagne", "feuille", "vomir", "jeter", "dire"). On remarquera, par l'entrée "arbre", une correspondance f-/s- ou ʃ- dans certains parlers (boduguk., tuduguk., vanduguk.), mais celle-ci étant isolée, nous pouvons poser l'existence d'un *f- PM-I.

Quant à la spirante ɸ du woroduguk., nous verrons plus loin dans quelle correspondance elle apparaît.

Nous pouvons donc postuler, dans la reconstruction du PM-I, les labiales *b-, *m- et *f- qui, à l'initiale, ont subsisté telles quelles dans tous les parlers manding de Côte-d'Ivoire, hypothèse que formule D. Creissels (1970) pour le PM-I, à partir des correspondances entre le mandinka et le bambara.

b) Les alvéolaires

La reconstruction de t-, très largement attesté tant en julak. (8,2%), en wojenek. (7,7%), en mauk. (6,8%) en woroduguk. (5,58%) que dans l'ensemble des parlers manding (5%), ne pose aucun problème puisqu'il correspond très régulièrement à t- dans tous les parlers (cf. les séries "nom", "jour-soleil", "lance", "huile", "couper", "jouer"). L'exception relevée dans l'item "pourrir", où t- correspond à c-, peut s'expliquer en diachronie par une palatalisation de t- qui, après la disparition de l- intervocalique, se trouve en contact avec la

---

[7] Les cartes d'items ont été regroupées dans l'Annexe 1.

palatale y-. On retrouvera d'ailleurs les différents stades probables de cette évolution attestés dans plusieurs parlers ; la carte 27 de l'item "pourrir" permet de voir inscrit dans l'espace ce changement du t-, rencontré dans les parlers de l'ouest, qui devient c- à l'est : tɔ́lí (sienkok.) → t yũwè (karanjank.) → cũè (kanik.) → cɛ̰̀ (koyag.).

Cet exemple, très intéressant par l'illustration qu'il donne du continuum linguistique existant entre les parlers manding ivoiriens, l'est moins du point de vue de la reconstruction puisque la correspondance t-/c- qu'il présente est tout à fait isolée. Nous pouvons donc postuler un *t- pour le PM-I.

Il n'y a pas non plus de problème pour **n-** et **s-** qui, à l'initiale se retrouvent très régulièrement dans tous les parlers.

Les séries "nez", "saleté", "quatre", "fer", attestent clairement l'existence d'une nasale alvéolaire. Les entrées "langue" et "respirer" montrent certaines correspondances entre n- et ɲ-, surtout lorsque ces consonnes précèdent des voyelles antérieures, mais cela n'est pas régulier. Nous pouvons donc postuler un *n- en PM-I.

Dans le tableau des fréquences des consonnes dans les quatres parlers manding étudiés plus haut, nous voyons que n- est relativement fréquent (5,5% en julak., 2,6% en mauk.).

Les séries comparatives "sein", "ciel", "animal-viande", "arriver" attestent bien la correspondance s-/s- dans tous les parlers et nous permettent de postuler un *s- en PM-I.

Il faut observer cependant que des séries comparatives partielles telles que "poil", "griffe", "jambe-pied", "nuit", "chemin", "village", "serpent" et "cheval", montrent une correspondance s- avec la chuintante ʃ- dans de nombreux parlers. Si l'esquisse phonologique du woroduguk. nous a permis d'établir l'existence de cette chuintante en tant que phonème, il n'en est pas de même pour chacun des autres parlers dans la mesure où nous disposions d'un corpus réduit. D'après les entrées "poil" et "chemin", où on le rencontre dans le plus grand nombre de parlers, on peut supposer que ce phonème résulte d'une palatalisation de s- par un glide palatal (dont nous verrons plus loin l'origine).

Ici encore, nous retrouvons inscrit dans l'espace l'évolution probable dans le temps (cf. "chemin", carte 28) : síra → síla (folok.) → síyá (gbelebank.) → syá (mauk.) → ʃyá (la plupart des parlers du sud-est).

Cependant, si l'origine de cette chuintante peut, d'après les exemples précédents, trouver son explication dans la palatalisation du s-, celle-ci ne tient plus si l'on examine les entrées ʃó "village-maison", ʃò "cheval", ʃú "nuit" qui ne comportent ni voyelle palatale, ni glide palatal. En fait, si l'on examine les formes données par chaque parler, on remarque que l'un au moins d'entre eux atteste une forme contenant un glide palatal : à ʃú, rencontré en tuduguk., vandugukak., nɔwolok., etc., correspond une forme ʃyű du baralak. ; de même à ʃȍ rencontré en tuduguk., nɔwolok., sienkok., etc. correspond une forme ʃyȍ en siak. Même si elles ne sont que phonétiques, ces formes présentent cependant un intérêt du point de vue diachronique et peuvent peut-être contribuer à étayer l'hypothèse selon laquelle le **s-** actuel résulterait de l'évolution d'un autre phonème, **k-**. Nous sommes ici dans le domaine de la supposition et nous voudrions reprendre celle formulée par D. Creissels dans un manuscrit qu'il a bien voulu nous communiquer, où il relevait une correspondance phonétique entre le **k-** du vaï et le **s-** du manding, et proposait l'évolution suivante : **k-** → **ky-** → **ty-** → **ts-** → **sy-** → **s-**.

A titre d'exemple, nous donnerons l'évolution possible d'un terme comme "jambe-pied" telle qu'elle apparaît à partir des formes relevées dans les différentes langues mandé-nord[8] :

kěŋ (vaï) → **kyɛ̰̀** (sembla) → **cɛ̰** (samoga gouan) → **ʃyɛ̰̀** (finang., korok., baralak., sienkok.) → **sɛ̰̀** (julak., bambara).

Nous voyons là que les formes comportant la chuintante suivie du glide palatal attesteraient un stade de réalisation antérieure à celui du **s-**. On peut citer d'autres exemples à partir de mots relevés dans les langues déjà évoquées, ainsi qu'en ligbi :

"nuit" **kùrù** (ligbi) → ʃyű (certains parlers de C.-I.) → sú (julak.)
"maison" **kùú** (vaï) → ʃyő ~ ʃő (*id.*) → ső (julak.)

Ce détour par les langues mandé-nord, qui nous fait dépasser le cadre de notre propos centré sur la reconstruction du PM-I, avait pour but d'apporter quelques éclaircissements sur l'origine de cette chuintante et du **s-** actuel.

L'examen des cartes 28 et 29 ("chemin" et "cheval") suffit pour comprendre le flottement existant dans les réalisations de ces deux sons : tel parler qui emploiera la sifflante pour un mot prononcera l'autre avec une chuintante, et réciproquement (ainsi le tuduguk. dira **sírá** pour "chemin" mais **ʃȍ** pour "cheval", tandis que le kanik. emploiera **ʃyá** pour le premier et **sȍ** pour le second). D'autres utiliseront la chuintante pour les deux (cf. le woroduguk.). Cette variation **s-/ʃ-** peut donc constituer un critère de distinction d'un parler à l'autre, tout en

[8] Nous dépassons ici encore le cadre ivoirien pour nous appuyer sur la documentation sur les langues mandé recueillie depuis plusieurs années par C. GRÉGOIRE , et que celle-ci a mise à la disposition de l'atelier mandé dirigé par S. PLATIEL aux travaux duquel nous participions au moment de la rédaction du présent travail.

dénotant un continuum linguistique sur presque tout l'ensemble de l'aire manding allant des parlers ayant ce trait dans tous les termes du questionnaire (baralak. par exemple), jusqu'à d'autres n'ayant le trait que dans un seul mot (korok.).

Les deux alvéolaires restantes, **d-** et **l-**, posent par contre un problème. Comme l'a déjà montré D. Creissels dans l'article cité plus haut, il existe une correspondance entre l'occlusive d- du bambara et la latérale l- du mandinka, cette correspondance se produisant, comme l'avait déjà signalé M. Houis (1976) en comparant le bambara et le maninkamorikan de Guinée, dans tous les cas – sauf un (dɔ̀lɔ̀ "étoile") – dans des mots à ton haut. Par ailleurs, le d- du bambara correspond, dans des mots aussi bien à ton haut qu'à ton bas, au d- du mandinka. La Côte-d'Ivoire présente, de ce point de vue, une situation différente selon les parlers. D'une façon générale, la correspondance l-/l- est bien attestée dans tous les parlers, sauf un (le vanduguk., frontalier avec le Mali), comme on peut le voir dans les séries "étoile", "cinq", "se coucher", "savoir" ; en effet, ce parler, plus proche du bambara que du julak., comporte peu de mots ayant l- à l'initiale ; dans cette position, on trouvera généralement d- ou j- (ex. jɔ̀lɔ̀ "étoile") là où les parlers manding utilisent l- ; on notera cependant une exception, lɔ́ɔ́rú "cinq", qui est la forme jula, le bambara employant dúúrú. De même, la correspondance d-/d- est régulière dans tous les parlers, comme l'attestent les entrées "bon", "pousser", "souffrir", "comment". Cependant, si l'on considère les entrées "bouche", "terre", "étroit", "manger" et "danser", on remarque que cette fois d- correspond non plus à d- mais à l-. Ce changement semble donc être conditionné beaucoup plus par la voyelle qui suit la consonne que par le ton de cette voyelle, à la différence de ce que M. Houis avait remarqué pour les correspondances entre bambara et mandinka. En effet, comme nous l'avons observé en faisant l'esquisse phonologique du mauk.(cf. M.-J. Derive 1985), l- et d- semblent bien fonctionner comme les variantes combinatoires d'un même phonème qui se réalise l- devant voyelle postérieure (u, o, ɔ, a) et d- devant voyelle antérieure (i, e, ɛ). La carte 30 de l'item "manger" fait bien apparaître que cette correspondance d-/l- n'existe que dans les parlers voisins du mauk. ; la latérale peut devenir nasale lorsqu'elle est suivie d'une voyelle nasale, c'est ce que l'on note en finang. et en baralak. où n̰ṵ́ṵ́/núú correspond à lɔ̃́ɔ̃́ du mauk.

Notons enfin une correspondance d-/j-, précédemment citée, dans les entrées "enfant, "trou", "manger". Celle-ci n'affecte que quelques parlers. L'item "trou" est intéressant par ses différentes réalisations attestées dans les divers parlers, qui permettent de retracer l'évolution probable de l'alvéolaire d- en palatale j- Le d- de la racine dḭngà que l'on trouve en julak. de Kong (très proche du dḭgɛ̀ bambara et du **dìnkà** mandinka), s'est palatalisé au contact du **i**, donnant ainsi la forme **jíg̰à̰** du nɔwolok., et **jìɲà** du boduguk.; puis, dans certains parlers (carte 31), après une assimilation régressive de **i** à **a**, on est arrivé à la forme **ja̰ʁà** (parlers sud-est de l'aire manding) qui donne **ja̰**, **gya̰**, **jàà**, **jɛ̰** dans les parlers où il y a eu chute de la consonne intervocalique.

En tenant compte de ce qui se passe dans la majorité des parlers, on peut postuler l'existence des phonèmes ***d-** et ***l-** en PM-I ; cependant, l'exemple du mauk. est intéressant car il permet de poser l'hypothèse selon laquelle il n'y aurait, dans la proto-langue, qu'un seul phonème et que c'est à cause de la phonologisation des variantes combinatoires qu'on en trouve en fait deux dans la plupart des parlers manding.

A noter que **r-** ne se rencontre jamais à l'initiale, sauf dans certains préfixes ou postpositions (en wojenek. et dans les parlers voisins), ce qui est conforme à la règle que nous verrons plus loin selon laquelle les consonnes à l'initiale des morphèmes ont les mêmes caractéristiques que les consonnes en position médiane.

c) Les palatales

Dans le tableau comparé de la fréquence des consonnes dans les quatres parlers manding ivoiriens, **c-** apparaît comme un phonème de faible occurrence : julak. 2,09%, wojenek. 2,3%, mauk. 2,9%, woroduguk. 2,32%, et 2,7% en teneng.

Dans les autres parlers, nous n'avons relevé aucune entrée qui permettrait d'établir de façon convaincante une correspondance **c-/c-**. En effet, comme en témoignent les entrées "sable", "pourrir", "envoyer en commission", "fendre" "beaucoup", c- ne correspond pas toujours à **c-** mais à **k-**, **ʃy-** ou **t-**. Comme il l'a été dit à propos de l'alvéolaire **t-** (cf. carte 27 de l'item "pourrir"), la palatale c- semble bien être le résultat d'un processus de palatalisation plus ou moins prononcé selon les parlers. Ainsi "sable" présente des formes allant de **kɛ̀ngɛ̰** (julak.) à **cɛ̰** (la plupart des parlers) en passant par **kyɛ̰** en mauk..

Il semble donc raisonnable, comme le dit également D. Creissels à propos du mandinka et du bambara

> «...d'exclure **c** de la reconstruction du consonantisme du proto-manding et d'estimer que le statut phonématique de ce son s'est consolidé postérieurement au développement de divergences dialectales entre parlers manding.»

Si **j-** est plus fréquent dans certains parlers étudiés (julak. 5,9%, wojenek. 7,2%, woroduguk. 6,04%), il n'existe, par contre, pas dans d'autres, tel le mauk. Les items "corde", "poisson", "arbre", brûler", "combien" attestent une correspondance **j-/y-** entre le groupe des parlers – dont le mauk. est le représentant –

et tous les autres ; à ce propos, la carte 32 du mot "corde" est très explicite. A noter que cette correspondance existe, quelle que soit la voyelle qui suit la consonne initiale ; la comparaison entre le mauk. et le sienkok. par exemple, en fait ressortir la grande régularité :

maukakan	sienkokakan	
yí	jí	"eau"
yírí	jírí	"arbre"
yɛ́ɛ́	jɛ́gɛ́	"poisson"
yèè	jèrì	"sang
yɔ̀	jɔ̀	"fétiche"
yùù	jùrù	"corde"
yùlà	jùlà	"commerçant"

On remarquera que cette correspondance j-/y- existe également dans d'autres parlers dès lors que la consonne initiale est suivie d'une voyelle antérieure. La carte 33 ("poisson") par exemple, révèle que, mis à part le koyag. et le woroduguk. pour le sud, seuls les parlers du nord ont conservé le j- initial. De ce point de vue, les parlers ivoiriens autres que ceux du groupe mauk. présentent une très grande instabilité. Ainsi, la forme qui prévaut pour "arbre" est yírí ou yíí dans tous les parlers (sauf en sienkok.), alors que pour "eau" c'est la forme jí ou jé qui s'est imposée. En woroduguk. de Siana, à l'inverse de ce qui se passe en mauk., j- est très fréquent (6,04%) au détriment de y- (0,4%) : l'item "voir" a la forme jé, au lieu de yé rencontrée dans tous les parlers. La distribution des deux palatales occlusives et fricatives j- et y- est radicalement inversée dans ces deux parlers.

L'entrée "brûler" présente une correspondance j-/ɲ- dans certains parlers mais d'une part celle-ci apparaît tout à fait isolément, et de l'autre elle semble bien dépendre de la présence ou de l'absence de la consonne intervocalique – la nasale en l'occurrence – dont nous reparlerons au § 2.2.5.2.

Compte tenu de toutes ces remarques, auxquelles s'ajoutent celles déjà formulées à propos de d- et de la correspondance avec j-, il apparaît que dans une partie au moins de ses occurrences, j- est un phonème de création récente dont le statut, en tant que tel, n'est pas encore très affirmé actuellement. Cependant en excluant le mauk. et en se fondant sur des correspondances existant entre tous les autres parlers ivoiriens, il semble possible de postuler un * j- en PM-I.

Le mauk., de ce point de vue, se démarque nettement du reste de l'aire manding, plus proche parfois des langues mandé-sud, ce qui n'est guère surprenant compte tenu de son implantation historique et géographique (pour "eau" par exemple, on rencontre yí en gban, en gouro, en yacouba).

Quant à **ɲ-**, les correspondances trouvées dans les séries "oeil", "dent", "saleté", "pou", "chercher", donnent à penser qu'il existait vraisemblablement un *ɲ- en PM-I. Cependant, la correspondance ɲ-/n- dans la série "langue" permet de supposer qu'il résulterait de n- suivi d'une voyelle antérieure (i, e ou ɛ) : n + i ~ e ~ ɛ → ɲ. Sa reconstruction en PM-I n'est donc pas certaine. Il faudrait, pour plus de certitude, trouver d'autres exemples.

Pour ce qui est de la spirante palatale y-, nous n'avons relevé que deux entrées, "montrer" et "ici", où elle apparaît parfois en correspondance avec j-, ainsi que nous l'avons déjà signalé. Exemple : "montrer" yìrà (sienkok.) ; jɛ̀à (woroduguk.).

Sa fréquence varie beaucoup d'un parler à l'autre : julak. 4%, wojenek. 2,1%, mauk. 6,1%, woroduguk. 0,46%. Compte tenu de la rareté des correspondances entre les mots ayant y-, il semble difficile de postuler un *y- PM-I.

d) Les vélaires

L'occlusive vélaire sourde **k-** est très largement attestée dans les parlers manding ivoiriens comme le montrent les fréquences comparées de ce phonème : julak. 14,1%, wojenek. 13,8%, mauk. 16,1%, woroduguk. 12,32%, ainsi que les vingt-et-une entrées du questionnaire extensif pour les autres parlers (ce qui représente un dixième du corpus). C'est, avec s-, le phonème le plus fréquent. Les séries "tête, "os", "aile", "guerre", "oiseau", "un", "mordre", témoignent d'une correspondance k-/k- très régulière dans tous les parlers, quelle que soit la voyelle qui suit. Il est donc légitime de postuler un *k- en PM-I.

On note par ailleurs plusieurs correspondances pour k- :

1°) k-/g-, comme le montre l'entrée "corne". C'est d'ailleurs, dans notre corpus, la seule occurrence de g-, dont la très faible fréquence est également constatée dans les principaux parlers manding : julak. 1,6%, wojenek. 0,1%, mauk. 1,7%, woroduguk. 1,16%.

2°) k-/ng- dans "rosée". A noter qu'en dioula du Burkina Faso, ce même terme sera réalisé non pas kɔ̃mí mais gɔ̃mí.

Ainsi, ces deux correspondances de k- avec g- et ng- donnent fort à penser que d'une part il n'existait pas de g- en PM-I et que d'autre part, comme l'atteste la deuxième correspondance k-/ng-, g- serait le résultat d'un k- qui, prénasalisé, se serait sonorisé[9] puis dénasalisé, comme dans l'exemple suivant :

[9] En accord avec une règle commune à la presque totalité des parlers ivoiriens selon laquelle, derrière un élément nasal, toutes les sourdes deviennent sonores.

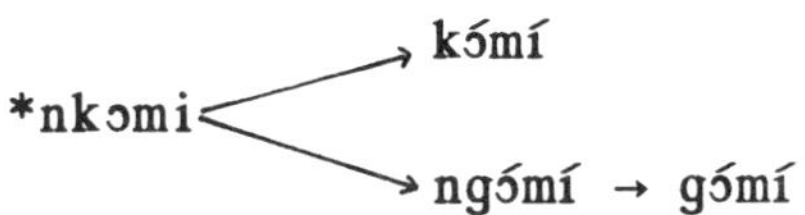

D. Creissels trouve lui aussi dans cette explication l'une des origines de l'actuel g- en manding. Nous verrons plus loin, à propos de la labio-vélaire **gb**-, qu'il en existe peut-être une autre. Deux autres correspondances ont également été relevées pour **k**- :

k-/c- rencontrée dans "graisse". Cette correspondance renforce l'hypothèse formulée à propos de la palatale **c**- selon laquelle cette dernière serait le résultat de la palatalisation de la vélaire **k**-. On retrouve les différents stades de cette évolution dans les divers parlers ivoiriens : **k**- (majorité des parlers) → **ky**- (nɔwolok.) → **c**- (parlers de l'ouest et de l'est).

Quant à la correspondance **k-/ɸ**-, nous en reparlerons à propos de **w**- car elle peut constituer une hypothèse sur l'origine de ce phonème.

Notons que nous n'avons trouvé de nasale vélaire qu'en position intervocalique dans le woroduguk. dont nous avons fait l'esquisse phonologique, mais jamais en position initiale dans aucun des termes recueillis au cours de l'enquête extensive.

Il semblerait qu'à la nasale vélaire ŋ-, effectivement attestée en bambara, correspondent, mais de façon irrégulière, une vélaire prénasalisée à Odienné, et une labio-vélaire nasale à Kong, comme le montrent les exemples suivants :

bambara	wojenekakan	julakan de Kong	
ŋàŋà	**ngánǎ**	**ngànà**	"homme fort"
ŋɔ̀mì	**ngbɛ̀nú**	**ŋmání**	"épine"
ŋànạ̀	**ngbáɲạ̌**	**ŋmànà**	"lieu planté d'herbes"
ŋúnạ́	**ngùnɛ̰̀**	**ngúndá**	"gémir"
ŋɛ́ɲɛ́	**ngbɛ̀ɲɛ̀**	**ŋmáɲágá**	"démanger"

De ce point de vue, les parlers manding ivoiriens apparaissent comme plus récents que le bambara et le mandinka qui ont, eux, maintenu ŋ- à l'initiale, même s'il est rare dans cette position.

La spirante **w**- est bien, quant à elle, attestée dans tous les parlers, et avec n'importe quelle voyelle (**i**, **u**, **o**, **ɔ**, **a**), comme le montrent les entrées "cuisse", "chien", "six", "mille", "se lever". Ce phonème a une fréquence moyenne dans tous les parlers: julak. 3,04%, wojenek. 3,08%, mauk. 3,4%, woroduguk. 2,09%. On remarquera cependant qu'à part "se lever", qui présente les formes **w**- + **i** (antérieurement **w**- + **u** comme l'atteste de dioula véhiculaire, proche du bambara), **w**- n'apparaît le plus souvent que devant voyelle d'arrière. D'autre part, à propos des correspondances de **k**-, nous en avons relevé une avec la spirante bilabiale **ɸ**-, toujours suivie d'une voyelle postérieure, dans les autres parlers proches du worodugukak. :

julakan de Kong	worodugukakan	
kʷó	**ɸʷó**	"queue"
kʷɔ̀	**ɸʷɔ̀**	"marigot
kù	**ɸú**	"igname"

comme en témoignent "queue", "marigot", "nouveau", "laver", "derrière".

Cette spirante bilabiale, tout à fait spécifique de certains parlers manding ivoiriens, est intéressante d'un point de vue diachronique car elle permet de formuler l'hypothèse selon laquelle le **w-** actuel résulterait de l'occlusive vélaire **k-** qui, après être devenue spirante, se serait labialisée ; ces séries permettent également d'émettre quelques suppositions sur l'origine de ce **k-**. Ainsi, bien que nous n'ayons, dans notre corpus, trouvé aucune correspondance entre **k-** et **kp-**, nous pouvons, après examen d'une série recueillie dans un corpus restreint (limité à quatre parlers ivoiriens) postuler que la labio-vélaire ***kp-** est à l'origine de ce **k-** devant voyelle postérieure.

Au terme de l'esquisse phonologique du julak. de Kong, nous avons posé l'existence de **kp-** – qui apparaissait dans quelques termes dont **kpɛ̀rɛ̀** "métier à tisser" – comme phonème ; ce même terme ayant été recueilli lors d'enquêtes plus approfondies en mauk., wojenek. et woroduguk., nous avons établi la comparaison suivante :

julakan	wojenekakan	maukakan	worodugukakan
kpɛ̀rɛ̀	**kɔ́lɛ́**	**kwɛ̀ɛ̀**	**ɸwɛ̀**

Ainsi, même si elles sont uniques, ces correspondances attestent les différents stades de l'évolution dont nous proposons le schéma suivant :

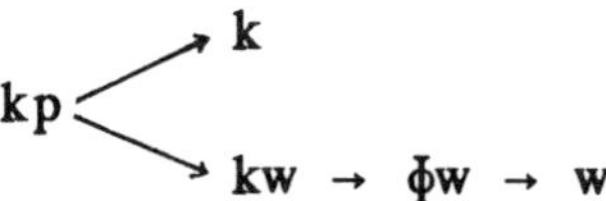

On s'étonnera peut-être de la différence de timbre de la voyelle qui suit (ɔ et ɛ) ; elle présente cependant un intérêt pour la reconstitution de la racine :

***kpɔlɛ** → **kɔlɛ**
***kpɔlɛ** → **kpɛrɛ** → **kwɛrɛ** → **kwɛɛ** → **ɸwɛ** → **wɛ**

Cette évolution n'a certes pas complètement abouti dans les parlers de Côte-d'Ivoire, mais on peut en voir le résultat en comparant certains termes de ces parlers à ceux relevés en ligbi :

Parlers du nord de l'aire manding		Parlers du sud de l'aire manding		Ligbi	
kú	→	ɸʷú	→	**wó**	"igname"
kṵ̀	→	kṵ̀	→	**wú**	"tête"
kúnú	→	kṵ́	→	**wùló**	"hier"

La reconstruction d'un *w- PM-I constitue en tout cas un point problématique qu'il conviendrait d'approfondir ultérieurement.

e) Les labio-vélaires

En ce qui concerne **gb-**, nombreuses sont les séries qui attestent une correspondance gb-/gb- régulière dans tous les parlers : "peau", "lourd", "chaud", "blanc", "frapper, "chasser", "planter", "autre". On peut donc postuler un phonème *gb- en PM-I. De plus, comme il l'a été signalé à propos de b-, c'est la labiovélaire gb-, encore attestée dans la majorité des parlers manding ivoiriens, qui est à l'origine de ce b- actuel (cf. la série "arbre" illustrant la correspondance gb-/b-). Une autre série, "maïs", est très intéressante dans la mesure où elle présente une correspondance gb-/g- entre les parlers attestant une forme gbɔ́gɔ́ d'une part, et de l'autre le woroduguk. et le siak. qui donnent respectivement les formes gòʁò et gùɣò ; on peut sans doute voir dans cette correspondance une autre origine du g- actuel en manding (cf. § d) Les vélaires).

Nous proposerons donc, sur la base des exemples recueillis dans les différents parlers manding ivoiriens, le schéma évolutif suivant :

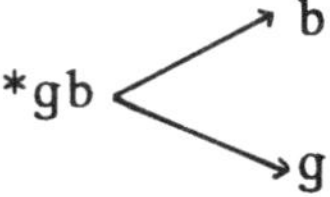

Le *gb- initial s'est soit dévélarisé, soit délabialisé. Les quelques exemples dont nous disposons dans notre corpus, bien que peu nombreux, nous permettent de supposer que la présence de la voyelle n'est pas étrangère à l'évolution vers la labiale ou vers la vélaire, l'alternance se faisant comme suit :

gb → b + voyelle antérieure
gb → g + voyelle postérieure

C'est en tout cas ce que suggèrent, en siak., les formes béré et gùɣò correspondant respectivement à gbéré et gbògò.

Notons que dans l'ensemble de l'aire manding, ce sont les parlers de Côte-d'Ivoire qui ont le mieux conservé cette labiovélaire, disparue en mandinka et spirantisée en bambara sous la forme **gw-**.

f) Les prénasalisées

Elles n'apparaissent, dans les parlers manding, que de façon irrégulière. Si elles existent bien en tant que phonèmes dans certains parlers (julak., wojenek. et quelques autres parlers voisins), leur statut, dans d'autres parlers, n'est pas toujours facile à établir. Ainsi que l'a remarqué D. Creissels (1980), on les trouve souvent à l'initiale de noms d'animaux ou de plantes ou encore dans des termes désignant certaines parties du corps (**ndɔ̀ʁɔ̀** "intestins") ou des objets (**mbɔ́lɔ́** "piquet", **ndɛ̀ʁɛ̀** "fer"). Il est difficile, dans l'état actuel des connaissances, de savoir si cette prénasalisation existait en PM-I. Ce qui est évident, en revanche, c'est le rôle que joue cette prénasalisation dans l'apparition de formes comportant une sonore en position initiale, comme on a pu l'observer à propos de **g-** par exemple (**kɔ́mí** → **ngɔ́mí** → **gɔ́mí** "rosée").

2.1.5.2. *Correspondances entre consonnes en position intervocalique*

Dans l'ensemble, la comparaison des consonnes en position intervocalique dans les parlers manding ivoiriens montre que celles-ci ont subi des changements plus nombreux qu'en position initiale. Nous verrons, dans la conclusion de ce chapitre, les conséquences que cela entraîne.

a) Les labiales

Nous avons, pour la position initiale, proposé la reconstruction des phonèmes *b-, *m-, *f-. En position intervocalique, la seule correspondance attestée est **-m-**/-m- dans tous les parlers (cf. "éléphant", "cent", "marcher"). On relève également, dans quelques parlers, une correspondance -m-/**-mb-** (cf. "rosée" et "lance, sagaie" où l'on rencontre les formes **kɔ́mí** et **kɔ́mbí**, **tàmà** et **tàmbà**) qui laisse supposer que cette nasale labiale est issue d'une occlusive prénasalisée dont seul l'élément nasal a subsisté. A cet égard, les parlers ivoiriens, et plus particulièrement le julak. de Kong qui a systématiquement conservé ces prénasalisées en position médiane, attestent une forme sans doute plus proche de la proto-langue. Ces prénasalisées correspondent au groupe Consonne nasale + Consonne orale des parlers occidentaux tel le mandinka.

Ainsi, en position médiane, ce groupe Consonne nasale + Consonne orale – interprétée dans le julak. de Kong comme une prénasalisée – s'est maintenu à la périphérie de l'ensemble de l'aire manding : il se situe respectivement à l'extrême ouest et est[10].

Cette correspondance nasale/prénasalisée existe non seulement pour les labiales mais aussi pour les alvéolaires. Nous n'avons pu, dans ce corpus trop limité, trouver de séries illustrant cette correspondance, mais les enquêtes plus "intensives" faites en julak. et en mauk. ont fourni les exemples suivants :

	maukakan	julakan	
m/mb	**sà̰mà̰**	**sàmbà**	"envoyer un cadeau"
	bàmà	**bàmbà**	"crocodile"
	bòmó	**bòmbó**	"menton"
	kòmò	**kòmbò**	"pleurer"
n/nd	**lónáŋ**	**lóndá**	"étranger"
	lónáŋ̰	**dòndò**	"coq"
	kènè	**kèndè**	"sorgho rouge"

Notons enfin que ce -**m**- peut se spirantiser en -**w**- ou -**v**- dans certains parlers (la carte 34 de l'item "aile" donne un aperçu de ces variantes dialectales), ou même disparaître dans les parlers du sud et du sud-ouest de l'aire manding ivoirienne (cf. les entrées "pou", "froid", "manger", "souffrir", "sentir"). On remarquera que dans ce cas, généralement, le trait de nasalité s'est maintenu sur les voyelles qui, d'orales sont devenues nasales. Exemples :

ɲímú	→	**ɲṵ́ṵ́**	"pou (de tête)"
súmá	→	**ʃṵ̈́ṵ̈́**	"froid"
dímí	→	**dḭ́ḭ́**	"souffrir"

Cependant, dans la mesure où l'on trouve -**m**- dans plusieurs mots dans tous les parlers, nous pouvons postuler ce phonème en PM-I.

-**b**- n'a été relevé dans aucun parler car, en cette position, il correspond à la spirante -**w**- (cf. "aile", "pierre", "trois", "cuire"). A noter que ce -**w**- est réalisé labio-dental -**v**- en woroduguk.

La consonne -**f**- n'apparaît que dans une seule entrée ("sept") où l'on constate qu'elle varie d'un parler à l'autre, pour correspondre soit à -**w**-, à -**g**- ou à -**v**-. Il est donc impossible, compte tenu des limites de ce questionnaire, de postuler un -**f**- en PM-I.

---

[10] Nous donnons ci-après quelques correspondances relevées par D. CREISSELS (1980) entre le julakan de Kong et le mandinka de Gambie :

	julakan	mandinka			julakan	mandinka	
mb/mb	**bàmbà**	**bàmba**	"crocodile"	**nd/nt**	**dòndó**	**dùntuŋ**	"coq"
	kɔ́mbi	**kómbi**	"rosée"		**lóndá**	**lúntaŋ**	"étranger"
	tàmbà	**tàmba**	"lance"		**bàndà**	**bàntaŋ**	"fromager"
	tɔ́mbí	**tímbiŋ**	"tamarinier"		**dɔ́ndɔ́**	**dónto**	"prêter"
	tɔ̀mbɔ̀	**tòmboŋ**	"ramasser"				

Les différentes formes attestées dans cette série nous autorisent, sous toute réserve, à envisager un *-(n)gb- dont serait issu l'actuel -f- de certains parlers, comme le montre le schéma évolutif ci-après :

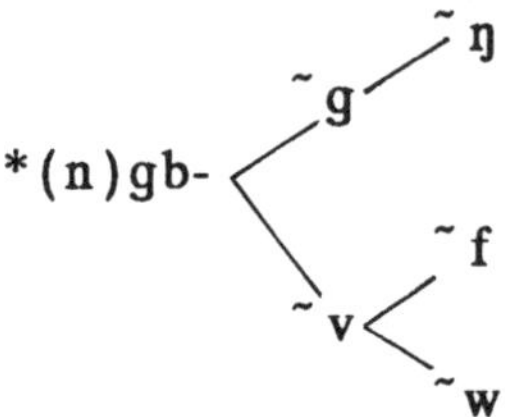

hypothèse toutefois difficile à retenir dans la mesure où il s'agit là d'un exemple isolé.

Nous constatons donc qu'en PM-I l'ordre des labiales, à l'intervocalique, se réduit à deux phonèmes, *-m- et *-b-, avec un mode d'articulation allant s'affaiblissant dans certains parlers.

b) Les alvéolaires

En position initiale, les correspondances avaient permis de postuler les phonèmes *t-, *d-, *n-, *s- et *l-. Dans l'ensemble, l'observation des correspondances en position intervocalique confirme cette reconstruction.

Dans l'état actuel des parlers manding de Côte-d'Ivoire, tous ces phonèmes se retrouvent en position intervocalique, étant entendu toutefois, d'une part que cette remarque ne vaut que pour certains parlers, et d'autre part que le nombre de correspondances interdialectales est plus restreint qu'en position initiale.

La consonne **-t-** n'apparaît dans tous les parlers que dans une seule entrée, "petit", qui donc ne constitue pas une série comparative. Pour le reste, on remarquera dans l'entrée "cuisse" que le -t- des parlers du sud correspond à la vibrante -r- dans ceux du nord et disparaît en mauk. (cf. carte 35). On sait d'autre part, par les comparaisons établies par D. Creissels, que cette correspondance -t-/-r- est très régulière entre le mandinka et le bambara. D'après une rapide confrontation entre le mandinka, le jula. de Kong et le bambara, il semblerait que le jula. soit à un stade intermédiaire de l'évolution de -t- → -r- puisqu'on retrouve des formes semblables à celles du mandinka et du bambara, comme on peut le voir dans les exemples ci-après :

mandinka	bambara	julakan		mandinka	bambara	julakan	
bɔ̀ɔ̀tɔ̀	bɔ̀rɔ̀	bɔ̀tɔ̀	"sac"	kúta	kúrá	kúrá	"nouveau"
fàtà	fàrà	fàrà	"peau"	sìtì	sìrì	sìrì	"attacher"
jàtà	jàrà	jàrà	"lion"	túttúu	túrú	tútú	"planter"
kíítí	kírí	kítí	"juger"	wútú	wórá	wótó	"cuisse"
kɔ̀tɔ̀	kɔ̀rɔ̀	kɔ̀rɔ̀	"vieux"				

On peut donc postuler que le *t- initial existait aussi à l'intervocalique en PM-I, compte tenu des correspondances attestées :

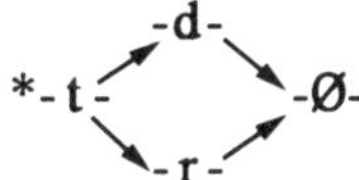

En ce qui concerne **-d-**, il n'existe pas de correspondance -d-/-d- entre les parlers, ce qui n'est peut-être pas surprenant quand on se rappelle l'alternance observée entre l- et d- pour certains parlers type mauk. Il est en effet intéressant de constater que -l- est bien attesté dans de nombreux parlers ivoiriens ; cependant si la correspondance interdialectale -l-/-l- n'existe pas, par contre, la correspondance -l-/-r- apparaît, elle, dans 34 entrées (soit 15% du questionnaire réduit, et environ 23% des dissyllabes). Comme nous l'avons observé lors de l'esquisse phonologique du mauk., -l-, comme d'ailleurs la plupart des consonnes, disparaît à l'intervocalique. Les entrées "bras", "soleil", "arc", "guerre", "œuf", "six" choisies parmi les 34 mentionnées ci-dessus, attestent que -l- ou sa correspondante -r-, lorsqu'elle existe, apparaît entre toutes les voyelles orales des dissyllabes homophones ainsi que dans les contextes **i/a**, **u/a**, **a/o**, **e/i** (cf. "sang", "lune", "huile", "nouveau", "avoir peur")

Bien que cette correspondance -l-/-r- ne soit pas toujours régulière d'un parler à l'autre, elle permet, sur le plan de la géographie linguistique, de distinguer, en gros, trois groupes :

1) le groupe des parlers de l'ouest, type mauk. (teneng., mauk., finang., korok. auxquels il convient d'inclure ici le woroduguk.) qui, à une exception près, se caractérise par l'absence de -l- ;
2) le groupe des parlers du nord, type wojenek. (wojenek., boduguk., folok., gbelebank., tuduguk., vanduguk.) qui possède -l- entre voyelles homophones et -r- entre voyelles non homophones ;
3) le groupe des parlers du sud et de l'est de l'aire manding, type koyag. et julak. de Kong (kanik., karanjank., siak., koyog., korokan, sagak., nigbik., julak. de Kong), qui se caractérise par l'ordre inverse du précédent, c'est-à-dire un -r- entre voyelles homophones et un -l- entre non-homophones.

Notons que dans ce groupe, le sagak. et le nigbik. présentent dans certains mots, à l'intervocalique, la caractéristique suivante :

-l- disparaît (sagak.), ou devient -y- (nigbik.) ; exemples :

	sagakakan	nigbikan	
bùgùlì	**bùgùì**	**bùgùyì**	"cendres"
jòlì	jòì	jòyì	"combien"

Les cartes 38 et 39 des items "huile" et "lune" illustrent la répartition géographique de -l-/-r- dans l'aire manding, correspondances que l'on retrouvera d'ailleurs dans les morphèmes.

Dans les parlers qui ont un -r- intervocalique (tous, sauf ceux du type mauk.) la correspondance -r-/-r- est bien attestée (cf. "montagne", "chemin", "bâton", "courir", "montrer").

Bien que -l- et -r- soient distincts à l'intérieur de chaque parler, on peut se demander, compte tenu de la rareté des correspondances -l-/-l-, s'il est légitime de postuler l'existence de deux phonèmes en PM-I.

Le phonème **-n-** semble bien attesté dans tous les parlers, sauf dans ceux de l'ouest de l'aire manding (type mauk.) où, selon le corpus réduit, il semble avoir complètement disparu quel que soit le contexte vocalique, sauf en initiale de suffixe (cf. "plein", "chaud"), mais nous verrons plus loin (§ 2.1.5.4.b. "remarques au sujet de -n...") qu'un questionnaire plus vaste à fourni des termes contenant un -n-. Pour les autres parlers, -n- semble s'être maintenu lorsqu'il se trouvait dans un contexte de voyelles postérieures (cf. "vomir", "enfler"), et avoir disparu dans certains parlers du sud, dans un contexte de voyelles antérieures (cf. "cultiver", "brûler", "respirer) ; la carte 36 de l'item "brûler" illustre bien ces variations. Ce qui est, de ce point de vue, à retenir comme une caractéristique de certains parlers, est plus l'absence de -n- dans certains parlers comparés à d'autres, que les contextes dans lesquels il apparaît.

On notera également une correspondance -n-/-r- , irrégulière toutefois, relevée dans plusieurs séries comparatives : "ventre", "oiseau", "court", "chercher", "ne ... pas", ce qui amène, à propos de -n-, les trois remarques suivantes :

1) il existe, dans la plupart des parlers, un -n- stable issu, selon toute vraisemblance, de *-n- PM-I ;

2) il existe un -n- instable entrant dans les correspondances avec -r-. Il est difficile de savoir, dans une perspective diachronique, si -n- vient de -r-, ou le contraire. Il serait intéressant, de ce point de vue, d'envisager une comparaison avec d'autres langues mandé. Voici quelques exemples relevés dans certaines d'entre elles :

ligbi	sembla	julakan de Kong	
wṵ̀lɔ̀	**kɔ̀rɔ̀**	**kṵ̀nṵ̀**	"hier"
–	**kṵ̀nṵ̀**	**kṵ̀rṵ̀**	"pierre"

3) rappelons enfin que -**n**- est peut-être issu d'une occlusive prénasalisée -**nd**-, ainsi que nous l'avons signalé à propos de la correspondance -**m**-/-**mb**-.

Pour -**s**-, les séries "femme", "fumée", "frapper", "sucer", "pleurer", "maïs" donnent, dans tous les parlers, une correspondance très régulière -s-/-s-, avec, comme on l'avait déjà remarqué à l'initiale, des variantes avec la chuintante -ʃ- devant voyelle palatale. On peut donc postuler un *-s- PM-I. Notons qu'il s'agit là d'une des rares consonnes qui se soit maintenue dans tous les parlers manding ivoiriens, y compris ceux de l'ouest.

c) Les palatales

Nous n'avons trouvé aucun terme ayant une occlusive palatale à l'intervocalique. Les seules entrées où apparaît un -j- sont en fait des noms composés, telle "pluie" dont la forme la plus fréquente est **sá̰jì**, composée de **sá̰** "ciel" et **jí** "eau", ou **sàmàjì**, "saison des pluies" lui aussi un composé de **jí**. On remarquera d'ailleurs dans cette entrée la même correspondance -j-/-y- déjà mentionnée en position initiale.

La seule consonne palatale qui se maintienne dans cette position est -ɲ-, comme l'atteste "voler". Le nombre limité d'entrées de ce corpus ne nous a pas permis de constituer une véritable série comparative, mais la comparaison des principaux parlers dont nous avons effectué l'esquisse phonologique met en évidence, dans tous les parlers, une stabilité de la nasale palatale lorsqu'elle est précédée d'une voyelle antérieure. Par contre, on observe une spirantisation de -ɲ- s'il est en contact avec une voyelle antérieure ; ainsi, pour le bambara **bíɲɛ́** "foie", les parlers ivoiriens ont presque tous **byɛ̰́** ~ **bẏɛ́**. On peut donc penser que ce -ɲ- actuel est le résultat de la conservation d'un même *-ɲ- PM-I ayant tendance à se spirantiser dans le contexte défini plus haut.

Quant à -y-, nous allons en parler en même temps que -w- à propos des vélaires dans le paragraphe qui suit.

d) Les vélaires

A l'inverse de ce qui se produit en position initiale où **k**- est très largement attesté dans tous les parlers et **g**- inexistant, en position intervocalique **-k-** a complètement disparu tandis que la sonore **-g-** est très fréquemment attestée, comme en témoignent les 21 entrées de notre corpus réduit relevées dans les parlers où elle existe. Si l'on examine, les séries "boyaux", "nom", "terre", "poisson", "mouton", "pousser", dans lesquelles -g- apparaît dans un contexte de voyelles homophones, on remarque que :

- dans les parlers où il existe -g- est, à quelques exceptions près, réalisé occlusif entre voyelles fermées, et fricatif – vélaire ou uvulaire selon les parlers – entre voyelles ouvertes ;
- dans un parler, le vanduguk., il correspond, de façon régulière et quel que soit l'environnement vocalique, à la glottale -ʔ-, trait qui a d'ailleurs été relevé par D. Creissels dans un parler bambara de la région de Baninko au Mali ;
- dans tout un groupe de parlers ouest et nord-ouest, comme le gbelebank. et le folok., il est inexistant, quel que soit le contexte vocalique.

Il est intéressant de noter que des faits tout à fait identiques ont été signalés pour le mandinka de Gambie parlé à l'extrême ouest de l'ensemble de l'aire manding.

La carte 33 de l'item "poisson" reflète bien la répartition géographique des différentes formes.

Si l'on examine maintenant les séries "trou", "huit", "vingt", "couper", dans lesquelles -g- apparaît dans un environnement de voyelles non homophones, on s'aperçoit que l'absence ou la présence de -g- n'est plus un critère de répartition géographique des différents parlers, mais au contraire le reflet d'un quasi-continuum linguistique retraçant les différents stades de l'évolution de -g-. Ainsi l'item "trou", dont les variantes sont représentées sur la carte 31, présente un cas de dialectalisation maximale où l'on peut observer que le -ng- de dìngà, sans doute la forme la plus ancienne, attestée en julak. de Kong, aurait pu évoluer de deux façons différentes, comme le montre le schéma ci-après :

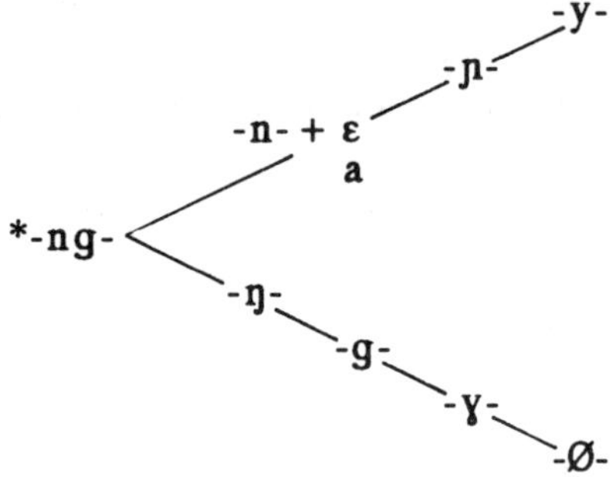

C'est en tout cas ce que laissent supposer d'une part les formes díɲɛ̀ (gbélé-bank.), jìɲà (boduguk.), díyɛ̰̀ (folok.), de même que dḭ́ŋɛ̀ (wojenek.), jḭ́gà̰ (nɔwolok.) ~ dḭgà (sienkok.), puis ja̰ɣà en siak., ja̰ʁà en koyog., korokan et nigbik., parlers qui ont tendance à harmoniser le vocalisme des formes dissyllabiques et qui, en accord avec la règle selon laquelle "-g- entre voyelles homophones est réalisé fricatif vélaire ou uvulaire", réalisent [ɣ] ou [ʁ] au lieu de [g], et enfin jàà (korok.), gyèà (woroduk.), gya̰ ~ ja̰ (mauk.) dans lesquelles -g- a complètement disparu.

On remarque une évolution quasiment identique dans les diverses formes attestées pour la série "huit" dont on peut penser que la forme la plus ancienne serait ʃyḛ̀gí (tuduguk.), forme qui peut être également interprétée ʃyèngì[11], et qui aurait évolué d'un côté en sééɲí (sagak.), sɛ́yḭ́ ~ séyḭ́ (majorité des parlers), et de l'autre en séégí (julak. véhic.), ʃyégí (julak. de Kong), sɛ́gḭ́ (boduguk.), puis sɛ́ḭ́ (tenengak.) où -g- a, là encore, complètement disparu. Cet exemple diffère quelque peu du précédent dans la mesure où, par rapport à notre schéma, les stades de l'évolution ne sont pas tous attestés ; par conséquent, rien ne nous autorise ici à supposer qu'il y ait disparition de la consonne médiane à la fin d'une chaîne plutôt que d'une autre. On pourrait par exemple imaginer la disparition de -g- (Ø) après le stade -y- ; nous avons opté pour la deuxième solution par conformité avec l'exemple précédent.

Quoi qu'il en soit, d'après les correspondances attestées en Côte-d'Ivoire, il semble bien que l'actuel -g- provienne d'une part d'un *-g- existant en PM-I (cf. séries "mouton", "poisson", "pousser", "terre", "boyaux" et "nom"), et d'autre part d'une demi-nasale -ng- qui, comme le suggère la forme dínká "trou" en mandinka de Gambie, est le résultat de la sonorisation de -k- après nasale.

Quant à la labiovélaire **-gb-** que nous avons postulée en PM-I à l'initiale, elle n'apparaît dans aucune entrée de notre questionnaire en position intervocalique, sauf dans la forme bɛ̀ɛgbɛ́ɛ donnée en siak. comme variante de fànì "pagne". Nous avons vu dans le tableau phonologique du woroduguk., qu'elle est dans ce parler un phonème rare. Nous savons aussi que -gb- apparaît dans d'autres langues mandé-nord, en ligbi et en vaï par exemple, où l'on rencontre les formes sɛ̀gbá et sàkpà "trois", mais nous limitant ici au territoire ivoirien, nous ne pouvons postuler l'existence de ce phonème à l'intervolcalique en PM-I.

[11] Il faudrait évidemment faire l'esquisse phonologique de ce parler pour en avoir la certitude ; cependant ce que nous savons à propos d'autres parlers sur l'élément nasal + consonne à l'intervocalique nous autorise à poser ceci comme possible.

e) Les spirantes

Nous avons vu que la reconstruction de **w**, et surtout de **y**, était problématique en position initiale. Il en est de même pour l'intervocalique.

Le **w**- actuel résulte vraisemblablement d'un ***k**- PM-I. Nous avons vu, dans le paragraphe sur les labiales à l'intervolcalique que **-w-** est très souvent le résultat de la spirantisation de la labiale -**b**-, du fait que cette dernière est issue soit d'une mi-nasale -**mb**- comme dans la série "aile" où

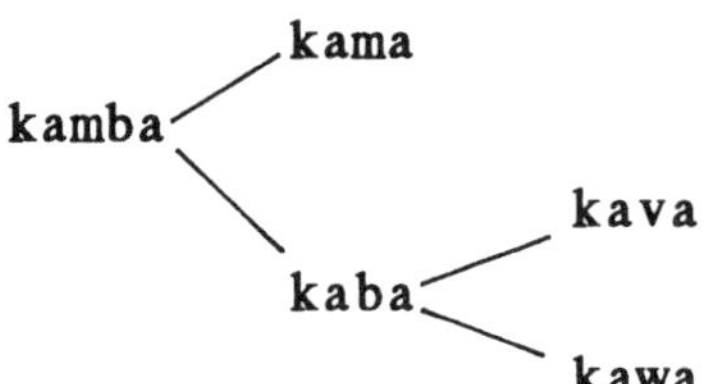

soit d'une labiovélaire -**gb**- comme le donne à penser "trois" en ligbi : **sɛgba** → **saba** → **sawa**. L'existence d'un *-**w**- en PM-I est donc douteuse.

Quant à **-y-**, nous n'avons rencontré aucune correspondance -**y**-/-**y**- dans le questionnaire réduit. On trouve, dans le corpus élargi, quelques exemples de cette correspondance, qui restent toutefois isolés :

julakan	maukakan	wojenekakan	
kàyà	**kàyà**	**káyǎ**	"pénis"
fóyí	–	**fòyì**	"rien"

Sa reconstruction en PM-I est donc tout aussi problématique.

2.1.5.3. *Les morphèmes*

Avant de conclure ce chapitre sur les hypothèses de reconstruction consonantique en PM-I d'après les parlers ivoiriens, il nous paraît intéressant de dépasser le cadre strict des correspondances régulières au niveau du lexique et voir dans quelle mesure les correspondances entre morphèmes peuvent confirmer ou infirmer ces hypothèses.

Au cours de notre étude comparée de la morphosyntaxe des différents parlers manding de Côte-d'Ivoire, dont les résultats seront présentés dans la Section 3, il nous est apparu que la consonne initiale de certains morphèmes attestait le plus souvent les caractéristiques des consonnes en position intervocalique, et non, comme on aurait pu s'y attendre, celles de la position initiale. D. Creissels a d'ailleurs fait la même remarque à propos du mandinka et du bambara.

Nous avons choisi trois cas, significatifs nous semble-t-il, pour illustrer ce trait.

1. - On a noté, à propos des labiales en position intervocalique, une spirantisation du **-b-** en **-w-** dans certains parlers. Ce même phénomène est attesté dans les morphèmes prédicatifs de l'inaccompli progressif positif en siak., koyog., korokan, sagak. et nigbik.qui présentent une forme **wɛ**[12] correspondant à **bɛ** dans d'autres parlers, tels le julak. de Kong, le **nɔ**wolok. et le dioula véhiculaire. Ces mêmes parlers, sauf le vanduguk., utilisent également le morphème **wa** pour l'accompli récent positif là où les autres ont **ba** ou **bara**.

2. - Le suffixe des noms d'action **-li** atteste une correspondance l/l dans la plupart des parlers. Cependant, toujours à propos de l, nous avons aussi relevé une correspondance avec la palatale y dans certains parlers, tels le nigbik. Ceci se retrouve dans la formation des noms d'action où le suffixe **-yi** en siak. correspond à **-li**. Par exemple **fɔ̀yì** "salutation" correspond à **fɔ̀lì** dans les autres parlers.

Cette même correspondance l/y se rencontre dans le morphème prédicatif non verbal d'identification à un terme utilisé par ces mêmes parlers : le nigbik. et le sagak. ont **ye mu**, correspondant à **le** ou **lo mu** dans d'autres parlers ; ainsi :

ń tá yé mú (nigbik.) correspond à **ń tá lò mù** (julak. de Kong)
moi/*connect./préd.*
"c'est le mien"

On peut toutefois se demander si, dans cette correspondance, le point d'articulation de la voyelle n'est pas déterminant. En effet, tous les exemples cités ont y devant voyelle antérieure, et l'on remarque que dans le pronom 3e pers. pl. **ɔ̀ lùgù** par exemple, le l est maintenu. Il semblerait que l'on puisse dégager la règle suivante : l → y si l + V ← ; li, le → yi, ye.

3. - Toujours à propos de l'alvéolaire l, nous avions remarqué qu'elle disparaissait en position intervocalique dans le groupe des parlers de l'ouest, et aussi en sagak.

Cette même correspondance l /Ø est attestée dans le suffixe de formation de l'inaccompli progressif positif et de l'accompli récent des verbes à complément d'objet, comme le montre l'exemple suivant emprunté au sagak[13] :

[12] Faute de disposer d'une étude tonologique de chaque parler, et compte tenu des variations dans la réalisation de ces morphèmes dans la chaîne parlée, il nous a paru, à ce stade, plus prudent de ne pas noter les tons à la forme nue.

[13] Les parlers de l'ouest présentant cette même correspondance n'ont pas les mêmes morphèmes et ne permettent pas, par conséquent, de vérifier les mêmes faits.

ń wɛ́ à dɛ́ɛ́á wɛ́ɛ́ á "je lui demande de l'argent"
moi/*préd.*/lui/demander+*suff.*/argent/*post.*

qui correspond en julakan de Kong à

ń bɛ̀ à dárílá wárí lá

On remarquera de plus dans cet exemple que cette correspondance se retrouve dans la postposition la/a. Dans ce même parler, cette caractéristique apparaît également dans le préfixe la- de certains verbes où, compte tenu de sa position, on s'attendrait à trouver le l initial. Ainsi, le l du verbe lámɔ̰̀ "faire cuire" sera prononcé si le mot est dit isolément, mais pas dans un énoncé où l'on aura, par exemple :

ń mùsò bà súmá̰ ámɔ̰̀ "ma mère a fait cuire la nourriture"
moi/mère/*préd.*/nourriture/faire cuire

Ceci nous conduit à formuler l'hypothèse selon laquelle cette postposition et ce préfixe auraient la même origine.

Les quelques morphèmes présentés ici confirment donc les évolutions consonantiques caractéristiques de la position intervocalique, et non de la position initiale. Si, dans le cas des suffixes, cela peut paraître normal, il n'en est pas de même pour les morphèmes de conjugaison et des postpositions. Ceci est en fait révélateur du lien syntaxique très étroit qui existe entre ces morphèmes et le nominal (que ce soit un nom ou un pronom) qui les précède.

2.1.5.4. Conclusion

a) Le système consonantique du proto-manding ivoirien

Dans ce chapitre, nous nous sommes bornée à proposer des hypothèses sur ce qu'a pu être le système du proto-manding *ivoirien*, c'est-à-dire d'une partie du domaine manding. En effet, la reconstruction du proto-manding ne pourra se faire que lorsqu'on aura recueilli des données dans tous les parlers relevant de ce groupe de langues.

Quoi qu'il en soit, il nous semble intéressant de comparer nos hypothèses à celles que propose D. Creissels pour la reconstruction du P-M à partir de la comparaison qu'il a faite entre le bambara du Mali et la mandinka de Gambie.

En position initiale, le tableau que nous avons pu dresser à partir des séries comparatives de notre corpus correspond à peu près à celui que notre collègue a établi, soit le tableau suivant (dans lequel p a un statut marginal) :

labiales	alvéolaires	palatales	vélaires	labiovélaire
(p)	t		k	
b	d	j		gb
m	n	ɲ		
f	s			
	l	y	w	

Si l'ordre des labiales est bien attesté dans tous les parlers, on a cependant constaté que la reconstruction des alvéolaires, en particulier *d- et *l- qui, dans certains parlers sont des variantes combinatoires et dans d'autres des phonèmes, est plus problématique.

On remarquera que la nasale vélaire ŋ-, présente dans le tableau de D. Creissels (1980c), n'apparaît pas ici. Dans les quelques parlers que nous avons étudiés plus en profondeur, nous avons vu qu'elle correspondait généralement à ng-, mais nous n'avons toutefois pas trouvé de série attestant cette correspondance.

En position intervocalique, par contre, le seul point qui ressorte de cette comparaison avec les résultats de Creissels est que, dans cette position précisément, la reconstruction du P-M n'est pas aisée car la systématisation des correspondances est beaucoup plus difficile à faire : il semblerait qu'en position médiane, les consonnes aient subi bien plus de changements qu'en position initiale. En effet, dans les parlers manding ivoiriens, nous avons constaté de nombreuses différences qui laissent supposer de très importantes évolutions : le tableau se réduit singulièrement.

D'une manière générale, on constate un affaiblissement des modes d'articulation pouvant aller jusqu'à la disparition totale du phonème. Seules se sont maintenues, dans tous les parlers :

- la labiale -b-, mais le plus souvent elle se spirantise en -w-
- la labiale nasale -m-, encore qu'il arrive qu'elle disparaisse dans certains mots
- les alvéolaires -t-, -n-, -s-, -r-
- la palatale -ɲ-

soit sept phonèmes sur les quatorze existant en position initiale.

b) Géographie linguistique

Cette comparaison des consonnes en position intervocalique dans le contexte ivoirien permet plus de saisir les processus d'évolution et de comprendre certains traits des parlers actuels que de reconstituer le système PM-I. En effet, le plus souvent la correspondance se fait entre une consonne qui existe dans un parler mais qui a disparu dans l'autre ; il n'est donc pas certain que la consonne qui s'est maintenue soit celle qui existait en PM-I.

On constate dans les parlers manding que, outre des changements dans le système vocalique sur lesquels nous reviendrons au prochain chapitre, la chute de la consonne intervocalique a généralement provoqué :

- une modification de la structure syllabique CVCV → CV ;
- un allongement de la voyelle dans le cas où la racine dissyllabique avait deux voyelles homophones (type mauk.), ou plus exactement une suite vocalique ;
- l'apparition de voyelle(s) nasale(s) lorsque la consonne disparue était une nasale ; exemple : **dímí** → **dḭ́ḭ́** "souffrir"
- l'apparition d'un glide, soit palatal, soit labial, selon que la première voyelle de la racine, dans le cas de dissyllabes non homophones, était antérieure ou postérieure. Dans certains parlers, tel le woroduguk., ceci se produit dans tous les cas de dissyllabes. Exemples : **síra** → **ʃyá** "chemin", **bɔ́rí** → **bwè** "courir".

Enfin, cet examen comparé du système consonantique des divers parlers manding nous a permis de dégager un certain nombre de traits distinctifs pertinents du point de vue de la géographie linguistique, et, du même coup, de la définition d'un parler par rapport à un autre. Chacun de ces traits sera symbolisé par une lettre de l'alphabet, ce qui facilitera l'élaboration du tableau récapitulatif de tous les parlers.

Nous avons vu qu'un trait, tel la palatalisation de s en ʃ par exemple, peut d'un mot à l'autre, ne pas être stable dans certains parlers. Aussi les traits rencontrés dans plus de la moitié des items retenus dans les séries comparatives seront-ils suivis du signe + ; le signe – traduit bien entendu l'absence de trait dans le parler considéré[14].

1. - Traits consonantiques des parlers manding ivoiriens

à l'initiale

A+	existence de	la bilabiale **ɸ**-
B+	"	la chuintante **ʃ**-, au lieu de **s**-
C+	"	la fricative **y**-, au lieu de la palatale **j**-
D+	"	**l**- au lieu de **d**-
E+	"	**gb**- au lieu de **b**- (cf. item "bâton")

[14] Certes, ce procédé constitue une demi-mesure peu satisfaisante, mais compte tenu des limites du questionnaire, il peut donner une idée de la fréquence du trait dans le parler en question.

à l'intervocalique

F+	existence de	-w- ou -v-, au lieu de -b-
G+	"	-mb- au lieu de -m-
H+	"	-l- au lieu de -r- entre voyelles homophones
I+	"	-l- au lieu de -r- entre voyelles non homophones
J+	"	-n- au lieu de -r-
K+	"	-t- au lieu de -r-
L+	"	-r-
M+	"	-n-
N+	"	-g-, -ʁ- ou -ɣ- entre voyelles homophones

Remarques au sujet de -n- *et* -r-

Il convient d'apporter quelques précisions à propos de ce trait. Il serait inexact, compte tenu de l'état du maukakan et des parlers de ce groupe, de dire que ni -r- ni -n- n'apparaissent en position médiane. En fait, nous avons rencontré dans ce parlé 7,02% de termes contenant -n- et 1,6% contenant -r-. Il semblerait que la règle de disparition de cette consonne intervocalique, qui est présente dans d'autres parlers, soit totalement liée au degré de modification (ou d'évolution) déjà subie par les termes considérés, ainsi qu'à l'éventuel redoublement de la consonne initiale. Cela veut dire que, dans les termes qui n'ont pas subi d'autre modification que la chute d'une consonne, -n- ou -r- disparaissent, que les voyelles des dissyllabes (servant à la comparaison) soient homophones ou non ; exemples :

	julakan de Kong	maukakan	
homophones	kɔ̀nɔ̀	kɔ̰̀ɔ̰̀	"oiseau"
	kɔ̀rɔ̀	kɔ̀ɔ́	"vieux"
	mùrù	mùùŋ	"couteau"
	síní	sḭ́ḭ́ŋ	"demain"
	wóró	wóó	"accoucher"
	fárá	fáá	"roche"
	sɛ̀nɛ̀	sɛ̰̀ɛ̰̀	"travail agricole"
non homophones	sání	séɛ̰́	"or"
	màrí	mɛ̀ɛ́	"hippopotame"
	wárí	wɛ́ɛ́	"argent"
	wɛ̀rɛ́	wɛ̀ɛ́	"abri pour les bestiaux"

Par contre -n- ou -r-, se maintiennent dans les dissyllabes suivants :

bòndò	bònò	"grenier"
jàrá	yàrá	"lion"
yírí	yírí	"arbre"
nɛ́nɛ́	nɛ́nɛ́	"froid"
nɔ́nɔ́	nɔ́nɔ́	"lait"

Comme nous l'a fait remarquer J.M.C. Thomas, il est légitime de se demander s'il n'y a pas une raison à ce maintien de -n- et -r-. Tout d'abord, l'exemple de **nɛ́nɛ́** et **nɔ́nɔ́** dont les consonnes, initiale et médiane, sont identiques, autorise à poser que **n**, du fait qu'il est répété, a plus de chances de se maintenir. D'autre part, les correspondances **bònò/bòndò** et **yárá/járá** montrent bien que les termes actuels du mauk. ont déjà subi une modification **-nd-** → **-n-** et **-j-** → **y-** respectivement. Le **-n-** de **bṍnṍ**, reliquat de la mi-nasale **-nd-** du julak., s'est maintenu, tout comme le **-r-** de **yárá** où **y-** est le résultat de l'évolution de **j-** vers la fricative.

La forme **yírí** identique dans les deux parlers, peut surprendre, mais il faut cependant se souvenir de la correspondance **j-/y-** dans certains parlers (cf. la série "arbre") où il a été vu que l'actuel **y-** est probablement issu de **d-** : **d-** + **i** → **j-** → **y-**.

De la même façon, **-n-** et **-r-** se maintiennent dans des dissyllabes à voyelles non homophones tels que :

julakan	maukakan	
kàmí	**gàmḭ́**	"pintade"
fàní	**faàní**	"tissu"
lṍndá	**lṍná̰**	"étranger"
sùnɔ̀gɔ̀	**sùnɔ̰́ɔ̰́**	"dormir"
fìná̰	**fèná̰**	"champignon *sp.*"

Dans ce cas également, les termes à voyelle nasale reflètent déjà la chute d'une consonne nasale (**gàmḭ́**, **fèná̰**) ou d'un élément de mi-nasale (**lṍná̰** ← **lṍndá**), ou d'une occlusive vélaire (**sùnɔ̰́ɔ̰́** ← **sùnɔ̀gɔ̀**). Il est donc possible que la chute de C_3 ait protégé C_2. De même **faàní**, avec la suite VV, atteste la chute de C_2 (← **fàɣànì** en finang., baralak., etc.) au bénéfice du maintien (momentané) de C_3, puisque, comme nous venons de le voir, $a_1 + i_2$ dans un dissyllabe strict (**màrí** → **mɛ̀ɛ́**, etc.).

2. – Répartition des parlers selon leurs traits consonantiques

Nous allons, dans un premier temps, examiner comment, pour chaque trait retenu, se font les rapprochements entre parlers, à l'initiale d'abord puis à l'intervocalique ; à partir de ces résultats, nous essaierons ensuite de repérer des "groupes de parlers" définis par plusieurs traits.

Pour une meilleure visualisation des caractéristiques des parlers manding ivoiriens, chaque trait sera représenté sur une carte (cf. cartes 40 à 53, annexe 1).

La superposition des cartes, si celles-ci avaient été réalisées sur transparents, aurait fait apparaître les traits communs à un groupe de parlers. Nous avons dû abandonner l'idée d'un tel procédé pour des raisons de lisibilité, dans la mesure où nous avons tenu, par rigueur scientifique, à faire une représentation de ces traits par point d'enquête plutôt que par plage. Du fait que ces parlers possèdent un trait à des degrés divers, nous avons, sur la base des séries choisies pour illustrer ce trait, adopté une sorte d'échelle graduée à quatre niveaux permettant de situer les parlers ; cette graduation sera matérialisée sur les cartes. Par exemple, pour le trait A^+ (existence de ɸ-), la répartition sera la suivante :

sans A parlers n° 2 à 13
avec A parler n° 17, qui ne présente qu'une série sur les cinq proposées ayant ɸ-
avec A+ parlers n° 1, 19 et 21, qui ont ce trait dans la majorité des séries (trois séries sur cinq)
avec A++ parlers n° 14, 15, 16, 18, 20 qui ont ce trait dans la totalité, ou la quasi-totalité des séries (quatre ou cinq sur cinq)

Traits retenus à l'initiale

1) LE TRAIT A+ : existence de ɸ- (carte 40).

Nous venons de donner la répartition des parlers selon ce trait. La carte montre que l'aire d'extension de ɸ- se limite au sud-est du territoire manding ivoirien.

2) LE TRAIT B+ : existence de la chuintante ʃ- au lieu de s- (carte 41)

sans B parlers n° 7, 8, 9, 23
avec B parlers n° 1, 2, 6, 15, 16, 19 à 22
avec B+ parlers 4, 10, 12, 14, 17, 18
avec B++ parlers n° 3, 5, 13

La carte indique une concentration de ce trait au milieu occidental de l'aire manding, avec une extension dans tout le sud (est et ouest) et dans le nord-est.

3) LE TRAIT C+ : existence de la fricative y- au lieu de j- (carte 42)

avec C parlers n° 6 à 14, 18 et 23
avec C+ parlers n° 1, 15, 16, 17, 19, 20, 21, 22
avec C++ parlers n° 2 à 5

Ce trait, attesté dans tous les parlers de Côte-d'Ivoire, permet non pas la délimitation précise d'un parler à l'autre, mais plutôt leur classement allant du parler présentant le moins d'items contenant la fricative y- (parler n° 14), jusqu'à ceux qui en possèdent le maximum (parlers n° 2, 3, 4, 5). On note cependant une forte concentration de ce trait dans les parlers du sud-ouest

4) LE TRAIT D+ : existence de l- au lieu de d- (carte 43)

sans D parler 1 et 6 à 23
avec D parlers n° 3 (5)
avec D+ parler n° 4
avec D++ parler n° 2

On peut voir sur la carte que les parlers possédant ce trait sont tous au sud-ouest de l'aire manding.

5) LE TRAIT E+ : existence de gb- au lieu de b- (carte 44)

sans E parlers n° 10, 11, 17
avec E++ parlers n° 2 à 9, 12, 13, 14, 16, 22[15]

[15] Nous avons en effet trouvé dans un corpus plus étendu recueilli en julakan de Kong, la forme gbítí "bâton", correspondant à gbélé.

L'examen de la carte montre que les parlers possédant ce trait se trouvent à la périphérie de l'aire manding et qu'ils constituent la majorité. Il aurait été nécessaire de procéder à une enquête plus approfondie pour vérifier cette correspondance qui n'est illustrée que par une seule série.

Traits retenus à l'intervocalique

6) LE TRAIT F+ : existence de -**w**-/-**v**- au lieu de -**b**- (carte 45)

sans F parlers n° 6, 7, 8, 9, 12, 13
avec F+ parlers n° 11 et 19
avec F++ parlers n° 1 à 5, 10, 15 à 18, 20 à 22, et 14 (qui a -**v**- au lieu de -**w**-)

La carte indique très clairement la localisation très méridionale, à l'exception d'un parler situé au sud, sur l'ensemble manding ivoirien de ce trait.

7) LE TRAIT G+ : existence de -**mb**- au lieu de -**m**- (carte 46)

sans G parlers n° 1, 2, 4, 7, 8, 9, 11, 17, 18, 19, 23
avec G parlers n° 3, 5, 6, 10, 12, 14, 15, 16, 20, 21
avec G+ parler n° 13
avec G++ parler n° 22

Ce trait, n'est totalement présent que dans un seul parler (22) ; il l'est très partiellement dans une aire mal définie.

8) LE TRAIT H+ : existence de $CV_1 l V_1$ au lieu de $CV_1 r V_1$ (carte 47)

sans H parlers n° 1à 5, 13, 14, 16 à 22
avec H parler n° 15
avec H+ parlers n° 6 à 12, et 23

Pour ce trait, la répartition est très nette : tous les parlers qui le possèdent se trouvent au nord du territoire manding, sauf le parler 23 qui est, rappelons-le, le dioula d'Abidjan.

9) LE TRAIT I+ : existence de $CV_1 l V_2$ au lieu de $CV_1 r V_2$ (entre voyelles non homophones) – (carte 48)

sans I parlers n° 1, 2, 4, (8 à 16), 19, 22
avec I+ parlers n° 3, 5, 6, 7, 14, 17, 18, 20, 21, 23

Ce trait n'est pas très pertinent quant à la délimitation de groupes de parlers. De plus, aucun parler ne le possède totalement.

10) LE TRAIT J+ : existence de -**n**- au lieu de -**r**- (carte 49)

sans J parlers n° 1 à 5, 14, 21
avec J parlers n° 15, 16, 18, 20
avec J+ parlers n° 7 à 13, 17, 19, 22, 23
avec J++ parler n° 6

Ce trait se retrouve surtout dans les parlers du nord, du sud-est, de l'extrême est et de l'extrême sud.

11) LE TRAIT K+ : existence de **-t-** au lieu de **-r-** (carte 50)

sans K parlers n° 1 à 14, et 23
avec K+ parlers n° 15 à 22

La localisation de ce trait est tout à fait définie : seuls les parlers du sud-est et de l'est ont **-t-** à la place de **-r-**.

12) LE TRAIT L+ : existence de **-r-** (carte 51)

sans L parlers n° 1, 2, (3, 4, 5), 14
avec L parler n° 18
avec L+ parlers n° 13, 15, 16, 17, 19, 20, 21
avec L++ parlers n° 6 à 12, 22 et 23

La carte montre que ce trait existe totalement dans tous les parlers du nord et partiellement dans ceux du sud-est. Par contre, il est inexistant à l'ouest.

13) LE TRAIT M+ : existence de **-n-** (dans des items n'ayant pas déjà subi une évolution – (carte 52)

sans M parlers n° 1 à 5, et 14
avec M parlers n° 15 à 17
avec M+ parlers n° 13 et 18 à 21
avec M++ parlers n° 6 à 12, 22, 23

La répartition des parlers présentant ce trait est quasi identique à celle du trait précédent : les parlers du nord, de l'extrême est (22) et de l'extrême sud (23) le possèdent intégralement, tandis que ceux du sud-est ne l'ont que partiellement.

14) LE TRAIT N+ : existence de **-g-** (carte 53)

sans N parlers n° 2, 8, 9, 11
avec N parlers n° 1, 4, 5
avec N+ parlers n° 3, 15
avec N++ parlers n° 6, 7, 10, 12 à 14, et 16 à 23

Ce trait est bien représenté dans tous les parlers à l'exception de ceux de l'extrême ouest (nord et sud) et de l'extrême nord.

Ce regroupement des parlers manding ivoiriens à partir de chacun de leurs traits distinctifs nous a permis d'établir le tableau 1. Sa lecture doit se faire de la façon suivante :

Chaque fois qu'un parler présente le trait considéré dans la quasi-totalité des séries proposées, son numéro apparaît sur la ligne correspondant à ce trait, mais il faut se rappeler que la non-présence de ce trait est aussi pertinente pour la géographie linguistique et sera donc aussi retenue comme "propriété" caractéristique du parler.Un zéro (o) signifie que tel parler ne possède ce trait que partiellement. Un point d'interrogation (?) indique que la correspondance n'a pu être établie du fait que c'est un terme autre que celui attendu qui a été donné. Ainsi, au niveau du trait E+ (existence de **gb-** au lieu de **b-**) le tenengakan (parler n° 1) aura "?" car l'informateur a donné **kwɔ̀mā̰** pour "bâton", alors que le terme intéressant pour ce trait était **béré** ou **gbéré**. De plus, ainsi qu'il l'a déjà été signalé, on ne retrouve pas systématiquement la même consonne d'un item à l'autre dans les séries destinées à illustrer telle ou telle correspondance ; dans le trait C+ (existence de y- au lieu de j-) par exemple, on remarque que les parlers 2, 3, 4 et 5 ont toujours y- au lieu de j- (toutes les séries attestent y- correspondant à j- des autres parlers), ce qui n'est jamais le cas des parlers 6 à 14, 18, 22 et 23, tandis que les parlers 1, 15 à 17 et 19 à 22 présentent des séries avec y-, d'autres avec j- ; c'est pourquoi on aura o dans la case correspondant à ce trait et à chacun de ces parlers.

Tableau 1 – TRAITS CARACTÉRISTIQUES DES PARLERS MANDING IVOIRIENS DU POINT DE VUE CONSONANTIQUE

Traits →	A+	B+	C+	D+	E+	F+	G+	H+	I+	J+	K+	L+	M+	N+
1 teneng.	1		o		?	1								
2 mauk.			2	2	2	2								
3 finang.		3	3		3	3	o		3					o
4 korok.		4	4	o	4	4								o
5 baralak.		5	5	o	5	5	o		5					o
6 wojenek.					6		o	6	6	6		6	6	6
7 boduguk.					7			7	7	7		7	7	7
8 folok.					8			8		8		8	8	
9 gbelebank.					9			9		9		9	9	
10 tuduguk.		10				10	o	10		10		10	10	10
11 vandug.						o		11		11		11	11	
12 nɔwolok.		12			12		o	12		12		12	12	12
13 sienkok.		13			13		13			13		13	o	13
14 worodug.	14	14			14	14	o		14			o	o	14
15 korokan	15		o		?	15	o	o		o	15	o	o	15
16 kanik.	16		o		16	16	o			o		o	o	16
17 siakakan	o	17	o			17			17	17	17	o	o	17
18 koyag.	18	18			?	18			18	o	18		o	18
19 korokan	19	o	o		?	o				19	19	o	o	19
20 sagak.	20		o		?	20	o		20	o	20	o	o	20
21 nigbik.	21		o		?	21	o		21		21	o	o	21
22 j. Kong			o		22	22	22		o	22	22	22	22	22
23 j. véhic.								23	23	23		23	23	23

Le tableau 1 nous a permis de calculer le nombre de traits que chaque parler a en commun avec tous les autres ; ces données ont été regroupées dans le tableau 2.

Le calcul a été établi comme suit : chaque fois que, pour un même trait, nous avons trouvé sur une même ligne verticale, en face des deux parlers considérés, soit leur numéro d'identification (existence de ce trait), soit une case vide (absence), soit o (existence partielle), nous avons considéré cette coïncidence comme étant une propriété commune à ces deux parlers. Nous avons ainsi pu calculer la distance de chacun des parlers entre eux.

Ce tableau, même s'il n'est pas toujours facile à lire (529 cases !) présente cependant un double intérêt car il permet de repérer :

a) les groupes, voire les sous-groupes, de parlers et d'en dégager le plus représentatif ;
b) ou, à l'inverse, les parlers les plus éloignés les uns des autres, sur le plan linguistique, tout du moins pour ce qui est du système consonantique.

a) Les groupes de parlers

Le calcul des traits communs permet de dégager quatre groupes de parlers (que nous appellerons A, B, C et D), délimités sur le tableau 2 par un trait plus épais.

• LE GROUPE A constitué par les parlers suivants : 1 teneng., 2 mauk., 3 finang., 4 korok., 5 baralak., qui ont le maximum de traits communs. Ce groupe peut d'ailleurs être divisé en deux sous-groupes :
A1 : parlers 1 et 2 (10 traits communs)
A2 : parlers 3, 4 et 5 qui ont certains traits communs, dont nous verrons plus loin la nature et le nombre exact.

• LE GROUPE B (6 wojenek., 7 boduguk., 8 folok., 9 gbelebank., 10 tuduguk., 11 vanduguk., 12 nɔwolok., 13 sienkok.). Si l'on jette un rapide coup d'œil sur le tableau 2, on voit qu'il serait possible de rassembler les parlers deux à deux par sous-groupes en fonction de leurs traits communs :
B1 : parlers 6 et 7 (13 traits communs)
B2 : parlers 8 et 9 (14 traits communs).
C'est le plus grand nombre de traits communs recensés. Il est d'ailleurs intéressant de constater que les critères retenus d'un point de vue consonantique ne permettent pas de les distinguer, puisqu'ils ont les mêmes caractéristiques. Nous verrons si les conclusions auxquelles aboutit la comparaison de leur système vocalique, tout comme celles de l'étude comparée de leurs morphèmes, confirment, ou au contraire infirment, cette remarque.
B3 : parlers 10 et 11 (10 traits communs)
B4 : parlers 12 et 13 (11 traits communs)

Ce tableau ne permet qu'une comparaison deux à deux et il faudra se reporter à un troisième tableau pour dégager le nombre de traits communs au groupe B.

• LE GROUPE C (14 woroduguk., 15 kanik., 16 karanjank., 17 siak., 18 koyog., 19 korokan, 20 sagak., 21 nigbik.) peut, lui aussi, se subdiviser en deux :
C1 : parlers 14, 15 et 16 (7 à 11 traits communs)
C2 : parlers 17 à 21 (pas moins de 8 traits communs)

Tableau 2 – DISTANCES ENTRE LES 23 PARLERS MANDING DE COTE-D'IVOIRE
d'après leurs caractéristiques consonantiques

	1	2	3	4	5	6	7	8	9	10	11	12	13	14	15	16	17	18	19	20	21	22	23
1. teneng.	14																						
2. mauk.	10	14																					
3. finang.	7	8	14																				
4. korokak.	8	11	11	14																			
5. baralak.	6	9	13	12	14																		
6. wojenek.	3	4	6	3	5	14																	
7. boduguk.	4	5	5	4	4	13	14																
8. folok.	6	7	4	5	3	11	12	14															
9. gbelebank.	6	7	4	5	3	11	12	14	14														
10. tuduguk.	4	4	6	5	4	9	9	9	9	14													
11. vanduguk.	6	6	3	4	2	8	9	10	10	10	14												
12. nɔwolok.	3	4	6	5	5	12	11	11	11	12	9	14											
13. sienkok.	4	5	6	4	5	9	9	9	9	9	7	11	14										
14. worodug.	6	5	9	6	8	7	6	4	4	7	3	7	7	14									
15. kanik.	7	3	3	2	2	4	3	3	3	5	3	4	2	7	14								
16. karanjan.	8	6	6	5	5	6	5	5	5	6	4	6	6	9	11	14							
17. siak.	5	3	5	4	4	3	5	3	3	6	4	4	5	8	7	7	14						
18. koyag.	7	4	6	5	5	4	5	3	3	5	3	4	5	9	8	7	9	14					
19. korokan	8	4	2	3	1	4	5	5	5	4	6	4	5	6	10	9	10	8	14				
20. sagak.	7	3	5	2	4	5	3	2	2	4	2	3	3	9	12	11	10	10	10	14			
21. nigbik.	8	3	6	3	4	5	4	2	2	4	2	3	4	10	11	10	10	9	10	13	14		
22. jula Kong	6	5	5	4	4	8	8	7	7	7	6	7	8	5	7	7	7	5	7	7	7	14	
23. jula véhic.	4	4	3	3	2	12	13	11	11	10	11	10	8	5	3	4	6	5	5	4	4	7	14

On pourrait, là encore, affiner en distiguant, à l'intérieur de ce sous-groupe, un autre sous-ensemble formé par les parlers 19, 20 et 21, qui ont 10 à 13 traits communs, ou encore les parlers 20 et 21 qui en ont 13.

• LE GROUPE D (22 jula de Kong et 23 jula véhiculaire) qui n'ont que 7 traits communs.

En fait, une lecture plus minutieuse du tableau 2 révèle que le parler 23 devrait être classé dans le groupe B puisqu'il partage respectivement 12, 13, 11, 11, 10, 11, 10 et 8 traits communs avec chacun des parlers (6 à 13) de ce groupe.

De même, le parler 22 est plus proche des parlers 6, 7 et 13 du groupe B, avec lesquels il a 8 traits en commun, mais son appartenance est moins nette dans la mesure où on lui en compte aussi 7 avec certains parlers du groupe C.

En fin de compte, trois grands groupes (A, B, et C) semblent se dessiner à l'intérieur des parlers manding ivoiriens. Nous verrons plus loin quels sont les traits caractéristiques de ces groupes et de leurs sous-groupes.

b) Les parlers les plus éloignés

Il est évident que le terme "éloigné" s'entend ici sur le plan linguistique (consonantique en l'occurrence) et non géographique, car, comme on le verra, la proximité géographique ne coïncide pas toujours avec la parenté linguistique.

On remarque que les parlers les plus éloignés sont ceux appartenant aux groupes A et C respectivement :

parlers du groupe A	parlers du groupe C	nombre de traits communs entre A et C
5 baralakan	19 korokan	1
5 "	15 kanikakan	2
3 finangakan	19 korokan	2
4 korokakan	15 kanikakan	2
4 "	20 sagakakan	2
4 "	21 nigbikan	2

L'écart est moindre entre les parlers des groupes A et B : seuls les parlers 5 et 11 ne possèdent que deux traits en communs. Par contre, il s'amplifie entre les parlers des groupes B et C :

parlers du groupe B	parlers du groupe C	nombre de traits communs entre B et C
8 folokakan	20 sagakakan	2
8. "	21 nigbikan	2
9 gbelebank.	20 sagakakan	2
11 vanduguk.	20 "	2
11 "	21 nigbikan	2
13 sienkok.	15 kanikakan	2

L'éloignement géographique, s'il peut jouer un rôle important dans l'éloignement linguistique – le baralak. (5) et le korokan (19) situés l'un à l'extrême sud-ouest, l'autre au sud-est, n'ont qu'un seul trait commun – n'est cependant pas déterminant. Ainsi le sienkok. (13) et le kanikak. (15) qui n'ont que deux traits communs ne sont distants que d'environ 150 km, tandis que le woroduguk. (14) est plus proche, linguistiquement, du nigbik. (21), pourtant plus éloigné dans l'espace que le kanik. (15) avec lequel il ne partage que 7 traits communs (cf. carte 53).

Ce premier classement des parlers par groupes, en fonction du nombre de critères distinctifs communs, nous permet d'approfondir notre analyse en reprenant les données du tableau 1, et en les réinterprétant à la lumière de celles contenues dans le tableau 2, pour obtenir un troisième tableau (tableau 3) donnant, pour chaque groupe et sous-groupe, le nombre, et surtout la nature, de leurs caractéristiques communes. Ce dernier tableau peut être analysé de la façon suivante :

• LE GROUPE A (1 tenengak., 2 mauk., 3 finang., 4 korok., 5 baralak.) se divise ici en deux sous-groupes :

A1 : parlers 1 et 2

A2 : comprenant de nouveau le parler 2, auquel s'ajoutent les parlers 3, 4 et 5.

Cet important groupe compte six traits totalement communs :

F^{+}	**-w-** / **-v-** au lieu de **-b-**
H^{-}	pas de $\mathbf{CV_1lV_1}$ au lieu de $\mathbf{CV_1rV_1}$
K^{-}	pas de **-t-** au lieu de **-r-**
J^{-}	pas de **-n-** au lieu de **-r-**
L^{-}	pas de **-r-**
M^{-}	pas de **-n-**

Dès lors que l'on considère le sous-groupe et non plus le groupe, le nombre de traits communs augmente, bien évidemment.

Dans ce groupe, il faut noter l'isolement du tenengak. (1) par rapport aux autres parlers du même groupe avec lesquels il n'a que cinq traits en commun. Après le mauk. (2) dont il est proche (dix traits communs - cf. tab. 2), il s'apparenterait au karanjank. (16), au korokan (19) et au nigbik. (21) du groupe C avec lesquels il partage huit points communs, se situant ainsi en quelque sorte à la charnière des groupes A et C.

Tableau 3 – GROUPES DE PARLERS D'APRES LEURS TRAITS

PARLERS		PARLERS				PARLERS				
1 2	3 4 5	6 7 8 9 23	6 7 22	10 11	12 13	14 15 16	15 16	17 18	19 20 21	20 21
B^-	A^-	A^-	A^-	A^-	A^-	A^+	A^+	B^+	A^+	A^+
F^+	C^+	B^-	B^-	C^-	B^+	D^-	B^-	D^-	B^-	B^-
G^-	E^+	C^-	D^-	D^-	C^-	F^+	$C^{\pm}$	E^-	$C^{\pm}$	$C^{\pm}$
H^-	F+	D^-	E^+	E^-	D^-	$G^{\pm}$	D^-	$F^{\pm}$	D^-	D^-
I^-	H^-	F^-	J^+	H^+	E^+	$L^{\pm}$	F^+	G^-	E^-	E^-
J^-	J^-	H^+	L^+	I^-	F^-	$M^{\pm}$	$G^{\pm}$	H^-	H^-	F^+
K^-	K^-	J^+	M^+	J^+	I^-	N^+	I+	I+	K^+	$G^{\pm}$
L^-	L^-	K^-	N^+	K^-	J^+		$J^{\pm}$	K^+	$L^{\pm}$	H^-
M^-	M^-	L^+		L^+	K^-		$L^{\pm}$	$M^{\pm}$	$M^{\pm}$	I+
N^-		M^+		M^+	L^+		$M^{\pm}$	N^+	N^+	K^+
					N^+		N^+			$L^{\pm}$
										$M^{\pm}$
										N^+
		B1a	**B1b**			**C1a**	**C1b**		**C3a**	**C3b**
A1	**A2**	**B1**		**B2**	**B3**	**C1**		**C2**	**C3**	
A		**B**				**C**				

A	**B**	**C**
F^+	A^-	~A^+
H^-	C^-	D^-
J^-	D^-	~F^+
K^-	J^+	~$L^{\pm}$
L^-	K^-	N^+
M^-	L^+	

Le symbole + indique qu'un trait est très largement représenté dans le parler en question, le symbole - correspond à l'absence de trait (case vide dans le tableau 1), et ± signifie qu'un trait est partiellement représenté (o dans le tableau 1).

• LE GROUPE B (6 wojenek., 7 boduguk., 8 folok., 9 gbelebank., 10 tuduguk., 11 vanduguk., 12 nɔwolok., 13 sienkok.) qui, comme nous l'avons vu plus haut, peut être divisé en quatre sous-groupes. Il semblerait ici que B1 (6 wojenek. et 7 boduguk.) et B2 (8 folok. et 9 gbelebank.) avec leurs onze traits communs, puissent être ramenés à un seul sous-groupe B1a auquel on ajouterait le jula véhic. (23) qui partage dix traits communs avec les précédents ; un autre sous-groupe de B1, B1b, comprendrait pour sa part le wojenek. (6), le boduguk. (7) et le jula de Kong (22) qui ont huit traits communs. On obtiendrait, pour le groupe B, les sous-divisions suivantes :

B1 : parlers 6, 7, 8, 9, 22 et 23
B1a : 6, 7 8, 9, 23
B1b : 6, 7, 22
B2 : parlers 10 et 11
B3 : parlers 12 et 13

Chacun de ces sous-groupes présente dix ou onze traits communs, mais lorsqu'on les réunit dans le groupe B, ils n'ont plus alors entièrement en commun que six traits :

A- pas de ɸ
C- pas de y-, mais plutôt j-
D- pas de l- à la place de d-
J+ existence de -n- au niveau de -r-
K- pas de -t- à la place de -r-
L+ existence de -r-

• LE GROUPE C (14 woroduguk., 15 kanik., 16 karanjank., 17 siak., 18 koyag., 19 korokan, 20 sagak., 21 nigbik.) peut être subdivisé en :

C1 : parlers 14, 15 et 16
C1a : 14
C1b : 15 et 16
C2 : parlers 17 et 18
C3 : parlers 19, 20 et 21
C3a : 19
C3b : 20 et 21

Comme on le voit dans le tableau 3, les sous-groupes présentent de nombreux points communs : les parlers de C1b ont onze traits communs et treize ceux de C3b. Mais ceux de C1 n'en ont que sept et ceux de C3 pas plus de dix. Quant à l'ensemble du sous-groupe C1, seuls cinq traits ne sont pas totalement communs : c'est généralement l'ensemble des parlers moins un qui présente tel ou tel trait ;

c'est pourquoi nous les avons retenus en faisant précéder le trait du symbole ~ à interpréter ici comme "presque totalité des parlers". Soient les traits suivants :

~A+ avec ɸ
D- pas de **l**- à la place de **d**-
~F+ existence de -**w**-/-**v**- au lieu de -**b**-
~L± existence/absence de -**r**- (selon les items)
~N+ existence de -**g**-

Nous avons déjà constaté que le jula de Kong (22) présentait huit traits communs avec le wojenek. (6), le bodoguk. (7) et le sienkok. (13). A cela il faut ajouter sept traits communs avec plusieurs parlers du groupe C. Il faudra, semble-t-il, attendre les conclusions à propos des voyelles pour savoir si le classement de ce parler dans le groupe B est justifié ou non.

Nous ne prétendons pas avoir épuisé toutes les possibilités d'interprétation de ces tableaux, ni proposer un classement définitif des parlers manding de Côte-d'Ivoire. La tentative de synthèse de leurs caractéristiques a montré qu'il était souvent difficile, voire impossible, d'obtenir des faisceaux d'isoglosses qui permettraient de délimiter de façon précise les aires dialectales. Le tableau 2 est éloquent sur ce point ; les parlers ont tous au moins un trait commun entre eux, et bien souvent tel parler (le teneng. par exemple) appartenant à tel groupe présente des affinités avec tel autre d'un autre groupe.

En fait, le "manding" de Côte-d'Ivoire, du moins en ce qui concerne le consonantisme, se présente plus comme une chaîne linguistique, aux extrémités de laquelle il n'y a plus d'intercompréhension, que comme une mosaïque aux éléments nettement séparés. Le deuxième chapitre de cette section, consacré aux voyelles, verra si nos hypothèses se confirment ou non.

Enfin, nous avons tout à fait conscience que cette mise en relief des traits distinctifs d'un parler à l'autre obtenue par la couverture géographique de l'aire manding ivoirienne, si elle constitue un premier effort de systématisation de la dialectologie manding, devra être largement revue et corrigée au fur et à mesure de l'approfondissement des recherches sur tel ou tel parler. De même, il faudra se livrer à de plus amples recherches en Côte-d'Ivoire pour vérifier la validité des critères de distinction retenus ici, pour ensuite pouvoir les appliquer à d'autres parlers de l'ensemble manding.

2.2. LES VOYELLES

Dans ce chapitre, nous allons tout d'abord présenter les systèmes vocaliques des quatre parlers étudiés de façon plus intensive, c'est-à-dire le jula de Kong, le wojenekakan, le maukakan, le worodugukakan. Puis nous tenterons, comme nous l'avons proposé pour les consonnes, de comparer les voyelles de l'ensemble des parlers manding afin de dégager ce qui est commun et ce qui est différent et, dans la mesure du possible, d'expliquer les différences. Nous aborderons enfin quelques aspects de l'harmonie vocalique de ces parlers dans le cadre de leur structure syllabique.

Tout comme pour les consonnes, nous nous contenterons ici de rappeler, sous forme de tableaux, les résultats de l'esquisse phonologique que nous avons effectuée pour chacun d'eux.

2.1.1. Le julakan de Kong

Ce parler présente un système de sept voyelles orales et sept voyelles nasales :

	ORALES		NASALES	
	antérieures	postérieures	antérieures	postérieures
1er degré	i	u	ḭ	ṵ
2ème degré	e	o	ḛ	o̰
3ème degré	ɛ	ɔ	ɛ̰	ɔ̰
4ème degré	a		a̰	

2.2.2. Le wojenekakan

Notre travail se voulant essentiellement comparatif, signalons tout d'abord qu'on trouvera une analyse beaucoup plus détaillée que celle présentée ici dans C. Braconnier (1984).

Il convient de rappeler que le problème de l'interprétation des voyelles en position médiane dans ce parler est identique à celui de Kong, à savoir que ce sont les mi-nasales qui, dans cette position, provoquent la nasalisation anticipée de la voyelle les précédant : phonétiquement, elles sont réalisées nasales, mais sont phonologiquement interprétées comme des orales.

Le wojenekakan a un système de sept voyelles orales et sept nasales identique à celui du julakan :

	ORALES		NASALES	
	antérieures	postérieures	antérieures	postérieures
1er degré	i	u	ḭ	ṵ
2ème degré	e	o	ḛ	o̰
3ème degré	ɛ	ɔ	ɛ̰	ɔ̰
4ème degré	a		a̰	

Remarques :

1. Tout comme en jula de Kong, nous avons relevé, moins fréquemment cependant, des diphtongues avec glide palatal, mais pas avec glide labial ; ainsi :

myɛ̰̀	"durer"	**byɛ̰̆**	"vagin"	**fyɛ́**	"calebasse"

2. Comme c'est là encore le cas en julakan, la longueur vocalique apparaît le plus souvent en fin de mot et est conditionnée par un ton bas-haut, comme en témoignent les quelques exemples suivants relevés dans l'enquête dialectologique de C. Braconnier (1980) :

kōlǒ̰:	"mortier"	**dúnṵ̆:**	"coq"	**cɛ̰̆:**	"graine de palme"
lō̰lǒ:	"étoile"	**bánà̰gŭ:**	"manioc"	**dérékĕ:**	"chemise"
kɔ̀lɔ̰̆:	"Est"	**yă:**	"ombre"	**ʃɛ̰̆:**	"lutte"
bɔ̄nɔ̆:	"déficit"	**bánă̰:**	"fromager"	**kímĭ:**	"pintade"

3. Cet allongement phonétique affecte aussi les voyelles nasales, ce qui n'était pas le cas à Kong. A l'intérieur d'un mot, la longueur vocalique se produit essentiellement dans les termes désignant les nombres comme en julakan, et dans quelques termes isolés. La longueur vocalique ne semble donc pas non plus pertinente dans la phonologie du wojenekakan. Comme nous le verrons à la fin de ce chapitre, il existe une très forte ressemblance entre le julakan de Kong, le dioula véhiculaire et le wojenekakan, les quelques changements existants relevant généralement d'une modification phonétique minimale.

2.2.3. Le maukakan

Ce parler, comme la plupart de ceux du sud-ouest de l'aire manding ivoirienne, présente une structure syllabique très différente de celle de l'ensemble manding qui est le plus souvent de type CVCV ; ici, la structure la plus fréquente est de type CVV. Ces groupes vocaliques, notés V_1V_1, sont réalisés comme une voyelle longue V:. Le problème de l'interprétation de ce phénomène se pose : s'agit-il d'un système de voyelles longues phonologiques parallèle au système des brèves, ou bien d'un cas particulier de groupe VV ?

L'existence de suites V_1V_2 dans lesquelles V_1 est le plus souvent une semi-voyelle, soit y soit w, quelle que soit la voyelle qui suit, ainsi que celle de suite CV_1V_2 dans laquelle V_1 est orale et V_2 nasale ou parfois $V_1 \neq V_2$, contribuent à nous faire interpréter les voyelles longues comme des suites CV_1V_1 qui ne sont qu'un cas particulier de CVV. De plus, cette interprétation est renforcée par le fait que ces suites CVV correspondent très souvent à des suites CVCV dans d'autres parlers, comme nous le verrons dans le chapitre traitant de la comparaison des systèmes vocaliques. Enfin, le fait d'envisager ces voyelles longues comme des suites CVV fait l'économie d'un système phonologique qui serait composé de douze voyelles longues.

Le tableau des voyelles du maukakan est le suivant :

	ORALES		NASALES	
	antérieures	postérieures	antérieures	postérieures
fermées	i	u	ḭ	ṵ
mi-fermées	e	o		
mi-ouvertes	ɛ	ɔ	ɛ̰	ɔ̰
ouvertes	a		a̰	

On remarquera ici l'absence des nasales mi-fermées (ḛ et o̰), existant dans les autres langues.

Remarques :

1. La nasalité

L'esquisse phonologique que nous avions effectuée dans un précédent travail[16] nous avait permis d'établir le statut phonologique des voyelles nasales des quatre parlers manding qui nous intéressent (moins nombreuses – cinq au lieu de sept – que dans les autres parlers manding), à savoir que la distinction voyelle orale/voyelle nasale est clairement perceptible dans un environnement consonantique oral. Cependant, il existe en maukakan *une consonne nasale sous-jacente* qui rend plus complexes les phénomènes de nasalité, ce que nous avions déjà signalé dans la présentation du système consonantique.

La description de ces faits de nasalité très particuliers, ne peut être faite qu'en dépassant le cadre strict de l'axe paradigmatique pour envisager celui de la chaîne parlée. L'un des contextes qui nous a paru le plus adéquat pour servir notre propos est, tout d'abord, celui du nominal marqué par le spécifique, cette marque

[16] Il s'agit de notre thèse de Doctorat à laquelle nous nous sommes également référée pour les consonnes.

se traduisant, en maukakan comme dans d'autres parlers manding (mandinka de Gambie par exemple), par la suffixation d'un morphème **-ó** pour le spécifique singulier, et **-ó lù** pour le pluriel[17].

Autre cadre adéquat : celui du syntagme constitué par le nominal objet et le verbal qu'il complète. Ainsi la marque du spécifique sur le nominal est la suffixation à l'aide du morphème **-o**. Exemples :

bá	"fleuve"	→	**báó**	"le fleuve"
sàà	"mouton"	→	**sààó**	"le mouton"

Or, certains mots ayant au générique une voyelle perçue comme orale, présentent en fait au spécifique une forme **-ŋó**. Exemples :

cà(ŋ)	"arachide"	→	**càŋó**	"l'arachide"
cé(ŋ)	"front"	→	**céŋó**	"le front"

C'est cet appendice nasal que nous avons noté par un **ŋ** après la voyelle. Cette nasalisation, imperceptible à l'oreille, est parfois décelable à l'oscillogramme qui enregistre un léger formant de nasalité après la voyelle ; cet élément nasal sous-jacent ne nasalise en aucun cas la voyelle qui le précède et ce n'est donc qu'à la jonction avec le morphème du spécifique qu'il apparaîtra. La comparaison entre deux homonymes parfaits (même ton, même environnement consonantique) au spécifique met bien en évidence ce phénomène. Exemples :

bá	"fleuve"	→	**báó**	"le fleuve"
bá(ŋ)	"barrage"	→	**báŋó**	"le barrage"

Il est intéressant de noter qu'il se produit également derrière une voyelle nasale ; dans ce cas il est bien évidemment tout à fait imperceptible à l'oreille, et même à l'oscillogramme. Exemples :

sà̰	"serpent"	→	**sà̰o~sà̰ó̰**	"le serpent"
sà̰(ŋ)	"année"	→	**sà̰ŋó**	"l'année"
kṵ́ṵ́	"pirogue"	→	**kṵ́ṵ́ó**	"la pirogue"
kṵ̀(ŋ)	"tête"	→	**kṵ̀ŋó**	"la tête"

Cet "appendice nasal latent", pour reprendre l'expression de Creissels (1982a, p. VI), sans pour autant se manifester, entraîne les modifications suivantes sur les consonnes avec lesquelles il est en contact :

- nasalisation totale des consonnes **b**, **l/d**, **y** : lorsqu'elles sont précédées de cet élément nasal, l'opposition orale/nasale est neutralisée au profit d'un archiphonème homorganique de la consonne neutralisée :

ŋ + b	→	M
ŋ + l/d	→	N
ŋ + y	→	ɲ
ŋ + w	→	ŋw

- prénasalisation des autres consonnes, avec en plus sonorisation des sourdes. Le plus souvent, cette prénasalisation est imperceptible. On a alors la règle suivante :

---

[17] Nous reparlerons de ces morphèmes dans la partie consacrée à la morphologie.

ŋ + t → [ⁿd]
ŋ + s → [ⁿz]
ŋ + c → [ⁿj]
ŋ + f → [ⁿv]
ŋ + k → [ⁿg]

Nous citerons à titre d'exemples, les phrases suivantes recueillies en maukakan de Ganhoué :

1. ŋwìnìŋóó kógúŋ kéŋ lɔ́na "le chien mange un os"
chien + *déf.* / os / un / manger + *inacc.*

réalisée [ŋwìnìŋóó kógù ngé nɔ́ná]

Ici, l'appendice nasal latent à la fin de kógúŋ a prénasalisé et sonorisé k (→ [ⁿg]) de kéŋ, de même celui de kéŋ a nasalisé le l de lɔ́na.

2. mɔ̰̀ɔ̰̀ tɛ́ lɔ̀ɔ̀jèŋ yérá "personne ne voit l'étoile"
personne / *nég.* / étoile / voir + *inacc.*

réalisée [mɔ̰̀ɔ̰̀ tɛ́ lɔ̀ɔ̀jè ɲérá]

Ici aussi, l'élément nasal latent à la fin de lɔ̀ɔ̀jè nasalise la fricative : y → ɲ. On constate de plus que les voyelles nasales, elles, ne modifient pas les consonnes avec lesquelles elles sont en contact : le t de tɛ́ n'a pas été sonorisé.

Cet élément nasal en finale de nominaux existe aussi à la fin des verbes. Comparons les exemples suivants :

ŋ à gbà̰là "je chauffe ça"
pr.1ère pers. sg. / cela / chauffer + *inacc.*

réalisé [ŋáà gbà̰là]

et ŋ à là(ŋ)là "je compte ça"
pr.1ère pers. sg. / cela / compter + *inacc.*

réalisé [ŋáà láná]

La comparaison des deux formes verbales montre que le suffixe de l'inaccompli -là qui apparaît dans gbà̰là est nasalisé dans láná ; cette nasalisation est la manifestation de l'élément nasal latent à la fin du verbe làŋ. Quant au pronom 1ère pers. du singulier, nous allons y revenir plus loin.

La sonorisation des sourdes ou la nasalisation des consonnes b, l/d et y constituent donc les seuls indices de l'existence d'un appendice nasal latent. Lorsque nous entendons :

[í wɛ́ cò zà̰] "tu as acheté du charbon"
tu / *acc.* / charbon / acheter

phonologiquement, nous avons .....còŋ sà̰.

On a remarqué, en examinant le système consonantique du maukakan, que le phonème ŋ est rare et presque toujours suivi de w. En dehors de ŋ en tant que manifestation de l'élément nasal sous-jacent en finale de monème, il existe une autre unité composée de ce seul élément nasal ; il s'agit du pronom 1ère personne du singulier qui, comme le souligne Creissels (*op. cit.*) :

> «contrairement a ce qui a pu être observé ailleurs en manding, n'est pas réalisé sous forme de nasale syllabique ; outre l'action sur son ton, il ne se manifeste que par un mécanisme de nasalisation identique à celui provoqué par les monèmes à appendice nasal.»

Dans l'exemple suivant :

[ŋwɛ́ mɛ́ɛ́jɛ́ yé] qui, phonologiquement s'écrit :

ŋ wɛ́ ŋ bɛ́ɛ́ŋcɛ́ yé "j'ai vu mon oncle"

pr. 1ère pers. sg. / acc. / pr. / oncle / voir

le pronom s'agglutine au prédicatif verbal de l'accompli wɛ et le même pronom ŋ, utilisé comme équivalent de l'adjectif possessif français, s'assimile complètement à la consonne du nom qu'il détermine, en la nasalisant selon la règle donnée plus haut, à savoir ŋ + b → m.

De même :

ŋgɔ́ɔ́cɛ̀	←	ŋ kɔ̀ɔ́cɛ̀	"mon grand frère"
nɔ́ɔ́cɛ́	←	ŋ lɔ́ɔ́cɛ́	"mon petit frère"

Nous verrons dans la Section 3 consacrée aux morphèmes, que pour ce qui est du pronom 1ère personne du singulier, on observe des faits analogues dans d'autres parlers manding.

Compte tenu de la présence de cet appendice nasal tel que nous venons de le décrire, il faut admettre que la structure syllabique, tout au moins pour une partie des items, est non pas celle de syllabe ouverte comme c'est le cas pour l'ensemble de l'aire manding ivoirienne, mais celle d'une syllabe fermée de type C_1VC_2, C_2 étant une consonne nasale vélaire qui est inaudible en prononciation isolée mais apparaît au niveau syntagmatique.

Cette interprétation rend compte des faits de nasalité rencontrés tant avec les voyelles orales qu'avec les nasales ; certes la finale consonantique s'amuit en fin de mot mais elle reparaît devant appui vocalique et sa présence virtuelle suffit à sonoriser la consonne initiale du mot suivant. Notons que des faits analogues ont été notés par G. Manessy (1964) à propos d'autres langues appartenant au groupe mandé-sud-ouest tels le loma et le bandi, avec cette différence que, dans ces langues, la présence virtuelle de la consonne finale "empêche la lénition de la consonne initiale du mot suivant" au lieu de provoquer sa sonorisation.

On peut s'interroger sur l'origine de cet appendice nasal sur le plan historique. Les comparaisons suivantes avec certains termes empruntés à d'autres parlers manding (julakan de Kong et bambara du Mali) permettent d'y voir là sans doute un vestige de voyelle nasale, étant entendu qu'il ne s'agit que d'une hypothèse à vérifier systématiquement :

	syá	"chemin"	→	syáó	"le chemin"	(> sírá en julakan)
alors que	syáŋ	"balai"	→	syáŋó	"le balai"	(> síráláː en bambara)
de même	bá	"fleuve"	→	báó	"le fleuve"	(> bá en julakan)
	báŋ	"barrage"	→	báŋó	"le barrage"	(> bàláː en bambara)

2. Diphtongues ou VV ?

Notons que, à la différence du jula de Kong par exemple, le maukakan n'a pas de diphtongues. En effet, étant donné la variété des voyelles avec lesquelles elles se combinent, il semble plus économique et plus conforme à la structure syllabique de la langue d'interpréter ici y et w comme des voyelles dont la durée d'émission est très brève, plutôt que de les définir comme des éléments de diphtongue ; ici on ne rencontre pas y uniquement devant voyelle antérieure, ni w devant voyelle postérieure, mais au contraire on aura aussi bien des voyelles postérieures après y que des voyelles antérieures après w. Exemples :

swà	"singe"	**lwà**	"encre fabriquée à partir de la feuille de **kőo**"
syá	"chemin"	**fwɛ̰́**	"vent"
syà	"cuivre"	**twè**	"crapaud"
kwè	"lessive"	**bwè**	"courir"
fyő	"aveugle"	**kwɛ̀**	"métier à tisser
lwé	"hameçon"	**fwà**	"cordeler"
fwé	"fonio"	**myà̰**	"antilope"
lwá	"endroit"	**kwɛ̰̀**	"harpe-luth des chasseurs"

Il semble donc plus juste de les interpréter comme des suites CV_1V_2 au même titre que des mots du type de **sɔ̰́á̰** "froid", en notant toutefois que dans ce cas, V_1 a perdu son caractère de syllabème.

2.2.4. Le worodugukakan

Avant de donner le tableau phonologique du système vocalique de ce parler, nous voudrions insister sur le fait qu'il diffère très nettement des autres, notamment par la présence d'une série de voyelles antérieures arrondies qui n'apparaissent que dans cette zone méridionale de l'aire manding ivoirienne ; en effet, à notre connaissance, aucun parler manding, qu'il soit malien, sénégalais, voltaïque, guinéen ou gambien, ne possède ce trait.

Rappelons aussi que ce tableau est le résultat d'une esquisse phonologique dont la base est un corpus de 550 termes environ recueillis dans le village de Siana, situé au nord-est de Séguéla. Ceci explique peut-être les différences partielles entre nos résultats et ceux de Y. Keita (1976), ou celles, plus importantes avec les résultats de P. Gingiss (1973)[18], tous deux ayant surtout étudié le parler de Séguéla-ville.

	ORALES			NASALES		
	antérieures		postérieures	antérieures		postérieures
fermées	i	ü	u	ḭ	ṵ̈	ṵ
mi-fermées	e	ö	o	ḛ	œ̰	o̰
mi-ouvertes	ɛ		ɔ	ɛ̰		ɔ̰
ouvertes	a			a̰		

Nous verrons, dans le chapitre traitant de la comparaison des systèmes vocaliques des divers parlers, que celui de Worofla, situé à l'ouest du département de Séguéla (carte 16) est très proche de celui dont nous donnons le tableau ci-dessus.

---

[18] On trouvera en annexe les tableaux vocaliques du worodugukakan par P. GINGISS et Y. KEITA.

Remarques

1. Il existe, tant en worodugukakan que dans les autres parlers manding étudiés précédemment, des voyelles phonétiquement longues. Elles seront phonologiquement interprétées ici comme une séquence de deux voyelles, et ce pour les raisons suivantes :
- elles apparaissent dans peu de termes
- il existe dans ce parler une structure syllabique de type CVV dans laquelle V_1 est différente de V_2. Exemples :

ɲɛ́á	"rat"	fèɛ̀	"regarder"
géá	"indigo"	féá	"écorce"
gyèà̰	"trou"	táó	"tortue d'eau"
jɛ̀à	"montrer"	mèà	"riz"

et dans les termes à plusieurs syllabes, une structure CVVCV ou CVCVV. Exemples :

mèɛ̀fà "fusil" féɛ́lá "orphelin" sávèà "chaussure"

Il est donc plus économique de considérer les suites V_1V_1 comme un cas particulier de VV que de les interpréter comme des voyelles longues, ce qui alourdirait encore le système phonologique qui compte déjà dix-huit voyelles brèves.

2. De même qu'en maukakan, les voyelles fermées du worodugukakan sont réalisées comme des semi-voyelles(y et **w**) quand elles apparaissent en première place dans une suite CV_1V_2. Bien que leur distribution soit ici plus réduite que dans le parler précédent puisque **w** précède toujours une voyelle postérieure et y une voyelle antérieure, là encore nous les interpréterons non comme des diphtongues mais – toujours dans le souci de ne pas alourdir un système déjà très complexe – comme des suites CVV, structure syllabique fréquente en worodugukakan.

3. L'enquête très extensive menée sur le worodugukakan de Worofla (carte 25) a montré que ce parler présentait des faits de nasalité analogues à ceux du maukakan. Mais dans le worodugukakan de Siana, proche de Séguéla où nous avons mené une enquête plus approfondie dont nous présentons ici les résultats, il n'y a pas d'appendice nasal sous-jacent. Par contre, le pronom 1ère personne du singulier se manifeste de la même façon qu'en maukakan. Nous en reparlerons à propos des morphèmes. D'autre part, les voyelles nasales dans les noms composés ainsi qu'à l'intérieur de syntagme sonorisent les sourdes tout en les prénasalisant, et nasalisent la liquide l. Exemples :

V̰ + c → V̰ + nj [bḭ̀yɛ̰̀.njɛ̀] > bìyɛ̰̀.cɛ̀ "oncle maternel"
V̰ + l → V̰ + n [sà̰ é bḭ́ nɔ́] > sá̰ é bḭ́ lɔ́ "un serpent est dans l'herbe
serpent / *préd.* / herbe / dans

Enfin, dans son étude du worodugukakan de Séguéla, Y. Keita décrit des cas de neutralisation des occlusives par les nasales au profit d'un archiphonème nasal dont le point d'articulation est homorganique de celui de l'occlusive, lorsqu'elles sont précédées d'une voyelle nasale ou de la nasale syllabique. Ainsi, le parler décrit par Keita serait plus proche de celui de Worofla que de celui de Siana dans lequel nous n'avons rien observé de semblable.

Nous avons pu constater certaines particularités quant à la nasalité ou au timbre des parlers choisis aux quatre pôles de l'aire manding. Nous allons maintenant voir si ces particularités sont propres à ces seuls parlers ou si au contraire elles sont caractéristiques d'un groupe de parlers.

2.2.5. Comparaison du vocalisme des parlers manding de Côte-d'Ivoire

Notre ambition est ici beaucoup plus modeste que pour le système consonantique. En effet, il ne nous a pas paru possible, en se fondant sur les seuls exemples ivoiriens, de poser des hypothèses pour la reconstruction du système vocalique du proto-manding, et ce pour les raisons suivantes :

1. Les quatre systèmes vocaliques dont nous venons de donner un aperçu présentent sept timbres et une corrélation de nasalité, caractéristique des parlers de l'est de l'aire manding.
2. Certains parlers manding, tels le mandinka de Gambie ont un système vocalique à cinq timbres ainsi qu'une corrélation de longueur.

Pour avoir une idée de ce qu'a pu être le système vocalique de la proto-langue, il faudrait donc sortir du cadre strictement ivoirien et établir des séries comparatives portant sur l'ensemble des parlers manding, ou tout au moins comparer des représentants des deux principaux groupes, oriental et occidental. Nous nous contenterons ici de comparer les systèmes vocaliques des différents parlers afin, d'une part, de dégager leurs caractéristiques communes et, d'autre part, de mettre en évidence leurs différences et tenter de les expliquer.

Après cette étude comparée des voyelles de tous les parlers manding de Côte-d'Ivoire, nous essaierons de voir s'il est possible de dégager un certain nombre de traits distinctifs pertinents du point de vue de la géographie linguistique, et si ces traits, ajoutés à ceux qui ont été retenus pour les consonnes, permettent de définir les mêmes groupes de parlers.

Nous proposerons enfin la reconstruction de quelques items, sur la base des hypothèses retenues pour le consonantisme du proto-manding et à la lumière des observations que nous aurons été amenée à faire sur le vocalisme de ces parlers (cf. Appendice 2).

2.2.5.1. Les caractéristiques communes

Nous avons vu que le système vocalique qui prévaut dans toute l'aire manding ivoirienne comporte sept timbres. Nous allons essayer de voir si chacune des voyelles a un correspondant identique dans tous les parlers. Nous envisagerons dans un premier temps le cas des voyelles orales, antérieures et postérieures.

a) Les voyelles orales antérieures

La correspondance **i / i** est généralement attestée dans tous les parlers (cf. les items "fumée", "vache", "arbre, "bon", chercher", "jeter", "si"). Cependant, ce i a tendance à s'ouvrir d'un degré dans de nombreux parlers, comme l'atteste la correspondance i / e dans "poil", "eau", "envoyer en commission", "fendre", et dans le *pronom. 2ème pers. sg.*, mais cette variation n'est pas très pertinente du point de vue de la géographie linguistique car elle n'apparaît pas de façon régulière lorsqu'on considère les séries comparatives dans leur ensemble.

Notons enfin une correspondance i / u ("pou de tête"), mais elle est tout à fait isolée et peut s'expliquer dans ce cas précis par l'évolution d'un phénomène d'assimilation, régressive ou progressive selon les parlers, de la première voyelle à la seconde à partir d'une racine attestée dans le terme ɲímúgú (jula véhic.) :

ɲímúgú → ɲímí(gi) (parlers n° 6 à13, 16)
ɲímúgú → ɲúmú(gu) (parlers n° 1, 14, 15, 17, 18, 19, 21)

La correspondance **e / e** est généralement attestée dans tous les parlers (cf. "soleil", "bâton", "arriver", "voir"). De même "mâle, "calebasse", "guerre", "rire" attestent une correspondance régulière ɛ / ɛ dans tous les parlers. On note cependant d'un parler à l'autre une instabilité du degré d'aperture de ces voyelles antérieures, soit entre le deuxième et le troisième degré e / ɛ, (cf. "huit", et de façon plus isolée, "fer"), soit entre le premier et le deuxième degré i / ɛ (cf. "poisson" et "couper"). Mais là encore, faute d'être plus régulière, cette correspondance n'est pas pertinente pour la géographie linguistique.

La correspondance **a / a** est attestée dans quatorze entrées de notre corpus restreint ("bouche", "père", "mère", "pierre", "fleuve", "feu", "chèvre", "mouton", "trois", "mille", "venir", "se coucher", "mourir", "il/elle", ce qui constitue une proportion importante. Nous n'avons retenu, à titre d'illustration, que les termes suivants : "bouche", "pierre", "mouton", "venir". Cette correspondance est toujours très régulière d'un parler à l'autre : sur l'ensemble de notre corpus nous n'avons rencontré qu'une correspondance a / ɛ tout à fait isolée (en vanduguk., parler de l'extrêmité nord de l'aire manding occidentale ivoirienne) avec une forme kɛ̀mɛ̀ pour "aile" au lieu de kàmà, kàwà, kàbà ou kàva dans les autres parlers.

De même la comparaison lexicale effectuée par J. Maire (1980) entre le dioula de Kong et le dioula de Côte-d'Ivoire (c'est-à-dire d'Abidjan) et celle faite par C. Braconnier sur le dioula d'Odienné et le dioula de Côte-d'Ivoire, et qui toutes deux portaient sur 584 items (soit le double de notre corpus) font apparaître, dans le premier cas (dioula de Kong/dioula de Côte-d'Ivoire) un seul item présentant une correspondance **a / ɛ**, et quatre items dans le deuxième cas[19]. Ces études comparées relèvent également une correspondance **a / e** plus fréquente entre le dioula de Côte-d'Ivoire et celui d'Odienné qu'entre le dioula de Côte-d'Ivoire et celui de Kong[20].

Notons enfin dans notre corpus une correspondance **a / i** relativement fréquente apparaissant dans quatre items ("pagne", "frapper", "pleurer", maïs"), ce qui est plus intéressant, toujours dans le même contexte : celui des dissyllabes ayant tous **i** en seconde voyelle ; ainsi **fani**, **gbasi**, **kasi**. Cette correspondance peut s'expliquer par la forte tendance des parlers manding à harmoniser le vocalisme dans les limites d'une même unité significative ; nous verrons en effet au chapitre sur la structure syllabique (2.4.) la très forte proportion de dissyllabes homophones, du moins dans les principaux parlers étudiés. Les différentes réalisations de l'item "frapper" dans tous les parlers manding sont particulièrement révélatrices de ce qui a pu se produire sur le plan diachronique dans l'évolution de ce monème présentant au départ deux voyelles hétérotimbres attestées en teneng., mauk., korok. et karanjank. pour aboutir à deux voyelles isotimbres (en finang., baralak., wojenek., boduguk., folok. gbelebank., tuduguk., nɔwolok et sienkok.) après un premier stade de fermeture de la première voyelle (**a** se ferme en **ɛ**) attesté en woroduguk., kanik., siak. et koyag. :

gbasi → gbɛsi → gbisi

C'est également ce qui a dû se produire dans les items cités dans la note 20 : le **e** du dioula d'Odienné ne correspond à **a** du dioula de Côte-d'Ivoire que dans des dissyllabes dont **i** est la deuxième voyelle, ainsi le processus d'harmonisation

19	*Dioula de C.I.*	**nḭ̀ná̰kírí kɛ̀**	*Dioula de Kong*	**nɛ́nɛ́kírí**	"respirer"
	Dioula de C.I.	**fálɛ̰́**	*Dioula d'Odienné*	**fɛ̀rɛ̰̀**	"germer"
		gbà̰		**gbɛ̰̀ɛ̰́**	"défense d'éléphant"
		dḭ̀gà		**jìngɛ̰́**	"trou"
		má̰ná̰		**mɛ̀nɛ̰̀**	"allumer"
20	*Dioula de C.-I.*	**nàré**	*Dioula de Kong*	**nàará**	"crème"
		férétá		**fárátá**	"orphelin"
	Dioula de C.-I.	**fàlí**	*Dioula d'Odienné*	**fèlí**	"âne"
		fàrí		**fèrí**	"corps"
		fàlḛ̀		**félḭ́**	"échanger"
		kàrḭ̀		**kéní**	"jurer"
		kà̰mḭ́		**kémìí**	"pintade"
		sánḭ́		**séní**	"or"
		sáníɲɔ̰́		**séníyá**	"propreté"

est en cours, **a** s'est fermé en **e** sous l'influence du **i** mais ici, contrairement à **gbasi**, l'évolution n'a pas complètement abouti.

b) Les voyelles orales postérieures

En général, les voyelles orales postérieures de même degré d'aperture se correspondent régulièrement d'un parler à l'autre ; ainsi :

La correspondance **ɔ/ɔ** est attestée dans huit séries parmi lesquelles nous retiendrons, à titre d'exemple : "nom", "marigot", "étroit", "six".

La correspondance **o/o** est attestée dans "queue", "viande", "laver".

La correspondance **u/u** est attestée dans les items "cul" et "terre".

On remarquera cependant l'instabilité, d'un parler à l'autre, du degré d'aperture de o qui peut avoir comme correspondant une voyelle postérieure plus fermée u (cf. "boyaux", "méchant"), ou au contraire plus ouverte ɔ (cf. "sucer").

L'une des caractéristiques communes qui se dégage de ces parlers, du point de vue de leur vocalisme, est donc bien l'existence d'un système comptant au moins sept timbres : i, e, ɛ, a, ɔ, o, u ; nous verrons plus loin, à propos des différences entre les parlers, que certains peuvent présenter un système à plus de sept timbres.

c) Les voyelles nasales

Les esquisses phonologiques des quelques parlers manding déjà cités présentent une série de voyelles nasales qui ont, le plus souvent, les mêmes timbres que les voyelles orales. Soient les séries suivantes :

Julakan de Kong	ḭ	ḛ	ɛ̰	a̰	ɔ̰	o̰	ṵ		
Wojenekakan	ḭ	ḛ	ɛ̰	a̰	ɔ̰	o̰	ṵ		
Maukakan	ḭ	ɛ̰	a̰	ɔ̰	ṵ				
Worodugukakan	ḭ	ḛ	ɛ̰	ṵ̈	œ̰	a̰	ṵ	o̰	ɔ̰

Si nous étendons la comparaison à l'ensemble de l'aire manding ivoirienne, nous observons en général une correspondance régulière entre voyelle de même timbre d'un parler à l'autre. Ainsi, les items "dent", "herbe", "mordre" et "boire" attestent une correspondance régulière **ḭ/ḭ** ; on note cependant une correspondance avec la voyelle postérieure dans l'item "sein" et avec la voyelle antérieure plus ouverte ɛ̰ dans "racine".

Une correspondance régulière **ṵ / ṵ** est attestée dans les items "tête", "nez", "profond". La correspondance **ḛ / ḛ** se retrouve dans les items "jambe" et "enfant" dans tous les parlers sauf deux dont le mauk. qui, comme nous l'avons vu, n'a pas cette nasale et présente comme correspondance une voyelle orale + nasale vélaire (ŋ) non prononcée lorsque le mot est devant pause (cf. § 2.2.3.).

La correspondance **ɛ̰ / ɛ̰** est régulière dans presque tous les parlers (cf. "langue", "graisse", "entendre") ; en effet, pour "graisse", on a en teneng., mauk., korokakan et kanik. une voyelle orale correspondant à une nasale dans les autres parlers.

Les correspondances **o̰ / o̰** et **ɔ̰ / ɔ̰** sont attestées dans les items "case", "vomir" et "danser" dans tous les parlers à l'exception là encore du mauk. qui, n'ayant pas la nasale fermée o̰, présente comme correspondante une voyelle orale suivie de la nasale sous-jacente (cf. "case").

Enfin, l'item "ciel" atteste une correspondance régulière **a̰ / a̰** dans l'ensemble de l'aire manding avec cependant une instabilité du degré d'aperture (cf. "serpent" où a̰ correspond à la nasale plus fermée d'un degré ɛ̰) et de la nasalité (cf. **s ǎ** et **s à á** de certains parlers).

Nous constatons donc que, tout comme pour la série des voyelles orales, la série des nasales comporte elle aussi sept voyelles dans tous les parlers manding, à l'exception des voyelles mi-fermées ḛ et o̰ absentes en mauk. Toutefois, les séries attestant ces correspondances sont beaucoup moins nombreuses que pour les orales, et ce pour plusieurs raisons :

1. Les voyelles nasales des parlers manding ont, dans le discours, une occurrence plus faible que les voyelles orales ; ainsi, sur l'ensemble de notre corpus, 55 items ont fourni des séries illustrant des correspondances entre voyelles orales de même timbre d'un parler à l'autre, contre 13 items seulement pour les nasales.
2. Le trait de nasalité est instable d'un parler à l'autre. Cette instabilité est illustrée, pour chaque timbre, dans les séries suivantes :

ḭ / i	"huit", "racine", cette dernière série présentant de plus une instabilité d'aperture
ḛ / e	"un", "tomber", avec là encore une instabilité du degré d'aperture en ce qui concerne la dernière série (ḛ / ḭ)
ɛ̰ / ɛ	"chasser"
a̰ / a	"long, grand", "dix", "tirer", "avoir peur", "ici"
ɔ̰ / ɔ	"ventre", "oiseau", "faim"", "verser", "savoir"
o̰ / o	"large", "enterrer"
ṵ / u	"enfler"

Cette rapide comparaison du vocalisme des parlers manding ivoiriens nous a permis de mettre en évidence quelques caractéristiques qui leur sont communes :

- tous comportent au moins sept timbres vocaliques
- la plupart ont une double série de voyelles, orales/nasales avec, cependant, une plus grande fréquence de voyelles orales.

Du point de vue du comparatisme, les correspondances entre voyelles sont beaucoup plus régulières qu'entre consonnes, avec toutefois une double instabilité (degré d'aperture et nasalité) d'un parler à l'autre.

Si, dans un premier temps, il s'est avéré nécessaire de dégager les caractéristiques communes aux différents parlers manding de Côte-d'Ivoire au niveau du vocalisme, l'étude des particularités propres à certains parlers présente à ce stade un intérêt plus grand, tant du point de vue de la géographie linguistique que de l'évolution historique.

2.2.5.2. Les différences entre parlers

a) Différences de timbre

Comme nous l'avons vu pour le woroduguk., il existe, dans ce parler manding du moins, en plus des deux ordres de voyelles (antérieur et postérieur) déjà cités, un ordre de voyelles antérieures arrondies, **ü** et **ö**, qui, à notre connaissance, n'a jamais été signalé dans aucun autre parler de l'ensemble de l'aire manding[21]. Il nous a donc paru intéressant de chercher à savoir si d'autres parlers ivoiriens possédaient ces voyelles et si la comparaison de ces parlers avec l'ensemble manding de Côte-d'Ivoire pouvait fournir des hypothèses expliquant leur formation.

L'examen des séries de notre corpus dans laquelle apparaît la voyelle **ü** ("nuit", "montagne", "couteau", "corde", "chien", "feuille", "huile", "pourri"), montre que, sauf dans la série "nuit", cette voyelle qui existe en teneng., finang., korok., baralak. et woroduguk. correspond régulièrement à **u** dans les autres parlers. Mais cette correspondance n'existe que dans un contexte bien précis, à savoir dans des termes qui ont non seulement une structure syllabique CVCV pour les parlers ne possédant pas **ü**, mais qui, en outre, ont une liquide (**-l-** ou **-r-** selon les parlers) à l'intervocalique. Ainsi :

[21] Claire GRÉGOIRE, qui a travaillé sur le maninka de Guinée, note l'existence de ü, au niveau phonétique tout au moins.

jula véhiculaire	worodugukakan	
mùrù	**mǜ**	"couteau"
jùrù	**jǜ**	"corde"
wùlù	**wǜ**	"chien"
fílábúrú	**féábǘ**	"feuille"
túrú	**tǘ**	"huile"

Nous avions noté plus haut (cf. 2.2.5.1.b) une correspondance régulière **u/u** dans tous les parlers, mais uniquement dans des monosyllabes ou des dissyllabes n'ayant pas de liquide à l'intervocalique (la série citée était celle de **dùgù** "terre", qui a l'occlusive **g** à l'intervocalique). On note toutefois une exception à cette règle avec "nuit" qui présente une correspondance **u/ü** en finang., baralak. et nigbik. en contexte monosyllabique : **sú/sǘ**. En effet si l'on s'en tient strictement au cadre de la comparaison des parlers manding, ivoiriens ou non, cette forme n'obéit pas au schéma décrit ci-dessus, mais dès qu'on étend la comparaison à l'ensemble, non plus des parlers manding mais à celui des langues classées Mandé-nord, on trouve alors des correspondances avec des dissyllabes ayant **l** ou **r** à l'intervocalique. Exemples :

vaï	ligbi[22]	Côte-d'Ivoire (finang., baralak. et nigbik.)
sulo	**kùrù**	**sü ~ ʃyü**

ce qui laisse supposer une évolution, sans doute plus ancienne, identique à celle que nous avons proposée précédemment.

De la même façon, quatorze séries de notre corpus comportent la voyelle **ö** ("oreille", "bras,main", "cuisse", "os", "peau", "plume", "étoile", "village", "cheval", "cinq", "sept", "accoucher", "jouer", "cauris"). Ce **ö**, que l'on rencontre d'ailleurs dans les parlers qui ont la voyelle **ü**, correspond régulièrement à **o** dans les autres parlers et – ce qui ne manque pas d'intérêt – quasiment dans le même contexte : à l'exception des séries "village" et "cheval", cette correspondance se retrouve toujours dans le cadre de dissyllabes ayant une liquide à l'intervocalique. Exemples :

"oreille"	**tóró**	sienk.	**tö́**	teneng.
"bras"	**bóló**	vanduguk.	**bö́**	*id.*
"plume"	**jóló**	nɔwolok.	**jö́**	woroduguk.
"accoucher"	**wóró**	karanj.	**wö́**	*id.*

Dans un autre contexte, **CVgv** par exemple, **o** correspond régulièrement à **o** (cf. 2.2.5.1.b.) ou à une voyelle longue de même timbre.

22 Le vaï et le ligbi, langues classées Mandé-nord, sont parlées, rappelons-le, en Sierra Leone et au Ghana respectivement

On notera enfin l'existence d'une voyelle arrondie œ attestée dans une seule série ("vieux"). Bien que le statut phonologique de cette voyelle n'ait pas pu être établi puisque, compte tenu des limites de notre corpus, nous n'avons pas pu faire la phonologie de tous les parlers[23], il est intéressant de constater que, là encore, la correspondance avec la voyelle postérieure ɔ se retrouve dans le même contexte que les voyelles arrondies précédentes, c'est-à-dire dans les dissyllabes ayant une liquide ou une vibrante à l'intervocalique. Exemple :

"vieux"	**kɔ̀rɔ̀**	jula véhic.	**kwœ̀**	korok.

Pour comprendre cette évolution du système vocalique dans certains parlers manding ivoiriens, on se rappellera ce qui a été dit au § 2.1.5. traitant de la comparaison du consonantisme de ces parlers, à savoir que dans les parlers situés au sud-ouest de l'aire manding de Côte-d'Ivoire, la contraction ou la chute d'une consonne intervocalique ont entraîné l'apparition de voyelles longues ou de diphtongues.

Les diphtongues CyV et CwV

La question des voyelles longues sera abordée plus loin, mais en ce qui concerne les diphtongues, rappelons que le plus souvent elles sont ouvrantes, avec un glide initial soit palatal, soit labial, selon que la première voyelle de la racine est antérieure ou postérieure. Cette correspondance entre dissyllabes à voyelles homophones et monosyllabes à diphtongue, qui reflète un stade d'évolution nouveau, est illustrée dans les exemples suivants :

Voyelles antérieures :

"œuf"	**kírí**	nigbik.	**kyí**	woroduguk.
"lourd"	**gbílí**	jula de Kong	**gbyì**	*id.*
"soleil"	**tèrè**	*id.*	**tyè**	*id..*
"un"	**kélḛ́**	korokan	**kyé**	korokakan
"guerre"	**kɛ̀lɛ̀**	jula véhic.	**kyɛ̀**	woroduguk.

Voyelles postérieures

"ventre"	**kɔ́nɔ́**	nigbik.	**kwœ̰́œ̰́**	kanik.
"vieux"	**kɔ̀rɔ̀**	*id.*	**kwœ̀**	korok.
"os"	**kóró**	jula de Kong	**kö́ö́**	*id.*

Cette correspondance se retrouve également dans des dissyllabes à voyelles non homophones. Exemples :

[23] Rappelons que dans notre esquisse phonologique du worodugukakan, nous avons dit que œ est la réalisation phonétique de ö après la semi-voyelle w. C'est vraisemblablement le cas dans les parlers où elle apparaît.

"deux"	**fìlà**	jula de Kong	**fyà**	mauk.
"chemin"	**sírá**	*id.*	**syá**	*id.*
"avoir peur"	**sírá̰**	*id.*	**syá̰**	gbelebank.
"vingt"	**mùgà̰**	*id.*	**mwà̰**	siak.
"courir"	**bòrì**	jula véhic.	**bwè**	baralak.
"nouveau"	**kúrá**	jula de Kong	**kwá**	mauk.
"froid"	**súmá**	finang.	**ʃwœ̰́**	woroduguk.

Comme le suggère D. Creissels (1980a) cette évolution de diphtongues dans certains parlers, résultant de la chute d'une consonne intervocalique, pourrait être la première étape d'un schéma évolutif qui se poursuivrait dans une deuxième étape par l'apparition de voyelles arrondies. Soit le schéma suivant :

CVrV, CVlV et CVnV → C + glide + V

Dans un environnement de voyelles postérieures, le glide qui, comme nous l'avons vu, est labial, aurait modifié le point d'articulation de la voyelle, laquelle, de postérieure qu'elle était, serait devenue antérieure arrondie :

Cwu → Cẅü ou Cü
Cwɔ → Cẅœ ou Cœ
Cwo → Cẅö ou Cö

Ceci n'est, bien entendu, qu'une hypothèse parmi d'autres ; en effet il n'est pas toujours possible de retrouver tous les stades de ce schéma évolutif ; par exemple la forme Cẅü n'est attestée dans aucun parler manding de Côte-d'Ivoire.

Avant d'en terminer avec les différences de timbre dans les système vocaliques manding, il convient de rappeler que ces voyelles antérieures arrondies dont nous venons de parler ont chacune leur correspondante nasale ṵ̈ et œ̰. Elles correspondent respectivement soit à ṵ et ɔ̰ des autres parlers dans un contexte de voyelles nasales, soit à u et o dans un contexte de consonnes nasales CVnV, CVmV, comme l'illustrent les séries "court", "griffe", "froid", "odeur", ainsi que "ventre", "oiseau", "neuf (chiffre)" sur lesquelles nous reviendrons à propos des consonnes nasales médianes ; ces séries reflètent de plus un processus d'évolution, différent selon les parlers ; par exemple "froid", à partir d'une racine **suma** présente des formes ayant évolué en ṵ̈ (korok.) ou en œ̰ (woroduguk., kanik., siak.).

c) Longueur vocalique et gémination

Rappelons que la longueur vocalique n'est pas pertinente dans les parlers manding ivoiriens et que, dans les parlers dont nous avons esquissé la phonologie, elle était généralement interprétée (cf. woroduguk.) comme une suite vocalique

V_1V_1 afin de ne pas alourdir le système. Nous avons vu aussi que dans d'autres parlers (wojenek., jula de Kong), elle pouvait être conditionnée par le ton.

L'examen de notre corpus amène les deux remarques suivantes :

1. La longueur vocalique est apparemment instable d'un parler à l'autre mais aussi à l'intérieur d'un même parler selon les locuteurs (cf. jula de Kong par exemple).
2. La comparaison a montré qu'elle peut parfois s'expliquer par la chute d'une consonne intervocalique (l, r, n ou g/ɣ/ʁ - cf. 2.2.5.2.). Dans les parlers où elle apparaît, cette "longueur"peut affecter chacun des sept timbres vocaliques : on trouve **ii, ee, ɛɛ, aa, ɔɔ, oo, uu.**

Nous donnons ci-après quelques exemples (un pour chaque timbre vocalique) de correspondance CVCV/CVV.

La correspondance entre dissyllabes homophones avec vélaire intervocalique[24] et suite[25] CVV est illustrée pour chacun des six timbres vocaliques[26]. La règle est la suivante :

Cigi	→	Cii	"s'asseoir"
Cɛgɛ	→	Cɛɛ	"couper"
Caga	→	Caa	"tuer"
Cɔgɔ	→	Cɔɔ	"personne"
Cogo	→	Coo	"animal"
Cugu	→	Cuu	"terre"

Les séries citées ci-dessous ainsi que d'autres rencontrées dans le corpus nous ont permis de dégager la règle suivante pour la correspondance entre dissyllabes homophones avec -l- ou -r- et suite CVV, pour les sept timbres vocaliques :

Ci{l/r}i	→	Cii	"lourd" - cf. correspondance $CV_1 l V_1$/CVV[27]
Cɛ{l/r}ɛ	→	Cɛɛ	"autre" - cf. correspondance **gb/gb**
Ce{l/r}e	→	Cee	"soleil" - cf. correspondances $CV_1 l V_1/CV_1V_1$
Ca{l/r}a	→	Caa	"arc" - cf. correspondances CV_1\{l/r\}V_1/CV_1V_1

---

24 g = [g] = [ɣ] = [ʁ] ; g représente la vélaire, réalisée occlusive ([ɣ]) ou fricative ([ʁ]) selon les parlers.

25 Nous employons le terme "suite" car faute d'étude phonologique pour chaque parler, nous ne sommes pas en mesure de savoir s'il s'agit de voyelles longues opposées à des brèves, ou de géminées opposées à des simples.

26 Ici, six au lieu de sept. En effet notre corpus ne comporte aucune série présentant la correspondance **-ege ~ ee** ; ceci s'explique par le nombre réduit d'items rassemblés mais ne signifie pas qu'il n'existe pas de mots présentant ce contexte dans les parlers manding.

27 Ces correspondances sont données dans l'Appendice.

Cɔ$\{{l \atop r}\}$ɔ → Cɔɔ "vieux" - cf. correspondances ɔ / œ

Co$\{{l \atop r}\}$o → Coo "main" - cf. correspondances o / ö

Cu$\{{l \atop r}\}$u → Cuu "montagne" - cf. correspondances u / ü

On trouve une correspondance entre dissyllabes homophones avec -n- et V̰V̰, mais pour quatre voyelles seulement (ḭḭ, ɛ̰ɛ̰, ɔ̰ɔ̰, ṵṵ) ; ici encore VV peut s'expliquer par la chute de -n- :

Cini → Cḭḭ "chercher"
Cɛnɛ → Cɛ̰ɛ̰ "cultiver"
Cɔnɔ → Cɔ̰ɔ̰ "neuf (chiffre)"
Cunu → Cṵṵ "enfler"

De même, les séries "souffrir" et "pou" présentent une correspondance entre di- ou trisyllabes avec -m- et V̰V̰, ce qui permet d'expliquer, ici aussi, les suites de voyelles nasales par la chute de la consonne nasale intervocalique. Nous essaierons plus loin de dégager les règles de correspondance entre dissyllabes – homophones ou non – comportant une nasale intervocalique, et monèmes avec suite de voyelles nasales.

d) Correspondances et schémas d'évolution

1. – Correspondances entre items à consonne intervocalique non nasale et items à suite vocalique

Ainsi, par les diverses correspondances que nous venons de décrire entre certains parlers de l'aire manding ivoirienne et d'autres de la même aire – on verra à la fin de ce chapitre leur répartition géographique – nous avons pu poser quelques hypothèses qui pourraient expliquer les différences vocaliques existant entre ces parlers, différences qui, rappelons-le, portent sur trois aspects :

1. la différence de timbre : existence dans certains parlers de voyelles antérieures arrondies, principalement ü et ö
2. la présence de suites vocaliques, avec glide palatal ou labial
3. la longueur vocalique, ou du moins l'existence de suite CVV.

Nous avons, selon l'aspect envisagé, et sur la base des correspondances mises en lumière, essayé de dégager des schémas d'évolution. Bien souvent, comme nous venons de le voir pour les suites vocaliques nasales, ces schémas ne s'appliquent qu'à certains parlers, les autres ayant évolué différemment. Cependant, si l'on s'efforce de rassembler ces divers schémas dans un seul tableau, on s'aperçoit que les différences ne sont pas aussi anarchiques qu'il y paraît et qu'il est possible de dégager quelques "règles".

Le rapide examen des dissemblances vocaliques entre parlers fait apparaître qu'en gros on ne constate de différences que dans les items réunissant trois conditions, déterminantes pour l'ensemble, et de plus nécessaires en ce qui concerne les deux premières ; ce sont :

1. la structure syllabique
2. la consonne intervocalique
3. l'homophonie ou la non-homophonie des voyelles.

1 °) Structure vocalique

En général, les voyelles antérieures arrondies et les suites vocaliques n'apparaissent que dans des items ayant pour correspondant des dissyllabes. Notons tout de suite qu'elles peuvent exister aussi dans des dissyllabes mais seulement dans ceux qui sont les correspondants de trisyllabes. Le fait que nous n'ayons, dans notre corpus – assez réduit il est vrai – rencontré aucune correspondance de monosyllabe à monosyllabe contenant ü, ö ou œ, constitue sans doute un fait intéressant quant à l'explication de l'origine de ces voyelles dans certains parlers.

2 °) Consonne intervocalique

Comme on l'a vu (cf. § 2.1.5.2.), la consonne intervocalique est déterminante dans les correspondances entre items de type CVCV et items ayant des voyelles arrondies ou des voyelles longues :

- les voyelles ü, ö et œ n'apparaissent que dans des items correspondant à des dissyllabes avec -l- ou -r-.
- les suites vocaliques de même timbre apparaissent dans des items correspondant à des dissyllabes ayant -g-, -l- ou -r-.

3 °) Homophonie ou non-homophonie des voyelles

Une fois réunies les deux conditions précédentes, c'est de l'homophonie/non-homophonie des voyelles des dissyllabes que dépendra par exemple la correspondance entre items monosyllabiques ayant ü, ö ou œ et items dissyllabiques ; nous savons en effet que si les voyelles des dissyllabes ne sont pas homophones, il n'y a pas de monosyllabes avec ü, ö ou œ leur correspondant. De même, les suites vocaliques de même timbre n'apparaissent que dans des items correspondant à d'autres dissyllabes homophones ayant -g-, -l-, -r-.

Lorsque ces dissyllabes ont des voyelles non homophones, la correspondance se fait généralement avec des items contenant des suites vocaliques avec glide, soit palatal si la première voyelle est antérieure, soit labial si elle est postérieure.

Le tableau ci-après résume les différentes règles de correspondance entre items à consonne intervocalique non nasale et suite vocalique. Le cas des dissyllabes avec **-m-** ou **-n-**, quelque peu différent dans la mesure où les correspondances ne sont pas régulières, sera abordé plus loin.

1. $\mathbf{V_1 = V_2}$

avec -l- ou -r-		avec -g-
Ci{l/r}i	→ Cii → Cyi	Cigi → Cii
Cɛ{l/r}ɛ	→ Cɛɛ → Cyɛ	Cɛgɛ → Cɛɛ
Ce{l/r}e	→ Cee → Cye	
Ca{l/r}a	→ Caa	Caga → Caa
Cɔ{l/r}ɔ	→ Cɔɔ → Cœ ~ Cœœ	Cɔgɔ → Cɔɔ
Co{l/r}o	→ Coo → Cö ~ Cöö	Cogo → Coo
Cu{l/r}u	→ Cuu → Cü ~ Cüü	Cugu → Cuu

2. **$V_1 \neq V_2$**

a) si V_1 = V ← (voyelle antérieure)

```
    l          ↗ CyV2
CV1{ r }V2
    g          ↘ CVV
```

b) si V_1 = V → (voyelle postérieure)

```
    l          ↗ CwV2
CV1{ r }V2
    g          ↘ CV1V2
```

Remarques

1. Une remarque générale tout d'abord à propos du tableau ci-dessus : il indique des règles de correspondance entre les parlers, lesquelles règles peuvent parfois être équivalentes à des schémas d'évolution mais, dans ce cas, elles doivent être lues dans la direction de la flèche (de la gauche vers la droite) et ce sens n'est pas réversible. C'est-à-dire, pour prendre le cas de $V_1 \neq V_2$, que si V_1 = V postérieure, un dissyllabe de schème CV_1 l / r / gV_2 peut aboutir à un schème CwV_2 ; par contre, il serait faux de croire que le schème CwV_2 ne peut provenir que d'un schème CV_1 l / r / g / V_2 ou, pour citer un autre exemple, que les suites vocaliques ne peuvent s'expliquer que par la chute d'une consonne intervocalique.

2. Les règles qui figurent dans ce tableau ne s'appliquent bien évidemment qu'aux parlers qui n'ont plus la consonne intervocalique ; il existe en effet des parlers dans lesquels -C- s'est maintenue mais où V_1 a disparu ; on a alors une correspondance du type : CV l / rV → CCV. C'est le cas des séries "soleil", "guerre", "nouveau", "deux", qui présentent des formes tlè, krɛ̀, klà, flà, attestées dans plusieurs parlers.

3. Précisons enfin, s'il en est besoin, que les différents schémas proposés ici sont exclusifs les uns par rapport aux autres, et qu'un parler pour un item ne peut présenter que l'un des schèmes décrits ci-dessus. Par contre, le problème devient plus complexe dès lors que l'on compare dans un même parler les items appartenant au même schème. Par exemple, dans les séries comparatives illustrant la correspondance u / ü, si l'on examine le baralak., on s'attendrait, pour tous les items, à rencontrer le même schème, c'est-à-dire Cüü, correspondant au schème Curu des autres parlers ; or on trouve les formes suivantes :

	54 "montagne"	66 "couteau"	67 "corde"	72 "chien"	87 "feuille"	91 "huile"	105 "pourri"
5. baralak.	kǜǜ	mö̀ö̀	yö̀ö̀	wʊ̀nʊ̀	flábʊ́rʊ́	tʊ́rʊ́	tǜè(ma̰)

dans lesquelles non seulement la voyelle n'a pas le même timbre (ü / ö) mais surtout la structure syllabique n'est pas partout la même puisqu'on trouve wʊ̀nʊ̀, flábʊ́rʊ́ et tʊ́rʊ́, au lieu de wʊ̀ʊ̀ ou wǜǜ, tʊ́ʊ́ ou tǘǘ, etc. attendus. Cette remarque pourrait d'ailleurs s'appliquer à bien d'autres parlers ivoiriens. Une telle irrégularité dans les correspondances pour des items de même schème vient sans doute du fait qu'il s'agit d'un processus en évolution qui, pour diverses raisons, n'a pas toujours abouti ; il serait d'ailleurs intéressant de repérer, grâce à un corpus plus vaste, si le type de vocabulaire (mot d'emprunt ou appartenant à tel ou tel champ sémantique), l'âge de l'informateur ou telle autre variable, seraient pertinents dans ces "écarts" par rapport au schème comparatif. On verra plus loin que cette irrégularité ne facilite pas le repérage des groupes linguistiques selon leurs caractéristiques.

4. Comme toujours lorsqu'on s'efforce de dégager les règles, il est intéressant de relever les exceptions à ces règles. Il s'agit principalement de la règle de correspondance concernant le schème dans lequel apparaît la voyelle antérieure ö. Nous voyons, dans le tableau, qu'elle apparaît dans un schème de type CV ou CVV correspondant à un schème Col/ro. Or, nous avons relevé dans notre corpus deux entrées – les seules il est vrai – dans lesquelles ö apparaît dans des dissyllabes ; ce sont "étoile" et "cinq" pour lesquelles on a, en finang. et baralak. les formes suivantes :

finangakan	baralakakan	
lö̀lö̀	lœ̀lœ̀	"étoile"
lö́ö́rʉ́	lö́ö́rʉ́	"cinq"

Peut-être ce maintien de la structure dissyllabique est-il dû à la quasi-homophonie de la consonne (l-l et l-r)

5. A propos des suites CyV et CwV : généralement, le schème qui correspond à CyV est soit celui d'un dissyllabe CVl/rV, V étant antérieure, soit, dans le cas de voyelles non homophones, celui d'un dissyllabe CV_1V_2, -C- étant -l-, -r- ou -g-, et V_2 une postérieure.

On peut cependant observer, dans une dizaine d'entrées de notre corpus, un schème CyV ou CwV de certains parlers correspondant à un schème monosyllabique CV dans les autres, comme le montrent les séries reprises ci-contre.

Il faut bien admettre que, dans ce cas, cette tendance à la formation de suites CyV et CwV de certains parlers ne résulte pas de l'amuïssement d'une consonne intervocalique. On note cependant que le glide est toujours déterminé de la même façon : palatal devant voyelle antérieure (cf. myɛ̰́) et labial devant voyelle postérieure (cf. bwò, ɸwɔ̀, bwɔ̀, ɸwò) à une exception près, celle du siakakan qui présente une forme ʃyò ("cheval") avec une palatale devant voyelle postérieure.

On peut s'interroger sur l'origine de ces suites, mais nous ne prétendons pas trouver une réponse à tout par le seul moyen de la comparaison des parlers manding ivoiriens. Toutefois, on peut peut-être chercher une explication plus du côté de l'évolution de certaines consonnes initiales – comme nous l'avons vu à propos de la comparaison consonantique des parlers – que du côté de l'amuïssement de la consonne intervocalique : nous rappellerons, à propos de w par exemple, le schéma évolutif proposé :

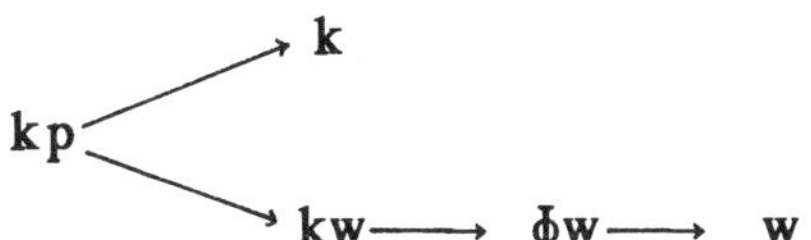

évolution dont les stades **kw** et **ɸw** sont attestés dans plusieurs parlers. C'est ce que l'on observe également à propos de l'actuelle consonne **s**, probablement issue de **k**, selon le schéma suivant :

k ⟶ **ky** ⟶ **ty** ⟶ **ts** ⟶ **sy** ⟶ **s**

Ceci, bien sûr, n'explique que la forme **ʃyò**, laquelle atteste l'avant-dernier stade de cette évolution.

	19 "ex-crément"	26 "queue"	57 "marigot"	59 "village"	80 "cheval"	137 "verser"	137 "laver"	182 "entendre"
1. Teneng.	bwò	nɔ̀là	ɸwɔ̀	só	sò	bwɔ̀	ɸwò	mɛ̰́
2. Mauk.	bò	kwó	kwɔ̀	só	sò	bwɔ̀	kwò	myɛ̰́
3. Finang.	bwò	kwó	kwɔ̀	ʃwó́	ʃwò̀	bwɔ̀	kwò	myɛ̰́
4. Korok.	bwò	nɔ́rá	kwɔ̀	só	sò	bwɔ̀	kwò	mɛ̰́
5. Baralak.	bwò	kwó	kwɔ̀	ʃwó́	ʃwò̌	bwò̰	kwò	myɛ̰́
6. Wojen.	bǒ	kó	kɔ̌	só	sǒ	bɔ̰́~bó̰	kó	myɛ̰̀
7. Bodug.	bò	kó	kɔ̀	dùgù	sǒ	bɔ̰̀	kò	myɛ̰̀
8. Folok.	bò	kó	kɔ̌	dùù	sǒ	bɔ̰́	kó	mɛ̰̀
9. Gbeleb.	bǒ	kó	kɔ̌	só	sǒ	bɔ̰̀	kó	mɛ̰̀
10. Tudug.	bò	kó	kɔ̌	dùgù	ʃǒ	bɔ́	kó	myɛ̰̀
11. Vandug.	bò	kwó	kɔ̀	dùgù	sò	bɔ̰̀	kò	mɛ̰́
12. Nɔwol.	bò	kwó	kwɔ̌	ʃó	ʃǒ	bɔ̰́	kó	myɛ̰̀
13. Sienkok.	bǒ	kwó	kɔ̀	ʃó	ʃʷǒ	bɔ́	kó	lámyɛ̰̀
14. Worod.	bò	ɸwó	ɸwɔ̀	só	ʃò	bwɔ̀	ɸwò	mɛ̰́
15. Kanik.	bwò	ɸwó	ɸwɔ̀	só	sò	bwò	ɸwò	mɛ̰́
16. Karanj.	bwò	ɸwó	ɸwɔ̀	só	sò	bwɔ̀	ɸwò	mɛ̰́
17. Siak.	bwò	kwó	kwɔ̀	só	ʃyò	bwɔ̀	ɸwò	mɛ̰́
18. Koyag.	bwò	ɸwó	ɸwɔ̀	só	sò	bwò̰	ɸwò	mɛ̰́
19. Korok.	bwò	kwó~ɸwó	ɸwɔ̀	só	sò	bwɔ́	kwò~ɸwò	mɛ̰́
20. Sagak.	bwò	ɸwó	ɸwɔ̀	só	sò	bwɔ̀	ɸwò	mɛ̰́
21. Nigbik.	bwò	ɸwó	ɸwɔ̀	só	sò	bwɔ̀	ɸwò	mɛ̰́
22. J. Kong	bwò	kwó	kwɔ̀	dùgù	sǒ	bwó̰	kwò	myɛ̰́
23. J. véhic.	bò	kó	kɔ̀	dùgù	sò	bɔ̰̀	kò	mɛ̰́

Ainsi, ces suites CyV ou CwV peuvent résulter soit de l'amuïssement de la consonne intervocalique, soit d'un changement de la consonne initiale, soit encore être la diphtongue d'une voyelle réalisée longue dans d'autres parlers manding, comme on l'a vu pour le jula de Kong et le jula du Burkina Faso.

jula de Kong	jula du Burkina Faso		
bwɔ̀	**bɔ̀ɔ̀**	"excrément"	
kwɔ̄	**kɔ̄ɔ̄**	"marigot"	
byɛ́	**bɛ́ɛ́**	"tous"	etc....

hypothèse que renforce encore la comparaison avec le mandinka de Gambie qui donne la forme **bùù** correspondant à **bwɔ̀** dans la moitié des parlers de Côte-d'Ivoire ; c'est probablement le cas aussi pour myɛ̀. Mais toutes ces hypothèses restent à vérifier chaque fois que cela est possible.

6. A propos de la correspondance $CV_1 l/r/g V_2 \rightarrow CVV$, dans le cas où V_1 = voyelle antérieure.

Les exemples rencontrés dans notre corpus nous indiquent que, dans le cas de cette correspondance, les voyelles du schème CVV peuvent être déterminées de trois façons différentes :

1. les voyelles V_1 et V_2 sont toutes deux conservées

$CV_1CV_2 (CV) \rightarrow CV_1V_2 (CV)$

bɛ́rḭ.jɛ́	sienkok.	**bɛ́ḭ.jɛ́**	finang.	"oncle"[28]

2. seule la première voyelle s'est maintenue en s'allongeant

$CV_1CV_2 \rightarrow CV_1V_1$

kálō	sienkok.	**káá**	mauk.	"lune"
jèlì	folok.	yèè	sienkok.	"sang"

3. aucune des voyelles du dissyllabe ne s'est maintenue et l'élément vocalique de ce schème est maintenant une voyelle de degré d'aperture intermédiaire qui s'est allongée

$CV_1CV_2 (CV_3) \rightarrow CV_3V_3 (CV_3)$

bɛ́rḭ.jɛ́	sienkok.	**bɛ́ɛ́n.jɛ́**	teneng.	"oncle"

Un corpus plus large recueilli en julakan de Kong et en maukakan a permis de relever les formes suivantes :

màrí	julakan	**mɛ̀ɛ̀**	mauk.	"hippopotame"
wárí	julakan	**wɛ́ɛ́**	mauk.	"argent"

dans lesquelles on voit que dans le schème CVV, la voyelle est d'un degré d'aperture intermédiaire comparé à celui de V_1 (**a** 3ème degré) et de V_2 (**i** 1er degré) du dissyllabe.

2. – Correspondances entre items à consonne intervocalique nasale et items à suite vocalique nasale

Nous avons déjà abordé à plusieurs reprises, du point de vue soit consonantique (§ 2.1.5.2.), soit vocalique (§ 2.2.5.2.), la question de ces correspondances entre dissyllabes ou trisyllabes à consonne nasale en position médiane et monèmes à suite vocalique nasale.

---

28 Ce terme est un composé de **bɛ́rḭ** et de **cɛ̀** "homme", c'est pourquoi la dernière syllabe est entre parenthèses.

Voici les règles de correspondance telles que nous avons pu les établir, toujours dans le strict cadre de notre corpus :

1. $\mathbf{V_1 = V_2}$

a) si V_1 = **i**, **u**

$$CV_1\begin{Bmatrix}m\\n\end{Bmatrix}V_1 \rightarrow C\underset{\sim}{V}_1\underset{\sim}{V}_1 \sim \underset{\sim}{V}_1 \sim VV \sim V$$

b) si V_1 = **ɛ**, **ɔ**

$$CV_1nV_1 \nearrow C\underset{\sim}{V}_1\underset{\sim}{V}_1 \sim \underset{\sim}{V}_1 \sim V_1V_1 \sim V_1$$

$$CV_1nV_1 \searrow Cy\underset{\sim}{\varepsilon}, Cw\underset{\sim}{\text{œ}}$$

2. $\mathbf{V_1 \neq V_2}$

a) si V_1 = **a** et V_2 = **i**

$$CV_1nV_2 \rightarrow C\underset{\sim}{V}_1\underset{\sim}{V}_1 \sim \underset{\sim}{V}_1$$

b) si V_1 = **ɛ** et V_2 = **i**

$$CV_1nV_2 \rightarrow C\underset{\sim}{V}_1\underset{\sim}{V}_1 \sim \underset{\sim}{V}_1$$

c) si V_1 = **o** et V_2 = **u**

$$CV_1mV_2 \rightarrow C\underset{\sim}{V}_1 \sim CV_1 \sim CVV \sim CwV$$

d) si V_1 = **u** et V_2 = **a**

$$CV_1mV_2 \rightarrow Cw\underset{\sim}{\text{œ}} \sim CV\underset{\sim}{V}$$

Remarques

1. A la différence du précédent tableau de correspondances, ici on remarque tout de suite que le degré d'aperture de la voyelle est déterminant pour l'établissement de ces correspondances. Ainsi, dans le cas de dissyllabes homophones avec **a** et -m-, on ne trouve pas de correspondance avec des suites vocaliques nasales ; ceci est observable dans les séries "lance" et "éléphant" illustrant la correspondance consonantique **t / t** et VmV / VmV, où, dans tous les parlers, **ama** correspond à **ama**. De même, avec les voyelles **ɛ** et **ɔ**, on rencontre respectivement la correspondance **ɛmɛ / ɛmɛ** dans tous les parlers (cf. "cent" illustrant les correspondances consonantiques en position médiane VmV / VmV), et dans un corpus plus étendu, on peut observer entre le wojenek. et le mauk. une correspondance **ɔmɔ / ɔmɔ** :

wojenekakan	maukakan	
nɔ́mɔ́	**nɔ̰̀mɔ̰́ŋ**	"s'asseoir (terme de respect)"
tɔ́mɔ̰́	**tɔ̰̀mɔ̰̀ŋ**	"ramasser un à un"

On constate de plus l'absence des voyelles du deuxième degré d'aperture (**o** et **e**) due à l'absence de dissyllabes homophones de type C-**eme** /C-**omo** dans notre corpus. On remarque cette même absence dans un corpus beaucoup plus vaste de 3000 mots recueillis par C. Braconnier (1980) en wojenek., parler qui par ailleurs comporte une très forte proportion de dissyllabes. Il n'est donc pas étonnant de ne pas les voir figurer ici.

Le tableau ne comporte pas la correspondance C**ana** → C**a̰a̰**. Ce schème est-il réellement inexistant dans les monèmes manding de Côte-d'Ivoire ? Un corpus plus vaste recueilli en wojenek. et en mauk. nous a permis de relever les correspondances suivantes :

wojenekakan	maukakan	
bánǎ	**bànà**	"richard"
fáná	**fà̰nà**	"offrir un repas à un hôte"
máná̰	**máná̰**	"caoutchouc"

qui témoignent du maintien de **n** dans les deux parlers, et donc de l'absence de correspondance CV**n**V → CV̰V̰[29].

Nous avions noté, lors de la comparaison consonantique, que l'un des facteurs de conservation de -**n**- (ainsi que de -**r**- et -**l**-) dans certains items en mauk., parler qui se caractérise par l'absence de ces consonnes en position médiane, pouvait être la chute antérieure d'une autre consonne qui aurait en quelque sorte «protégé» -**n**-, -**l**- ou -r-.

Les correspondances précédentes nous permettent de supposer qu'une autre raison au maintien de -**n**- pourrait être l'homophonie et le degré d'aperture de la voyelle : dans un contexte **a-a** la consonne est maintenue. Il faut en effet préciser à ce propos que les suites vocaliques nasales du 4ème degré d'aperture **a̰a̰** qui existent dans ce parler correspondent généralement, soit à des schèmes de type CV_1**n**V_2 (V_1 = **a** et V_2 = **i**, selon la règle de correspondance établie dans le tableau), soit à des schèmes de type CV_1˜CV_1 , (-C- = -**l**-, -**r**- ou -**g**-). Ex. :

	wojenekakan	maukakan	
C**ani** → C**a̰a̰**	**kànì**	**kà̰à̰**	"aimer"
C**anga** → C**a̰a̰**	**sàngà**	**sà̰à̰**	"deuil"
	fàngà	**fà̰à̰**	"force"

2. Dans le cas de la correspondance entre schèmes de type CV_1**n**V_2 et CV̰V̰ ~ CV̰ (V_1 = **a** et V_2 = **i**), nous n'avons pas, dans le tableau, défini la voyelle dans CV̰V̰. C'est ce que nous allons faire maintenant. Les séries illustrant cette correspondance entre les différents parlers offrent trois possibilités :

a) C**ani** → C**a̰a̰** ~ C**a̰**

C'est le cas de la série "tissu " (cf. correspondance **f**-/**f**-) dans laquelle **fà̰** correspond à **fànì** des autres parlers. Nous avons cité plus haut l'exemple de **kànì** → **kà̰à̰** recueilli dans un corpus plus vaste.

---

[29] Il convient cependant de signaler que nous avons rencontré dans le corpus maukakan un cas où C**a̰a̰** correspond à un item de schème C**ana** du wojenekakan ; il s'agit de **tà̰à̰** ~ **táná** "interdit", mais cette correspondance est tout à fait isolée.

b) Cani → Cɛ̰ɛ̰

Cette correspondance attestée seulement dans le corpus étendu recueilli en jula de Kong et en mauk.

sání jula de Kong sɛ̰́ɛ̰́ mauk. "or"

a sans doute obéi au même schéma d'évolution que celui décrit à propos des correspondances màrí (julakan) → mɛ̀ɛ̀ (mauk.), et wárí (julakan) → wɛ́ɛ́ (mauk.) citées plus haut.

c) Cani → Cḛḭ ~ eḭ

Elle est attestée dans "quatre" (cf. correspondance n-/n-) où nɛ́ḭ́ du teneng. et néḭ́ du mauk. correspondent à náaní des autres parlers.

3. Enfin, pour chaque règle proposée, on trouvera ci-après un exemple (sans les tons qui varient d'un parler à l'autre) emprunté d'une part aux parlers ayant une forte proportion de dissyllabes, et d'autre part à ceux ayant une forte proportion d'items à schème CVV :

1. – $V_1 = V_2$

		N° des parlers
Cimi/Cḭḭ/Cii/Ci		
177. "souffrir"	dimi	5 à 13, 15, 17 à 23
	dḭḭ	2
	dii	1, 4
Cini/Cḭḭ		
147. "chercher"	ɲini	5 à 13, 15, 16, 20, 22, 23
	ɲḭḭ	2, 3, 4
	ɲii	1, 18
	ɲi	14
Cumu/Cṵṵ		
83. "pou"	ɲumugu	17, 18, 19
	ɲṵṵ	2
	ɲṵ	3, 4, 5
Cunu/Cṵṵ		
161. "enfler"	funu	1, 3 à 11, 14 à 23
	fuṵŋ	2
Cɛnɛ/Cɛ̰ɛ̰ ~ Cyɛ̰		
152. "cultiver"	sɛnɛ	6 à 13, 15, 16, 19 à 23
	sɛ̰ɛ̰	1 à 5, 17
	syɛ̰	14, 18
Cɔnɔ/Cɔ̰ɔ̰ ~ wœ̰		
15. "ventre"	kɔnɔ	6 à 13, 17, 19, 22, 23
	kɔ̰ɔ̰	1, 2
	kwœ̰	3, 4, 5, 14
76 "oiseau"	kɔnɔ	6 à 13, 17, 19, 21, 22, 23
	kɔ̰ɔ̰	1, 2
	kwœ̰	3, 4, 5, 14

122 "neuf (chiffre)"	**kɔnɔ̰dɔ**	6 à 13, 16, 17, 22, 23
	kɔ̰ɔ̰ndɔŋ	2, 8
	kwœ̰ndɔ	4, 14
157 "vomir"	**fɔnɔ̰**	1, 4, 6 à 10, 12 à 18, 21 à 23
	fɔɔ̰	2
	fwɔnɔ̰	3, 5

2. – $\mathbf{V_1 \neq V_2}$

Cani/CV̰V̰	exemples cités sous la remarque 2	
Cɛni/Cɛ̰ɛ̰ ~ ɛ̰		
154. "brûler"	jɛni/jeni	6 à 12, 22, 23
	jɛ̰ɛ̰	15
	ɲɛ̰ɛ̰ŋ	2
	ɲɛ̰	3, 4, 5
	jɛ̰	1, 16 à 20
Comu/CV$_1$ ~ CV̰ ~ CVV ~ CwV		
155 "manger"	domu	22, 23
	dɔ ~ jɔ	17, 20
	do̰	6 à 10, 12, 13, 19
	lɔɔ	2
	dwœ ~ dwɔ	14, 15

Cuma/Cwœ ~ CVV

Cette correspondance, que l'on trouve dans les séries "froid" et "odeur", sont tout à fait irrégulières : à **suma** "odeur" des parlers 5, 7 à 11, 13, correspondent des formes telles que suɛ̰, sɔ̰a̰, ʃwœ̰, süö̰, ʃṵa, ʃya, suɔ̰, etc. qui n'ont en commun que l'absence de consonne nasale médiane.

Nous pouvons donc constater que le cadre des correspondances entre items à consonne intervocalique et suites vocaliques nasales est beaucoup plus défini et restreint que celui des items ayant -l-, -r- ou g. On relève cependant certaines similitudes dans les schèmes comparatifs :

a) généralement les voyelles des suites vocaliques sont identiques à celles des dissyllabes homophones leur correspondant, auxquelles s'ajoute le trait de nasalité ;

b) dans le cas de suites vocaliques présentant un élément palatal ou labial (y ou w), le trait de cet élément dépend de la première voyelle du dissyllabe auquel cette suite correspond : palatal avec voyelle antérieure (syɛ̰/sɛnɛ) et labial avec voyelle postérieure (**kwœ̰/kɔnɔ**) ;

c) dans le cas de suites vocaliques appartenant à des dissyllabes non homophones, la voyelle peut être soit identique à la première ou à la seconde voyelle du dissyllabe, soit d'un degré d'aperture intermédiaire entre celui de la première et de la seconde voyelle (sani/sɛ̰ɛ̰).

L'examen comparé des parlers manding ivoiriens du point de vue de leur vocalisme a donc permis non seulement de définir leurs caractéristiques communes mais aussi, et surtout, d'établir leurs différences. Ce sont précisément ces dernières qui vont servir de traits distinctifs pertinents au plan de la géographie linguistique, et peut-être permettre de repérer des groupes de parlers.

2.2.5.3. *Géographie linguistique*

a) Traits vocaliques des parlers manding ivoiriens

Nous reprendrons comme traits distinctifs permettant de définir tel parler par rapport à tel autre, les trois différences essentielles relevées précédemment, à savoir :

- la différence de timbre : présence ou absence des voyelles antérieures arrondies ü, ö et œ,
- la présence de suites vocaliques avec glide palatal ou labial,
- l'existence des suites CV_1V_1 et CV_1V_2.

Le nombre de traits retenus pour les voyelles est beaucoup plus restreint que pour les consonnes ; c'est pourquoi il ne sera pas utile ici de choisir des symboles caractéristiques de ces traits.

Dans la mesure où, comme nous le savons, les parlers manding de Côte-d'Ivoire ne sont pas toujours systématiques dans leurs différences, nous avons considéré que tel ou tel parler possédait tel ou tel trait dès lors que ce trait était occurrent dans au moins deux séries comparatives. Par exemple, le finang. n'a la voyelle ü que dans trois items (yü̏ü̏ "corde", tü̏è "pourri" et sǘ "nuit") ; bien que les autres items, dans lesquels, compte tenu du schème comparatif, on pouvait s'attendre à rencontrer cette voyelle, ne la contiennent pas, nous rangerons malgré tout le finang. dans le groupe des parlers présentant cette caractéristique et affecterons à ce trait le signe $^{+}$ ou $^{++}$ pour les parlers où il apparaît respectivement dans la majorité ou la totalité des séries présentées. De ce fait, pour un même trait envisagé, on obtiendra une sorte d'échelle graduée à quatre niveaux permettant de situer les parlers. Soit, pour reprendre l'exemple du trait "Voyelle ü", la répartition suivante :

sans ü parlers n° 2, 6 à 13, 15 à 23
avec ü parlers n° 1, 3, 5
avec ü+ parler n° 4
avec ü++ parler n° 14

Dans un premier temps, nous procéderons de cette façon pour chacun des traits puis nous les rassemblerons et nous comparerons les groupes ainsi formés avec ceux obtenus du point de vue consonantique.

Enfin, tout comme pour les consonnes, une carte correspondant à chaque critère distinctif permettra de visualiser, sur l'ensemble manding ivoirien, la localisation des parlers possédant le trait en question (cf. cartes 54 à 59, annexe 1).

1. - Les différences de timbre

Nous traiterons des voyelles nasales antérieures arrondies en même temps que des voyelles orales car nous avons noté que généralement tout parler qui a l'une a aussi l'autre.

1) LE TRAIT Voyelle ü / ṵ̈ (carte 54)

Pour ce qui est du trait Voyelle ü, l'exemple ci-dessus nous a déjà donné sa répartition géographique. On remarque qu'il n'est présent que dans les parlers situés au sud et au sud-ouest de l'aire manding ivoirienne, zone qui est d'ailleurs, à notre connaissance, la seule de l'ensemble manding à présenter ce phonème.

2) LE TRAIT Voyelle ö / ö̰ (carte 55)

sans ö / ö̰ parlers n° 2, 6 à 13, 15 à 23
avec ö / ö̰ parlers n° 1, 3, 5
avec ö / ö̰+ parlers n° 4 et 14

Les parlers présentant ce trait sont les mêmes que pour la voyelle ü. Il est à noter qu'aucun d'entre eux ne présente la totalité des séries illustrant la présence de ce phonème.

3) LE TRAIT Voyelle œ / œ̰

Cette voyelle, illustrée par une seule série, "vieux", est, rappelons-le, très peu fréquente Nous ne pouvons donc la retenir comme critère distinctif en tant que tel. Notons simplement qu'elle apparaît dans le parler 4 quand elle est orale, et dans les parlers 3, 4, 5 et 14 quand elle est nasale, ce qui correspond tout à fait aux regroupements précédents.

2. - Suites vocaliques avec glide palatal ou labial

1) LE TRAIT CyV (Carte 56)

sans CyV	parlers n° 6, 7, 11, 12, 22, 23
avec CyV	tous les autres parlers : 1, 2, 3, 5, (8 à 10)[30], 13, 15 à 21
avec CyV+	parler n° 4
avec CyV++	parler n° 14

N'ont été considérées ici que les suites CyV correspondant à CVCV. Si l'on envisage les suites CyV qui correspondent à CV, on remarque que la répartition des parlers possédant ce trait est tout à fait différente :

sans CyV	parlers n° 1, 4, 8, 9, 11, 14 à 21, 23
avec CyV	tous les autres parlers : 3, 5, 6, 7, 10, 12, 13, 22.

La proportion des parlers avec et sans le trait en question est ici inverse. Nous ne retiendrons, quant à nous, que le premier cas, celui des correspondances CyV/CVCV car, ainsi que nous l'avons signalé lors de l'examen des schèmes comparatifs, le glide palatal y semble déterminé par la voyelle existant dans le dissyllabe correspondant, alors que dans le cas des schèmes comparatifs CyV/CV, il semble parfois résulter d'une évolution de la consonne initiale au contact d'une voyelle, ce qui sort de notre propos puisque nos critères de distinction sont avant tout vocaliques.

La carte nous montre que ce trait est présent dans tous les parlers du sud de l'aire manding, et qu'au contraire il est rare dans ceux situés au nord (cf. note).

2) LE TRAIT CwV (Carte 57)

sans CwV	parlers n° 6 à 12, 19, 22, 23
avec CwV	parlers n° 1 à 5, 13, 15, 16, 17, 20, 21
avec CwV+	parlers n° 14, 18

Les suites CwV correspondent à CVCV. Si l'on considère les suites CwV correspondant à CV, on a alors la répartition suivante :

sans CwV	parlers n° 6 à 10, 23
avec CwV	parlers n° (11), 12, 13
avec CwV+	parlers n° 1, 2, 4, 14 à 22
avec CwV++	parlers n° 3 et 5

Contrairement à CyV, ici les groupes de parlers sont presque identiques, quel que soit le schème comparatif (CwV/CVCV, ou CwV/CV).

Pour les mêmes raisons que celles exposées précédemment, nous ne retiendrons que la répartition des groupes de parlers où CwV correspond à CVCV.

A l'examen de la carte 57, on voit que tous les parlers du sud, à l'exception du

[30] Les parenthèses indiquent que le trait en question ne se rencontre que rarement dans le parler qu'elles entourent. Ici, ces parlers, tous situés au nord, ne présentent ce trait que dans un seul item sur les huit proposés.

korokan, possèdent également ce trait et que le seul parler du nord (sienkokan) où il est présent est très proche de ceux du sud.

3. - L'existence de suites CV_1V_1 et CV_1V_2

1) LE TRAIT CV_1V_1 (Carte 58)

sans CV_1V_1	parlers n° 6, 7, 10 à 13, 15, 16, 19 à 23
avec CV_1V_1	parlers n° 3, 8, 9, (14, 17, 18)
avec $CV_1V_1^+$	parlers n° 1, 4, 5
avec $CV_1V_2^{++}$	parler n° 2

La carte 58 montre la concentration des parlers ayant ces suites vocaliques à l'ouest de l'aire manding, avec un très fort regroupement dans le sud-ouest. Ce trait semble aller en s'estompant vers l'est où il n'apparaît que dans quelques mots des parlers 14, 17 et 18.

2) LE TRAIT CV_1V_2 (Carte 59)

sans CV_1V_2	parlers n° 6, 7, 10 à 14, 18, 21, 22, 23
avec CV_1V_2	parlers n° 3, 4, 5, (8, 9, 15), 16, (17), 20
avec $CV_1V_2^+$	parlers n° 1, 2
avec $CV_1V_2^{++}$	parler n° 19

La carte montre une répartition quasi identique avec cependant une plus forte proportion de parlers situés au sud-est puisque le parler qui possède ce trait à un degré maximal est le korokan, à l'extrême sud-est de l'aire ivoirienne manding.

b) Répartition des parlers manding d'après leurs traits vocaliques

La répartition des parlers manding ivoiriens, compte tenu de l'ensemble des critères retenus, est présentée dans le tableau 4.

Sur la base des traits recensés dans ce tableau, on peut ensuite calculer le nombre de propriétés communes entre tel parler et chacun des vingt-deux autres en les comparant deux à deux. Pour le calcul de ces propriétés, on a procédé de la même manière que pour les consonnes : est compté comme caractéristique commune à deux parlers, tout signe (+ ou o) qui apparaît deux fois sur une même ligne, étant entendu que l'absence de signe peut aussi être une propriété commune.

Ceci permet de calculer la distance entre tous les parlers, comme le montre le tableau 5.

Tableau 4 – TRAITS CARACTÉRISTIQUES DES PARLERS MANDING IVOIRIENS DU POINT DE VUE VOCALIQUE

Traits →	ü	ö	œ	CyV	CwV	CV_1V_1	CV_1V_2
1 tenengakan	+	+		+	+	+	+
2 maukakan				+	+	+	+
3 finangakan	+	+	+	+	+	+	+
4 korokakan	+	+	+	+	+	+	+
5 baralakakan				+	+	+	+
6 wojenekakan							
7 bodugukakan							
8 folokakan				o		+	o
9 gbelebankakan				o		+	o
10 tudugukakan				o			
11 vandugukakan							
12 nɔwolokakan							
13 sienkokan				+	+		
14 worodugukakan	+	+	+	+	+	o	+
15 korokan				+	+	o	o
16 kanikakan				+	+		+
17 siakakan				+	+	o	o
18 koyagakan				+	+	o	
19 korokan				+			+
20 sagakakan				+	+		+
21 nigbikan				+	+		
22 jula de Kong							
23 jula véhiculaire							

+ : présence du trait - o : faible présence du trait - case vide : absence de trait

1. - Les groupes de parlers

A partir du tableau 5 on peut repérer les parlers qui ont le plus de propriétés communes entre eux et qui, de cette façon, constituent un groupe. On en distingue trois sur ce tableau :

Tableau 5 – DISTANCES ENTRE LES 23 PARLERS MANDING DE COTE-D'IVOIRE
d'après leurs caractéristiques vocaliques

	1	2	3	4	5	6	7	8	9	10	11	12	13	14	15	16	17	18	19	20	21	22	23
1. teneng.	7																						
2. mauk.	5	7																					
3. finang.	6	4	7																				
4. korokak.	6	4	7	7																			
5. baralak.	5	7	4	4	7																		
6. wojenek.	1	3	0	0	3	7																	
7. boduguk.	1	3	0	0	3	7	7																
8. folok.	1	4	1	1	4	4	4	7															
9. gbelebank.	1	4	1	1	4	4	4	7	7														
10. tuduguk.	1	3	0	0	3	6	6	5	6	7													
11. vanduguk.	1	3	0	0	3	7	7	4	4	6	7												
12. nɔwolok.	1	3	0	0	3	7	7	4	4	6	7	7											
13. sienkok.	3	5	2	2	5	5	5	3	3	5	5	5	7										
14. worodug.	5	3	6	6	3	0	0	0	0	0	0	0	2	7									
15. kanik.	3	5	2	2	5	4	4	4	4	4	4	4	6	2	7								
16. karanjan.	4	6	3	3	6	4	4	3	3	4	4	4	6	3	6	7							
17. siak.	3	5	2	2	5	4	4	4	4	4	3	3	5	3	6	5	7						
18. koyag.	3	5	2	2	5	4	4	3	3	4	4	4	6	3	5	5	6	7					
19. korokan	3	5	2	2	5	4	4	4	4	4	5	5	5	2	5	6	4	4	7				
20. sagak.	4	6	3	2	6	4	4	3	3	4	4	4	6	3	6	7	5	5	6	7			
21. nigbik.	3	5	2	2	5	5	5	3	3	5	5	5	7	2	6	6	5	5	5	6	7		
22. jula Kong	1	3	0	0	3	7	7	4	4	6	7	7	5	0	4	4	3	4	5	4	5	7	
23. jula véhic.	1	3	0	0	3	7	7	4	4	6	7	7	5	0	4	4	3	4	5	4	5	7	7

• LE GROUPE I (1 teneng., 2 mauk., 3 finang., 4. korok., 5 baralak., 14 woroduguk.), qui peut se diviser en deux sous-groupes :
Ia : parlers 1, 3, 4, 14 qui ont cinq traits communs sur sept
Ib : parlers 2 et 5, très proches puisqu'ils ont le maximum de traits communs : sept

• LE GROUPE II (6 wojenek., 7 boduguk., 8 folok., 9 gbelebank., 10 tuduguk., 11 vanduguk., 12 nɔwolok., 22 jula de Kong et 23 jula véhic.), divisé lui aussi en deux sous-groupes :
IIa : parlers 6, 7, 10, 11, 12, 22, 23 qui partagent six propriétés communes
IIb : parlers 8 et 9 qui en ont sept

• LE GROUPE III (13 sienkok., 15 kanik., 16 karanjank., 17 siak., 18 koyag., 19 korokan, 20 sagak., 21 nigbik.) qui, si l'on met à part le korokan, ont un minimum de cinq points communs.

Les groupes de parlers et le nombre de traits étant définis, nous pouvons, en nous reportant au tableau 4, savoir quels sont leurs points communs et les réunir, là encore sous forme de tableau (tableau 6).

Tableau 6 – LES GROUPES DE PARLERS AVEC LEURS CARACTERISTIQUES VOCALIQUES

GROUPE I		GROUPE II		GROUPE III
Ia 1, 3, 4, 14	Ib 2, 5	IIa 6, 7, 10, 11, 12, 22, 23	IIb 8, 9	13, 15, 16, 17, 18, 19, 20, 21
ü+	ü-	ü-	ü-	ü-
ö+	ö-	ö-	ö-	ö-
CyV+	œ-	œ-	œ-	œ-
CwV+	CyV+	CwV-	CyV-	CyV+
CV_1V_2+	CwV+	CV_1V_1-	CwV-	CwV+ (sauf 19)
	CV_1V_1+	CV_1V_2-	CV_1V_1+	
	CV_1V_2+		CV_1V_2-	

On observe, pour chaque groupe, les caractéristiques communes suivantes :

• LE GROUPE I – L'ensemble constitué par les parlers 1, 2, 3, 4, 5 et 14 n'a que trois trais communs (CyV+, CwV+, CV_1V_2+). Par contre, dès que l'on considère les sous-groupes, le nombre augmente : le sous-groupe Ia possède cinq points communs :

– existence de voyelles antérieures arrondies

– existence de suites CyV, CwV,CV_1V_1, CV_1V_2

Il est d'ailleurs intéressant de remarquer que ces traits sont concomitants :

– un parler ne peut avoir une seule voyelle antérieure arrondie sans posséder du même coup la série ; ce qui paraît logique mais n'était pas prouvé ;

– si un parler connaît cette série de voyelles, il détient en même temps les autres traits, c'est-à-dire les suites CyV, CwV,CV_1V_2 et CV_1V_1 (en partie).

La superposition des cartes de ces traits distinctifs permet de voir que ces traits sont des caractéristiques communes à un groupe de parlers situés dans une même aire linguistique : le centre du sud du territoire manding.

Le sous-groupe Ib n'est constitué que de deux parlers, mauk. et baralak., situés au sud-ouest. Ces parlers sont très proches puisqu'ils ont le maximum de traits communs. Ils se caractérisent par la présence de suites CyV, CwV,CV_1V_1, CV_1V_2, mais sans voyelles antérieures arrondies.

• LE GROUPE II – L'ensemble du groupe a cinq points communs :

– absence de voyelles antérieures arrondies (ce qui d'ailleurs est commun aux groupes II, III et Ib) : ü-, ö-, œ-

– absence de suite CwV

– absence de suite CV_1V_2

Chaque sous-groupe se situe, l'un (IIa) au nord-est de l'aire manding (parlers n° 6, 7, 10, 11, 12), l'autre (IIb) au nord-ouest (parlers n° 8 et 9). Il faut noter le rattachement à ce groupe des parlers excentriques au territoire proprement manding (jula de Kong et jula véhiculaire), ainsi que la très grande parenté entre les parlers 8 folok. et 9 gbelebank. qui ont le maximum de points communs (sept).

• LE GROUPE III : constitué des parlers n° 13, 15 à 21, a cinq points communs si l'on exclut le korokan (19) qui ne présente pas de suite CwV :

– absence de voyelles antérieures arrondies (ü-, ö-, œ-)

– existence de suites CyV et CwV

La superposition des cartes de traits permet de voir que ces parlers se situent sur un axe nord-ouest – sud-est.

2. - Les parlers les plus éloignés

Du point de vue de leur vocalisme, l'écart existant entre certains parlers est plus prononcé que ce qu'on avait mesuré du point de vue de leur consonantisme. On peut voir sur le tableau 5 l'éloignement entre les parlers du groupe I et ceux du groupe II, qui n'ont aucun point commun :

- parlers n° 3 et 4 du groupe I comparés aux parlers n° 6, 7, 10, 11, 12, 22, 23 du groupe II ;
- parler n° 14 du groupe I comparés aux parlers n° 6 à 12, 22, 23 du groupe II.

Il y a en revanche beaucoup moins d'écart entre parlers des groupes II et III (les parlers n° 11 et 19 présentent cinq points communs).

Avant de comparer les groupes obtenus sur la base des traits vocaliques distinctifs à ceux définis par leurs caractéristiques consonantiques communes, il convient d'insister sur le caractère provisoire de nos conclusions. Nous avons en effet constaté à plusieurs reprises au cours de cette comparaison des voyelles que les schèmes comparatifs relevés ne constituaient pas des règles absolues pour tous les items. Par les calculs de distance entre parlers, on a pu observer bien souvent que ceux-ci sont tellement proches linguistiquement que, au plan strictement vocalique, ils ne se distinguent pratiquement plus les uns des autres puisqu'ils ont le maximum de points communs (sept). Ceci peut signifier, d'une part que les critères retenus ne sont pas assez nombreux ou pas assez justes, et d'autre part que ces parlers, qui se distinguent sur d'autres plans (consonantique, morphématique) ont un vocalisme très proche. Il faut souhaiter que cette dernière hypothèse soit la bonne, tout en gardant à l'esprit l'imperfection des critères retenus.

Comparons maintenant les groupes I, II et III définis sur la base de traits vocaliques communs aux groupes A, B et C définis sur la base de traits consonantiques communs.

Tout d'abord, le nombre de groupes est le même : trois. La constitution des groupes et des sous-groupes reste en gros la même, avec cependant quelques différences :

- Les parlers 1 à 5 du groupe A forment toujours un ensemble auquel est venu s'ajouter le parler 14 du groupe C ; de fait, par son vocalisme, il se rattache tout à fait au groupe I des parlers du sud-ouest, particulièrement aux parlers 1, 3 et 4.
- Les parlers 6 à 12 ainsi que le 23 présents dans le groupe B se retrouvent dans le groupe II. Le parler 22 dont l'appartenance au groupe B était problématique se rattache sans aucun doute, du point de vue vocalique, au groupe II. Par contre le parler 13 qui, lui, faisait partie du groupe B, est plutôt à rapprocher maintenant du groupe III avec lequel il a plus de traits communs.
- Le groupe III est lui aussi quasiment identique au groupe C consonantique. Il est composé des mêmes parlers 15 à 21, auquel s'est ajouté le parler 13 ; le parler 14, présent dans le groupe C est ici passé dans le groupe I.

La comparaison des voyelles de tous les parlers manding ivoiriens, sur la base des critères distinctifs que constituent leurs différences, confirme donc, en gros, la répartition en groupes de parlers que nous avions établie pour les consonnes. Nous verrons dans la section 3 si l'étude comparée des morphèmes de tous ces parlers corrobore ces résultats.

2.3. LES TONS

Ce chapitre sera beaucoup plus court que les précédents car une étude extensive du type de celle que nous avons entreprise ne permet pas, bien souvent, de dépasser le cadre de la phonétique, c'est-à-dire de ce que nous avons noté au cours de nos brèves enquêtes dans les villages ; il faudrait procéder à une analyse plus fine et plus précise de chaque parler pour repérer les conditionnements. Cependant, par l'étude plus approfondie des quatre parlers manding que nous avions choisis, et par certains monèmes du questionnaire extensif et grammatical, nous avons pu constater que les tons, dans les parlers manding, sont des traits pertinents puisqu'ils ont une fonction distinctive tant au niveau lexical qu'au niveau grammatical. C'est donc sous l'angle phonologique et grammatical que le ton sera envisagé ici ; nous ne traiterons pas le ton du point de vue comparatif ou diachronique à cause des réserves émises précédemment.

Les principaux parlers manding que nous avons examinés sont des parlers à deux tons ponctuels : haut (´) et bas (`) ; nous verrons que ces deux tons peuvent se combiner en modulé montant (ˇ) et modulé descendant (^) dans certaines réalisations. Il est important de préciser que cette remarque sur l'ensemble des parlers n'est valable que pour le lexique ; en effet, les règles relatives à la tonalité grammaticale sont beaucoup plus complexes dans chaque parler. Nous procéderons d'abord à l'identification des tonèmes au plan lexical pour chacun des quatre grands parlers ; au plan grammatical nous ne citerons que quelques exemples empruntés à différents parlers, puisque nous aurons largement l'occasion d'y revenir lorsque nous étudierons plus en détail les morphèmes.

2.3.1. Identification des tonèmes

Les tons permettent d'opposer des structures de base ayant la même composition phonématique dans les quatre parlers manding étudiés.

2.3.1.1. Le julakan de Kong

L'identité phonologique des tonèmes ressort des rapprochements suivants :

Ton haut / Ton bas

bí	"dizaine"	**bì**	"aujourd'hui"
sú	"nuit"	**sù**	"cadavre"
sí	"frotter"	**sì**	"passer la nuit"
kɔ́nɔ́	"ventre"	**kɔ̀nɔ̀**	"oiseau"
kábá	"pierre"	**kàbà**	"maïs"
látígɛ́	"discerner"	**làtígɛ́**	"volonté divine"

Comme on peut le constater, c'est la voyelle qui est porteuse de ton. Il faut noter dans ce parler l'existence d'une nasale syllabique porteuse d'un ton haut : ń, pronom 1ère pers. sing.

Les combinaisons de tons sur les polysyllabes n'épuisent pas toutes les possibilités théoriques de combinaisons, ainsi que le montre le tableau des schèmes tonals ci-après.

CV	CVCV	CVCVCV	CVCVCVCV
´	´ ´	´ ´ ´	´ ´ ´ ´
			\` \` ´ ´
\`	\` \`	´ ´ \`	´ ´ \` \`
ˇ [31]	\` ´ [30]	\` ´ ´	
^		\` ´ \`	

Il faut noter l'absence de combinaison haut-bas (´ \`) sur les dissyllabes, et de schèmes tonals uniquement bas dans les trisyllabes ; de même les quadrisyllabes ne présentent pas toutes les combinaisons possibles.

D'après ce que nous avons pu observer, les tons des lexèmes du julakan de Kong sont en général les mêmes que ceux du dioula d'Abidjan.

2.3.1.2. Le wojenekakan

En ce qui concerne l'étude tonologique de ce parler, nous nous contenterons ici de citer de larges extraits de l'excellent travail de notre collègue C. Braconnier (t. 1, 1982) qui a décrit de façon très précise le système tonal du dioula d'Odienné. Nous renvoyons donc le lecteur à cette publication pour une analyse plus détaillée.

Une des caractéristiques de ce parler, comparé au bambara par exemple est, comme l'a remarqué C. Braconnier, d'être sur le plan tonal, l'inverse du bambara : «une syllabe haute dans un parler est basse dans l'autre, et vice-versa». C'est aussi ce que nous avons pu observer en le comparant au jula de Kong.

---

[31] Nous reparlerons de ce système tonal à propos de la fonction grammaticale du ton.

Il n'existe que deux tons, le ton haut et le ton bas, identifiable dans les oppositions suivantes :

sʊ́	"nuit"	**sʊ̀**	"cadavre"
sì	"frotter"	**sí**	"passer la nuit"
gbà̰	"sauter"	**gbá̰**	"chauffer"
kɔ́nɔ́	"ventre"	**kɔ̀nɔ̀**	"oiseau"
tʊ̀rʊ̀	"huile"	**tʊ́rʊ́**	"crête"
mɛ̀lɛ̀kɛ̀	"cuvette"	**mɛ́lɛ́kɛ́**	"ange"
fìtìnà	"catastrophe"	**fítìnà**	"lampe à huile"

C'est volontairement que nous avons repris, du point de vue phonématique, les mêmes paires minimales que celles du julakan de Kong, afin de mettre en lumière cette inversion tonale d'un parler à l'autre.

Si l'opposition tonale permet une classification simple des verbes en deux classes tonales : verbes à ton haut ou verbes à ton bas, en revanche la classification est plus complexe qu'il n'y paraît en ce qui concerne les noms.

Pour repérer la répartition des noms en classes tonales, il faut faire un détour par la morphologie et anticiper un peu sur le rôle distinctif que joue le ton au niveau grammatical et que nous voulions aborder un peu plus tard. Signalons que les constituants nominaux du wojenekakan, tout comme d'autres parlers manding (nous en reparlerons à la Section 3) opposent une marque générique/spécifique qui ne se manifeste que par des différences tonales. Nous voudrions ici reprendre les observations de C. Braconnier (1982, t. 1, p. 22-23) selon lesquelles des nominaux qui avaient le même schème tonal (haut ou bas) au générique (qu'il appelle, lui, "indéfini"), ne présentaient pas le même schème tonal au spécifique. Et c'est sur la base des formes recueillies au spécifique (qu'il appelle "défini") qu'il a pu répartir les nominaux dans différentes classes tonales. Pour les dissyllabes, par exemple, les nominaux se répartissent en quatre classes tonales du type :

indéfini	*défini*		
tʊ̀rʊ̀ tɛ̀[32]	**tʊ́rʊ́ tɛ̀**	**tʊ̀rʊ̀**	"huile"
sɛ́bɛ́ tɛ̀	**sɛ̀bɛ̌ tɛ̀**	**sɛ́bɛ́**	"papier"
bésé tɛ̀	**bésě tɛ̀**	**bésé**	"machette"
mʊ́rʊ́ tɛ̀	**mʊ̀rʊ́ tɛ̀**	**mʊ́rʊ́**	"couteau"

Les trisyllabes se répartissent en quatre classes tonales, du type :

---

32 **tɛ̀** est un présentatif négatif signifiant "ce n'est pas".

indéfini	*défini*		
kàràka tɛ̀	kàràká: tɛ̀	kàràkà	"lit"
sùmàrà tɛ̀	sùmàrá tɛ̀	sùmàrà	"soumbala"[33]
mɛ́lɛ́kɛ̀ tɛ̀	mɛ́lɛ́kɛ̌: tɛ̀	mɛ́lɛ́kɛ́	"ange"
gbɔ́mbɛ̀rɛ̀ tɛ̀	gbɔ́mbɛ̀rɛ́ tɛ̀	gbɔ́mbɛ̀rɛ́	"roux"

Pour les monosyllabes, la répartition est plus simple :

indéfini	*défini*		
jì tɛ̀	jí tɛ̀	jì	"eau"
jé tɛ̀	jě tɛ̀	jě	"courge"

Tout comme pour les verbes, il n'y a ici que deux classes tonales.

Enfin, si l'on observe les nominaux à l'«indéfini», on peut les répartir en trois groupes :

- les noms à ton bas qui sont entièrement bas : jì, tùrù, sɛ̀bɛ̀, sùmàrà, kàràkà
- les noms à ton haut, qui sont entièrement hauts : jé, bésé, múrú
- les noms à ton haut-bas, dont les deux types mentionnés ici sont des trisyllabes : gbɔ́mbɛ̀rɛ̀, mɛ́lɛ́kɛ̀. C. Braconnier précise que le schème haut-bas ne se rencontre pas dans les verbes simples (à l'exception de la classe verbale très particulière, et numériquement peu importante, que constituent certains verbes idéophoniques). Il existe également deux autres petites classes tonales de noms à inventaire limité : celle de noms dissyllabiques haut-bas /´ `/ et bas-haut /` ´/.

Cette répartition des nominaux en classes tonales semble tout à fait spécifique de cette région de l'aire manding.

Nous n'avons pu, par nos enquêtes très extensives dans les parlers environnants, savoir si leur système tonal était en tous points identique à celui du wojenekakan ; par contre, nous avons pu repérer cette inversion tonale systématique des radicaux verbaux et de certains nominaux que, rappelons-le, nous avons notés à la forme du "spécifique" (défini), forme privilégiée de citation.

Cette inversion du schème tonal apparaît en gbelebank., folok., tuduguk. et sienkok., parlers situés tous dans la préfecture d'Odienné.

2.3.1.3. Le maukakan

La pertinence des distinctions tonales en maukakan peut être très aisément établie, que ce soit au niveau d'unités lexicales en citation ou dans un énoncé. Les paires minimales attestant une opposition entre un tonème "haut" et un tonème

[33] Le soumbala est un condiment très employé en pays de savane, obtenu à partir de graines de néré.

"bas" sont nombreuses. Exemples :

báŋ	"barrage"	**bàŋ**	"banco, boue"
támá	"pièce de 1 franc"	**tàmà**	"lance, sagaie"
sɔ̰́	"branche de palmier"	**sɔ̰̀**	"cœur"
syé	"poil"	**syè**	"karité"
káá	"lune, mois"	**kàà**	"plume pour écrire sur une tablette"
séŋ	"pont"	**sèŋ**	"pied"

Au niveau des unités lexicales en tout cas, le maukakan apparaît comme une langue à deux registres pertinents et, en cela, est tout à fait conforme aux autres parlers manding : il n'y a pas ici d'inversion tonale. Par contre, au niveau des énoncés, ce parler présente une caractéristique que nous n'avons remarquée dans aucun autre : on perçoit très nettement trois registres phonétiquement stables. Exemples :

1. **ā ɛ̄**[34] **búú yé** "il a vu une feuille"
   il/*acc.*/feuille/voir
2. **ā ɛ̄ bű̋ű̋ yé** "il a vu un cor (sorte de trompette)
   — / — /cor/ —
3. **ā ɛ̄ bùú yé** "il a vu un hangar (sorte d'abri)"
   — /— /hangar/ —

dans lequel on remarque une différence de registre entre les deux tons hauts de **búú** "feuille" et **bű̋ű̋** "cor" ; le second est d'un registre sur-haut alors qu'en citation, ces deux termes présentent le même registre haut.

D. Creissels qui, comme nous l'avons déjà signalé, a travaillé également sur une variété du maukakan, a non seulement remarqué cette particularité mais l'a soigneusement décrite et analysée dans un article (1982b) auquel nous renvoyons le lecteur. Nous nous contenterons ici de citer certaines de ses observations.

La pertinence de ce registre sur-haut (˝) est manifeste lorsque le nom est suivi de diverses marques déterminatives comme la marque du défini qui, en maukakan, est représentée par la suffixation du morphème -ò à la base nominale. Exemple :

kááò "la bouche" **kááô** "la lune"

dans lequel on observe un relèvement de ton du morphème -ò (réalisé ici [-ô]), dû au ton sur-haut de **kaa**. D'autre part, au niveau des lexèmes nominaux mono- ou dissyllabiques, ce même auteur relève à première vue trois schèmes tonals possibles (et non pas seulement deux comme dans la plupart des parlers manding) :

34 N'ayant pas fait l'étude tonologique du maukakan, nous ne sommes pas en mesure de déterminer avec précision le ton du prédicatif **wɛ** ; nous notons simplement, par le signe ¯, qu'il est réalisé à la même hauteur que le pron. 3ème pers. **a**.

- schème tonal haut
- schème tonal bas
- schème tonal ascendant (réalisé sur les monosyllabes comme une modulation montante)

Compte tenu des remarques précédentes à propos du ton haut et sur-haut, il s'avère qu'en fait le nombre de schèmes tonals possibles est en réalité de quatre si, "on tient compte d'une distinction non immédiatement apparente entre deux classes de lexèmes à ton haut" (D. Creissels, *op. cit.*). Soient, si l'on reprend la base phonématique de l'exemple précédent, les quatre schèmes tonals illustrés par les oppositions suivantes, reprises de l'article en question :

1.	**kàâô**	"la lime"
2.	**kàáò**	"le manche"
3.	**kááò**	"la bouche"
4.	**káâô**	"la lune"

dans lesquelles on peut constater que le ton bas est suivi d'un ton flottant haut lequel, relève le ton bas du morphème du défini (-ô dans 1.).

La définition des quatre schèmes tonals pour les mono- et les dissyllabes est, en définitive, la suivante :

- schème tonal haut (H)
- schème tonal haut avec ton flottant haut (H´)
- schème tonal ascendant bas-haut (BH)
- schème tonal bas avec ton flottant haut (B´)

Les lexèmes de plus de deux syllabes, beaucoup moins nombreux, "attestent une plus grande variété de schèmes tonals" précise D. Creissels (*op. cit.*).

Quant aux verbes, ils se répartissent en deux classes tonales : à ton haut et à ton bas, tels qu'ils sont donnés, en tout cas, sous forme de citation à l'infinitif après le morphème **kɛ̀** marqueur de l'infinitif :

kɛ̀ sɛ̰́ɛ̰́ "partir" **kɛ̀ sɛ̰̀ɛ̰̀** "cultiver"

Les paires minimales ne sont pas très nombreuses car, comme l'a très justement relevé l'auteur (*op. cit.*) :

> «les lexèmes verbaux d'emploi transitif sont par contre en apparence donnés tous à ton bas : **kɛ̀ fà** "remplir" est, à la longueur vocalique près, identique à **kɛ̀ fàà** "tuer"»

Pourtant, si on conjugue ces verbes, la différence tonale réapparaît :

à wɛ̀ɛ̀ fà "c'est plein" **à wɛ̀ɛ́ fàà** "il est tué"

Nous avions déjà eu l'occasion de signaler que, en wojenek. par exemple, les verbes transitifs, lorsqu'ils étaient cités à l'infinitif, étaient toujours précédés du pronom 3ème pers. sing. : **kà à dɔ̰̀** "manger + le (qqch.)". L'explication donnée par D. Creissels de ces verbes transitifs, cités à ton toujours bas à l'infinitif, est la suivante :

> «... le pronom de 3ème personne se réduit, en position non initiale[35], en maukakan à un ton flottant bas dont l'influence sur le mot suivant conduit en particulier à la neutralisation de la distinction entre ton lexical haut et ton lexical bas. Il faut donc poser ici :
>
> **kɛ̀ fà** = **kɛ̀ ` fá** "remplir (qqch.)"
> **kɛ̀ fàà** = **kɛ̀ ` fàà** "tuer (qqch.)"»

Ces quelques remarques, empruntées très largement à D. Creissels, suffisent à montrer la complexité de l'étude tonologique du maukakan et ses différences par rapport aux autres parlers manding. Seule une étude complète et détaillée permettra de rendre compte de la tonologie de ce parler dont le consonantisme et la structure syllabique sont caractéristiques de cette aire manding.

2.3.1.4. Le worodugukakan

Tout comme les parlers précédents, le worodugukakan distingue deux tons ponctuels, haut et bas, facilement identifiables dans les rapprochements suivants :

kwœ̰́	"ventre"	**kwœ̰̀**	"oiseau"
sú	"nuit"	**sù**	"cadavre"
ɸɔ́	"dos"	**ɸɔ̀**	"ruisseau"
kává	"montagne"	**kàvà**	"nuage"
bá	"fleuve"	**bà**	"caprin"
támá	"pièce de 1 franc"	**tàmà**	"lance"

Ces quelques exemples de dissyllabes montrent que, tout comme en julakan de Kong, le ton semble être caractéristique du monème plutôt que de la syllabe : le dissyllabe est soit entièrement haut, soit entièrement bas. Nous n'avons dans notre corpus – limité il est vrai – relevé aucune opposition haut-bas à bas-haut par exemple, ou bas-bas à bas-haut. Ainsi, le worodugukakan, tout comme bon nombre de parlers manding, se caractérise par une tendance en quelque sorte à l'«homotonie» des dissyllabes qui s'ajoute à une autre tendance dont nous avons déjà eu l'occasion de parler : l'homophonie des voyelles.

Si l'on s'en tient aux strictes formes données en citation, la tonologie du worodugukakan paraît, pour les nominaux en tout cas, assez simple car contrairement au julakan de Kong, il n'est pas possible d'opposer des verbes à ton haut à d'autres à ton bas dans leur forme habituelle de citation (l'infinitif) c'est-à-dire précédés du morphème **kà** ; en effet, comme le note Y. Keita (1976), dans ce

---

[35] Nous reverrons cette manifestation du pronom dans la Section 3 à propos des prédicatifs de situation dans des énoncés du type "il a faim" qui se traduisent par "la faim est sur lui" et dans lesquels, là aussi, le pronom 3ème pers. ne se manifeste que par son ton bas sur la postposition qui le suit.

contexte, tous les verbes, transitifs ou intransitifs, sont réalisés bas. Nous verrons plus loin dans quel autre contexte il est possible de repérer des oppositions.

Quant aux nominaux, il semble que leur tonologie soit plus complexe qu'il n'y paraît. En effet, si certains nominaux de ton haut reçoivent la forme définie (-ɔ̀) ou toute autre détermination, par exemple celle d'un numéral, on observe alors pour quelques-uns un relèvement du ton haut qui les suit :

[lɔ́ʁɔ́ɔ̀] "le bois de chauffage" [lɔ́ʁɔ́ɔ̂] "le marché"

De même :

[lɔ́ʁɔ́ sàvà] "trois bois de chauffage" [lɔ́ʁɔ́ sávà] "trois marchés"

Ces deux exemples montrent clairement qu'il faut distinguer dans les noms qui, sous forme de citation, présentent le même registre haut, ceux à ton haut de ceux à ton haut suivi d'un autre ton haut. Ceci ressemble tout à fait à ce que D. Creissels a observé en maukakan. On retrouve d'ailleurs dans son lexique une identité tonale pour les deux termes que nous venons de citer :

	maukakan	worodugukakan	
haut	lɔ́ɔ́	lɔ́ʁɔ́	"bois de chauffage"
sur-haut	lɔ́ɔ̋	lɔ́ʁɔ̋	"marché"

Le terme correspondant à "marché" est, lui aussi, suivi d'un ton haut. Nous avons également observé un autre phénomène de relèvement du ton qu'il nous semble intéressant de signaler, étant entendu qu'il ne constitue pas nécessairement une preuve de l'existence de termes à ton sur-haut ; il est en effet difficile, au stade où nous en sommes de la tonologie de ce parler, de connaître le ton des morphèmes prédicatifs dans leur forme nue ; soient les deux phrases suivantes :

[lɔ́ʁɔ́ yɛ̀ yà] /bois de chauffage/*p.*/ici/ "il y a du bois de chauffage ici"

[lɔ́ʁɔ̋ yɛ́ yá] /marché/*p.*/ici/ "il y a un marché ici"

dans lesquelles le ton sur-haut de lɔ́gɔ̋ semble relever celui du prédicatif et de l'adverbe, les noms étant cités ici au "générique" (indéfini). Avec un nom à ton bas, la réalisation sera :

[bàsì yɛ̀ yà] /couscous/*p.*/ici/ "il y a du couscous ici"

ce qui laisserait supposer que les tons du prédicatif et de l'adverbe sont bas.

Ces quelques observations sur les tons des nominaux doivent, bien entendu, être vérifiées par une enquête plus détaillée ; elles n'ont ici pour objet que d'esquisser la problématique de la tonologie en worodugukakan et de montrer, s'il en est besoin, comme l'ont fait D. Creissels pour le maukakan et C. Braconnier pour le wojenekakan que l'étude tonologique des parlers manding ne peut en aucun cas se limiter à une étude paradigmatique mais doit toujours prendre en compte les phénomènes opérant au niveau de l'axe syntagmatique. Ceci est du reste également valable pour la description du système consonantique (cf. remarque sur l'appendice nasal latent en mauk., § 2.2.3.).

Avant d'en terminer avec la fonction distinctive du ton au niveau lexical en worodugukakan, nous dirons quelques mots à propos des tons des verbes. Nous avons, tout comme Y. Keita, observé que les tons des verbes se trouvaient neutralisés lorsque ces derniers étaient donnés à l'infinitif tout de suite après le morphème **kà** : **kà bɔ̀** "sortir", **kà nà** "venir" ; par contre, au futur, on distingue des verbes à ton haut et des verbes à ton bas. Exemples :

à yà bɔ́	"il sortira"
à yà nà	"il viendra"
à yà kàsí	"il pleurera"

Il n'a pas été facile de trouver de véritables paires minimales dans la mesure où, dans ce parler comme en maukakan, les verbes transitifs sont toujours donnés avec un pronom 3ème pers. sing (**à**) qui ne se manifeste que par son ton bas reporté sur le verbe, ce qu'illustrent les deux constructions, transitive et intransitive, du verbe **bɔ́** "sortir, quitter", et "quitter (enlever) qqch." :

à yà bɔ́ "il sortira" [**à yà bɔ̀**] "il l'enlèvera (son boubou, par ex.)"

qui est en fait **à yà` bɔ́**

Il conviendrait, là encore, de procéder à une enquête plus approfondie permettant de repérer le ton des verbes dans un contexte sans ambiguïté comme, par exemple, celui du passif formé avec **a ma**... "il n'a pas été ...", dans la limite de la compatibilité sémantique, et à condition d'avoir déterminé de façon certaine la stabilité de réalisation de **ma**.

A propos de la fonction distinctive du ton haut au niveau du lexique des parlers manding, nous préciserons encore que si, comme nous l'avons vu pour ces quatre parlers, il est évident que le ton joue, sans aucun doute, un rôle distinctif, il est également manifeste que son importance dans un monème est, en quelque sorte, inversement proportionnelle à celle du nombre de syllabes dont est constitué ce dernier ; c'est du moins ce que suggèrent les comparaisons entre maukakan et julakan de Kong :

maukakan	julakan de Kong	
báá	**búlá**	"bleu"
báá̃	**bágá**	"riz cuit"
bàà	**bàrà**	"calebasse"
bàà	**bàlà**	"porc-épic"
báá̃	**bárá**	"épouse favorite"

où l'opposition tonale, en julakan de Kong, n'est pertinente que pour deux termes : **bàrà** "calebasse" et **bárá** "épouse favorite", alors qu'en maukakan elle permet de distinguer "bleu" de "riz cuit", "porc-épic" et "calebasse", termes qui, en julakan, se distinguent essentiellement par une base phonématique différente apparaissant dans une structure à deux syllabes CVCV.

Bien que, comme il l'a été précisé au début de ce chapitre, il ne s'agit pas ici de procéder à une étude comparée des tons des parlers manding, nous ne saurions terminer ces quelques remarques sans insister sur la grande stabilité des tons, au niveau lexical tout au moins, dans la plupart des parlers. En effet, si l'on considère l'ensemble des séries comparatives (cf. appendices 1a et 1b) constituées, entre autres, d'items nominaux recueillis au spécifique et d'items verbaux cités à l'infinitif sans le morphème spécifique de l'infinitif, on observe alors que :

- dans tous les parlers – à l'exception du worodugukakan dont les verbes cités sous cette forme portent toujours un ton bas – les items verbaux portent les mêmes tons ou des tons systématiquement inverses, comme nous l'avons noté au § 2.3.1.2. pour le wojenekakan et les parlers du même type.
- de même, les items nominaux conservent le même ton d'un parler à l'autre, exception faite toujours pour les parlers du type du wojenekakan

2.3.2. Le ton grammatical

Comme on l'a vu ci-dessus, le ton joue également un rôle important dans la grammaire des parlers manding. En effet, il permet par exemple de distinguer dans certains parlers :

- l'opposition spécifique/générique des nominaux
- l'opposition entre les pronoms 2ème et 3ème pers. pluriel
- l'opposition entre certains prédicatifs verbaux.

Nous ne citerons, pour illustrer cette fonction distinctive du ton au niveau grammatical, que quelques exemples empruntés essentiellement au julakan de Kong puisque nous aurons, pour chaque parler, l'occasion de traiter ce point plus en détail dans la Section 3 consacrée à l'étude comparée des différents morphèmes sur l'ensemble de l'aire manding ivoirienne.

2.3.2.1. Spécifique / générique

C'est une différence tonale qui, dans les nominaux, permet d'opposer le spécifique au générique. Rappelons simplement les exemples de nominaux donnés par C. Braconnier (1982, t. 1, p. 21) à la forme définie ou indéfinie, qui lui ont permis de repérer les différentes classes tonales :

Indéfini	*Défini*	
jì tὲ	jí: tὲ	"eau"
tùrù tὲ	túrú tὲ	"huile"
sὲbὲ tὲ	sὲbέ tὲ	"papier"
sùmàrà tὲ	sùmárá tὲ	"soumbala"[32]
kàràkà tὲ	kàràká tὲ	"lit"
jé tὲ	jὲ: tὲ	"courge"
bésé tὲ	bésě: tὲ	"machette"
múrú tὲ	mùrú tὲ	"couteau"
gbɔ̃mbὲrὲ tὲ	gbɔ̃mbὲrέ tὲ	"roux"
mέlέkὲ tὲ	mέlέkě: tὲ	"ange"

Citons encore ces oppositions relevées en julakan de Kong

Générique		*Spécifique*	
mùsɔ̀rì tέ femme+*pl. prés. nég.*	"ce ne sont pas des femmes"	mùsɔ́rí tέ	" — les —"
sɔ́rí tέ	"ce ne sont pas des villages"	sɔ̂rí tέ	" — les —"
sɔ̀rì tέ	"ce ne sont pas des chevaux"	sɔ̌rì tέ	" — les —"
jí tέ	"il n'y a pas d'eau"	jî tέ	"ce n'est pas l'eau"
bà tέ	"ce n'est pas une chèvre"	bâ: tέ	" — la —"

2.3.2.2. *Pronoms 2ème et 3ème personne du pluriel*

Voici, sous forme de tableau, les pronoms de quelques parlers manding qui ne diffèrent que par le ton :

pronoms	wojenekakan	julakan	karanjankan	wodurukakan de Siana	wodurukakan de Worofla
2ème pers. plur.	àyì	árí	áyí	áá	áyé
3ème pers. plur.	áyí	àrì	àyì	àà	àyè

Dans d'autres parlers, ce sont les pronoms 3ème pers. sing. et 2ème pers. plur. qui ne diffèrent que par le ton. Ainsi, teneng., mauk., finang., korok. et baralak., dont le type représentatif est le mauk., opposent une forme à, pronom 3ème pers. sing. à une forme á, pronom 2ème pers. plur. Ce n'est encore que par le ton que ce même parler distingue í, pronom 2ème pers. sing. de ì, 3ème pers. plur.

2.3.2.3. *Prédicatifs verbaux*

Nous ne citerons ici que deux exemples de prédicatifs verbaux ne s'opposant que par le ton : l'un emprunté au jula véhiculaire, l'autre au julakan de Kong.

Le julakan véhiculaire oppose un morphème **ká**, à valeur injonctive, à un autre morphème **kà**, prédicatif de l'accompli positif pour les verbes à construction transitive. Exemples :

à ká bɔ́ "qu'il sorte !"
à kà à bɔ́ "il l'a ôté (son boubou, par ex.)"

Cette distinction existe aussi dans d'autres parlers, comme nous le verrons dans la Section 3.

Le julakan de Kong distingue un prédicatif **tì**, marquant l'inactualité et pouvant se combiner avec tous les autres prédicatifs verbaux ou non verbaux en se plaçant toujours devant ces derniers, d'un autre morphème **tí**, à valeur d'obligation et qui, lui, ne peut être associé qu'à certains prédicatifs verbaux. Précisons que nous n'avons rencontré ce prédicatif qu'en julakan de Kong, mais ceci peut très bien être dû au fait que le corpus recueilli dans les autres parlers est assez limité ; il faut noter que D. Creissels (1983) a relevé un prédicatif **si** qui pourrait ressembler à celui rencontré à Kong, mais un complément d'analyse en julakan est nécessaire, car si l'on en croit l'auteur, l'interprétation de ce morphème n'est pas aisée. L'exemple suivant illustre cette opposition tonale de deux prédicatifs :

é tì kà wárí mìnà à fɛ̀ "tu avais pris l'argent chez lui"
*pr. 2e pers. sg./inact./acc./*argent/prendre/*pr. 3e pers. sg./post.*

é tí kà wárí mìnà à fɛ̀ "tu aurais dû prendre l'argent chez lui"

Ce morphème à valeur d'obligation peut être séparé d'un autre prédicatif verbal, ce qui est tout à fait impossible pour le **tì**, marqueur de l'inactuel, lequel précède toujours immédiatement les prédicatifs. Il conviendrait, là aussi, de procéder à des enquêtes complémentaires pour décider du statut de **tí** en tant que prédicatif. Citons, à titre d'illustration :

à tì má tága ní músa yé "il n'était pas parti avec Moussa"
*pr. 3e pers. sg./inact./nég.+acc./*partir/avec/Musa/*post.*

à tí ní músa má tága "il ne fallait pas partir avec Moussa"
*pr. 3e pers. sg./obl./*avec/Musa/*nég.+acc./*partir

*

Ces quelques remarques sur les tons dans les parlers manding de Côte-d'Ivoire n'avaient d'autre but que de montrer la fonction distinctive du ton, du point de vue tant lexical que grammatical. En effet, si, par notre recherche, la connaissance de la phonématique de ces parlers a pu quelque peu progresser, en revanche, l'étude de leur tonologie en est restée à ses balbutiements ; il faudrait effectuer un travail systématique sur chaque parler pour que soient mises en lumière les très grandes différences existant d'un parler à l'autre, différences qui ne peuvent être révélées que par une enquête extensive ne recensant que des réalisations phonétiques dans un contexte limité[36]. A ce propos, l'apparente similitude tonale des lexèmes nominaux constituant les séries comparatives données dans les appendices 1a et 1b peut donner à penser que la tonologie des parlers manding est simple et homogène ; les quelques remarques faites à propos des quatre parlers étudiés plus en détail suffisent à montrer que la réalité est, dès lors que l'on considère la chaîne parlée, beaucoup plus complexe et diverse.

[36] Citons à ce sujet l'article de D. CREISSELS, 1988, "Esquisse du système tonal du korokan".

2.4. LA STRUCTURE SYLLABIQUE

Après avoir examiné tous les phonèmes des parlers manding, nous allons étudier le résultat des possibilités de combinaisons de ces phonèmes, c'est-à-dire les structures syllabiques existant dans ces parlers. C'est à partir du corpus recueilli par l'enquête extensive que nous essaierons de dégager leurs caractéristiques et leur répartition dans l'aire manding ivoirienne.

On observe, en premier lieu, que tous les parlers manding appartiennent (en surface du moins) au type des langues à syllabe ouverte ; il faut en effet rappeler que le maukakan ainsi que quelques autres parlers situés dans le sud-est ont, en finale, un appendice nasal latent (cf. § 2.2.3). La syllabe la plus fréquente est du type CV, mais on relève également, en nombre limité, les schèmes CVV et CCV. Les voyelles initiales – structure V – ne se rencontrent que dans les pronoms.

2.4.1. Schème V

Les séries des pronoms pers. 1ère, 2ème, 3ème pers. sing. et 1ère pers. plur. illustrent cette structure syllabique, très peu fréquente dans l'ensemble manding :

- le pronom 2ème pers. sing. a, dans tous les parlers, une forme **e**[37] ou **i**.
- la forme **a** se retrouve dans tous les parlers pour le pronom 3ème pers. sing.
- le pronom 3ème pers. plur. est généralement **a̰**.

Notons enfin, pour plusieurs parlers (nous verrons lesquels dans l'étude morphologique) la présence d'une nasale syllabique **n** employée pour le pronom 1ère pers. sing.

Il existe une structure syllabique de type VV rencontrée une seule fois dans notre corpus : dans certains parlers, on trouve une forme **aa̰** (1ère pers. plur.) et **i i** ou **aa** (3ème pers. plur.)

2.4.2. Schème CV

C'est aucun doute le schème le plus courant de toute l'aire manding, qu'il

---

37 Nous n'indiquons pas le ton car il varie selon les parlers.

s'agisse de mono- ou de dissyllabes. Citons, à titre d'exemple, les répartitions statistiques de fréquence des structures syllabiques en wojenekakan[38] et en julakan de Kong[39] :

Wojenekakan		Julakan de Kong		
Monosyllabes	18%	-CV	18%	(180)
Dissyllabes	68%	-CVCV	58,3%	(583)
Trisyllabes	14%	-CVCVCV	19,6%	(196)
	—	CVCVCVCV	3,8%	(38)
		CVCVCVCVCV	0,3%	(3)

On verra plus loin qu'il existe dans ces parlers d'autres structures syllabiques, beaucoup plus rares cependant.

Pour tous les parlers manding, exception faite du teneng., mauk., finang., korok., baralak., folok., gbelebank., woroduguk., et sur la base des items recueillis par notre questionnaire extensif, la fréquence des structures syllabiques est la suivante :

CV	34,6%
CVCV	53,1%
CVCV, CVCVCVCV, CVCVCVCVCV	12,3%

Si l'on compare ces résultats à ceux du wojenek. et du jula, on remarque que les proportions sont sensiblement les mêmes et que la structure dissyllabique est de loin la plus fréquente.

La structure CV est bien attestée dans tous les parlers, y compris ceux qui ont été cités plus haut, comme le prouvent les séries "fleuve", "herbe", "tomber", "boire", etc.

La structure CVCV existe, elle aussi, dans tous les parlers de Côte-d'Ivoire, comme l'attestent les séries "aile", "femme", "étoile", "fumée", "lance", pour n'en citer que quelques-unes.

Il faut noter, dans cette structure, la très forte tendance des parlers manding à l'homophonie des voyelles. En effet, dans les parlers qui connaissent cette importante proportion de dissyllabes, on peut observer une grande fréquence d'items à voyelles identiques : sur les 117 items dissyllabiques relevés (53,1% de notre corpus), 71 (67% des CVCV) ont des voyelles identiques. Les résultats obtenus par C. Braconnier (1983a, p. 27) sur un corpus beaucoup plus important, confirment cette proportion :

> «... sur un échantillon de 325 items dissyllabiques extraits de notre corpus :
> - 55% ont des voyelles identiques ($V_1 = V_2$)
> - 12,5% ont des voyelles qui ne diffèrent que par la nasalité»

[38] Chiffres repris de C. BRACONNIER, 1983a, p. 127.
[39] Nos résultats portent sur 1000 termes.

La proportion de dissyllabes dont ces voyelles ne diffèrent que par la nasalité est quasiment identique à celle que nous avons calculée pour notre enquête extensive.

Les dissyllabes dans lesquelles V_1 est différent de V_2 sont plus rares ; voici, à titre indicatif, les combinaisons de voyelles orales possibles en julakan de Kong et en wojenekakan.

a) Julakan de Kong

Les restrictions aux combinaisons de voyelles en CVCV sont les suivantes :

1° – A l'intérieur d'un même degré d'aperture, la combinaison antérieure-postérieure est impossible (*i u, *e o, *ɛ ɔ)

2° – Au sein des antérieures et des postérieures, 2ème et 3ème degré s'excluent mutuellement (*ɛ e, *e ɛ d'une part, et *ɔ o, *o ɔ d'autre part).

3° – Les combinaisons *i ɔ, *e ɔ, *ɛ o, *ɔ e, *ɔ a, *o e, *u ɛ, *u ɔ ne sont pas attestées.

JULAKAN DE KONG – Combinaisons de voyelles en CVCV

V1 \ V2	i	e	ɛ	a	ɔ	o	u
i	+	+	+	+		+	
e	+	+		+			+
ɛ	+		+	+			+
a	+	+	+	+	+	+	+
ɔ	+		+		+		+
o	+		+	+		+	+
u	+	+		+		+	+

possible

impossible

Par contre, on remarque que :

- **a** se combine avec toutes les voyelles, et toutes les voyelles, sauf ɔ, se combinent avec a.
- Les voyelles se combinent toutes avec i ; par contre, i ne se combine pas avec toutes les voyelles.
- A l'intérieur d'un même degré d'aperture, la combinaison postérieure-antérieure est possible, sauf *oe.
- Au sein des antérieures et des postérieures, 1er et 2ème degré, ainsi que 1er et 3ème degré, peuvent se combiner, sauf *uɔ.
- Enfin, on rencontre les combinaisons io, eu, ɛu, oɛ, ue.

b) Wojenekakan

Si l'on compare le tableau ci-dessus à celui du wojenekakan (établi d'après les résultats de C. Braconnier, *op. cit.*), on constate qu'ils sont presque identiques, à ces trois différences près :

WOJENEKAKAN – Combinaisons de voyelles en CVCV

V1 \ V2	**i**	**e**	**ɛ**	**a**	**ɔ**	**o**	**u**
i	+	+	+	+		+	
e	+	+		+			+
ɛ	+		+	+			+
a	+	+	+	+	+	+	+
ɔ	+	+	+		+		+
o	+	+		+		+	+
u	+	+	+	+	+		+

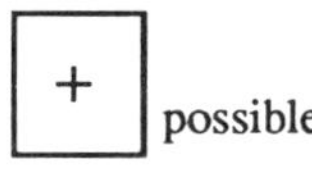

possible

impossible

1° – La combinaison **o e** est possible.

2° – **o** peut se combiner avec **e**, mais pas avec **ɛ**, alors qu'en julakan c'est l'inverse.

3° – La combinaison **u ɛ** est possible, alors qu'elle est impossible en julakan.

Notons qu'il existe des mots à trois, quatre, voire cinq syllabes, beaucoup plus rares cependant que les mono- ou les dissyllabes. Voici ceux qui figurent dans notre corpus.

CVCVCV

Cette structure est attestée[40] dans les parlers qui ont conservé la consonne médiane. Exemples :

sagakakan	siakakan	vandugukakan	karanjankan	
sá̰gbóló	**sá̰góró**	**sá̰góló**	**sá̰gbóró**	"ciel"
sàmàjè	**sàmàyè**	**sàmìɲà(jì)**	**sàmàjì**	"saison des pluies"
bàrà̰dà	**bànàjà̰**	**bàrà̰dà**	**nàmàsà(ba)**	"banane plantain"
fítíní	**fítíní**	**fítíní**	**fítíní**	"petit"
kɔ̀rɔ̰̀dɔ̀	**kɔ̀nɔ̰̀dɔ̀**	**kɔ̀nɔ̰̀dɔ̀**	**kɔ̀nɔ̰̀dɔ̀**	"neuf (9)"
súnɔ́ʁɔ́	**súnɔ́ɣɔ́**	**súnɔ́ʔɔ́**	**ʃúnɔ́gɔ́**	"dormir"

CVCVCVCV

Cette structure est illustrée par les séries suivantes :

sagakakan	**sá̰gbérémá**	"orage"
korokan	**sá̰gbárímá̰**	*id.*
sagakakan	**fárábúrú**	"feuille"
bodugukakan	**fílábúlú**	*id.*
karanjankan	**wɔ́ró̰gúlá**	"sept"
jula de Kong	**wɔ́ró̰vílá**	*id.*
vandugukakan	**ɲánákílí**	"respirer"
nɔwolokakan	**nínákírí**	*id.*
julakan de Kong	**nɛ́nɛ́kírí**	*id.*

[40] Nous avons exclu les termes comportant un suffixe. Précisons que les structures syllabiques présentées ici sont celles de "mots" qui, pour la plupart, sont des composés dont on retrouve parfois le sens de chacun des éléments, comme par exemple **súnɔ́ʁɔ́** "dormir", formé de **nɔ́ʁɔ́** "besoin" et **sù** "nuit" ; par contre, dans d'autres termes, le sens de l'un ou des deux éléments n'apparaît pas clairement, c'est le cas de **wɔ́ró̰vílá** "sept" (**fílá** signifie "deux", mais le sens de **wɔ́ró̰** n'est plus connu).

CVCVCVCVCV

Une seule série, "tortue", atteste cette structure :

bodugukakan	**sɔ̀ràkɔ̀ɣɔ̀sɔ̀**	"tortue"
worodugukakan	**sèlàkɔ̀ʁɔ̀má**	
karanjankan	**sɔ̀làfàràmá̰**	
koyagakan	**ʃèlàkɔ̀rɔ̀má̰**	
julakan de Kong	**sìrákɔ̀ʁɔ̀má̰**	

2.4.3. Schème CVV

Comme nous l'avons déjà observé lorsque nous avons déterminé les traits du vocalisme dans les parlers manding ivoiriens (cf. tabl. 4), cette structure syllabique n'apparaît qu'en teneng., mauk., korok., baralak., folok., gbelebank., woroduguk. et parfois kanik., karanjank., korokan et sagak., c'est-à-dire (hormis folok. et gbelebank.qui sont au nord-ouest) dans une zone située au sud de l'aire manding (cf. carte 25). Nous avons vu aussi, lors de l'esquisse phonologique des quatre parlers choisis, que seuls le mauk. et le woroduguk. possèdaient cette structure syllabique sur le plan phonologique, tandis qu'en wojenek. et en jula cette structure, qui n'apparaît qu'au niveau phonétique – soit avec des voyelles toujours identiques, soit avec **y** et **w** considérées comme des éléments de diphtongue – avait alors été interprétée phonologiquement comme monosyllabique de type CV, V étant une voyelle longue.

En mauk., cette structure syllabique est la plus fréquente : 32% des items de notre corpus recueillis par l'enquête extensive sont de type CVV, alors que ceux du type CVCV ne représentent que 23,5%. Ce schème peut se combiner avec le CV précédent, comme le montrent les structures syllabiques suivantes, rencontrées en mauk. :

CVVCV	8,7%	CVVCVCV	0,7%
CVCVV	5,4%	CVCVCVV	0,2%
CVVCVV	1,9%	CVVCVVCV	0,4%
CVCVVCV	1,2%		

Il existe également une structure de type $CV_1V_2V_2$ dans laquelle V_1 est généralement une semi-voyelle, soit une palatale, soit une labiale :

kwɛ̀ɛ̀ "métier à tisser" **syàà** "cuivre"

Comme c'est le cas en jula et en wojenek pour les dissyllabes de type CVCV, en mauk. les mots de structure CVV sont constitués en majorité de voyelles identiques (69,5% des CVV sont des CV_1V_1), que les voyelles soient toutes deux orales (c'est la grande majorité avec 70,8% de CV_1V_1) ou nasales (18,7% sont $C\tilde{V}_1\tilde{V}_1$), ou encore que la première voyelle soit orale et la seconde nasale (10,5% sont $CV_1\tilde{V}_1$) ; il n'y a pas de combinaison *$C\tilde{V}V$. Dans le cas de voyelles différentes, il faut noter que V_1 est presque toujours une semi-voyelle (**y** ou **w**) ; nous n'avons en effet relevé que trois mots dont la première voyelle ne soit pas une semi-voyelle :

tèɛ̰́ "conte" **tèɛ̀** "cuivre" **sɔ́á̰** "froid"

En woroduguk., par contre, les exemples de V_1 différente de V_2 dans des mots de type CVV sont plus fréquents. Ainsi :

mèà "riz" **jɛ̀à** "montrer"
géá "indigo **táó** "tortue d'eau"

et en cvvcv ou en cvcvv :

mèɛ̀fà "fusil" **sávèà** "chaussure"

Dans les parlers cités plus haut, plus du quart environ des items recueillis[41] par notre enquête extensive présentent une structure CVV.

CVVCV

Les séries ci-après attestent cette structure dans la majorité des parlers :

kɔ̀ɔ̀cɛ̀	"frère aîné"	**lɔ́ɔ́cɛ́**	"frère cadet"	korokan
kɔ̀ɔ̀sɔ̀	"sœur aînée"	**bɛ́ḭ́jɛ́**	"oncle maternel"	*id.*
		fààni̇̀	"pagne"	*id.*
		bùùrì	"cendre"	folokakan
		tááḿá	"marcher"	gbelebankakan

CVCVV

Cette structure est attestée dans certains parlers :

sá̰gbóó	"ciel"	teneng.
bùgùì	"cendre"	karanjank. et sagak.

41 Ce chiffre est valable pour le teneng., mauk., finang., korok., baralak., et woroduguk. En effet, le folok. et le gbelebank. ne présentent cette structure que dans des mots correspondant à CVgV, ce qui restreint le nombre des occurrences.

2.4.4. *Schème CCV*

Ce schème est attesté dans les séries suivantes :

brő	"main"	kanik., koyag.
gʁé	"corne"	teneng.
kré	*id*	folok., gbelebank., sienkok.
tré	"soleil"	kanik.
tlé	*id*	jula véhic.
krɛ̀	"guerre"	finang., kanik., koyag., nigbik.
trű	"huile" ¯	finang., kanik.
klá	"nouveau"	finang., siak.
flá	"deux"	teneng., finang., korok., karalak., woroduguk., kanik., karanj., siak., koyag., korokan, sagak., nigbik., jula véhic.

dans lesquelles on remarque que C_2 est généralement une liquide (l ou r) sauf en teneng. qui atteste [ʁ]. De plus, par les séries comparatives auxquelles appartiennent ces items, on observe que, généralement, cette structure correspond à CVCV, V_1 ayant été élidée.

Nous avons remarqué que, en julakan de Kong par exemple – parler que nous avons étudié plus en profondeur – cette structure résulte le plus souvent d'une prononciation rapide : fìlà ~ flà "deux.

Signalons en outre que C. Braconnier (1982a) a relevé treize monèmes (sur 2750) de type ClV, et deux de type CrV, à propos desquels il fait remarquer que «la liquide est dans tous les cas porteuse de ton ...», ce qui, à notre avis, confirme le fait que cette structure syllabique résulte d'un type CVCV dont V_1 a disparu : le ton de la voyelle s'est maintenu sur la liquide qui suivait.

*

Cette présentation des principaux schèmes de structure syllabique attestés dans les parlers manding de Côte-d'Ivoire ne donne toutefois pas toutes les combinaisons – ce qui, dans le cadre d'une enquête extensive, n'est pas réalisable. Nous avons vu qu'à l'exception de certains parlers présentant des mots dont la syllabe n'est fermée que par un appendice nasal latent, ces parlers appartiennent au type de langue à syllabe ouverte. Enfin, l'examen de ces différents schèmes a permis de repérer deux groupes de parlers dans l'aire manding :

- celui qui est constitué par les parlers du sud-ouest, certains du sud-est, auxquels s'ajoutent, mais avec beaucoup moins de fréquence, ceux du nord-ouest (folok. et gbelebank.),
- celui formé par tous les parlers du nord auxquels s'ajoutent le julakan de Kong et celui d'Abidjan (véhiculaire).

SECTION 3

ÉTUDE GRAMMATICALE COMPARÉE

Dans cette section, nous voudrions poursuivre l'étude dialectologique du manding en Côte-d'Ivoire en nous attachant toujours à relever la systématique propre à chacun des parlers afin de dégager par comparaison un métasystème mais en privilégiant cette fois, des faits d'ordre non plus phonétique mais grammatical. Comme le précise M. Houis (1980), toute étude dialectologique doit aussi

> «introduire des faits d'ordre grammatical sur une base typologique. [...] Il ne s'agit donc pas de pêcher à la ligne quelques faits grammaticaux mais de travailler et de raisonner sur des systèmes grammaticaux».

C'est donc dans le prolongement de cette systématisation des parlers manding, comme l'ont fait M. Houis pour le bambara et D. Creissels pour le mandinka de Gambie, que s'inscrit cette étude comparée de la morphologie des parlers manding de Côte-d'Ivoire. En effet, nous n'aurions pu entreprendre ce travail de comparaison grammaticale sans avoir, au préalable, défini une grille permettant de repérer les points grammaticaux sur lesquels le système des parlers présente des variations. Mais, là encore, l'établissement d'une telle grille suppose un parti pris théorique quant à la description que l'on donnera des matériaux recueillis. Etant donné, d'une part, l'adéquation des théories de M. Houis et D. Creissels à la description des faits grammaticaux du bambara et du mandinka et, d'autre part, le souci que nous avons de maintenir une certaine harmonie en étendant la comparaison aux parlers manding ivoiriens, il nous a semblé tout à fait logique de poursuivre cette "tradition" en inscrivant notre description des variations grammaticales du manding dans ces mêmes perspectives théoriques[1].

Les différentes catégories grammaticales auxquelles nous nous référerons sont définies dans le premier chapitre de la présente section. Nous poursuivrons avec la définition des différents schèmes de prédication rencontrés dans les parlers manding, puis nous étudierons les variations des morphèmes prédicatifs entrant dans chacun de ces schèmes. Ceci permettra :

- d'une part de repérer les formes de ces morphèmes – ce qui présente un certain intérêt si l'on se place dans une perspective de reconstruction du proto-manding ;

[1] On trouvera dans l'annexe 4 le questionnaire qui nous a permis de constituer notre corpus grammatical.

– d'autre part, de savoir si ces morphèmes peuvent constituer des critères de différenciation entre parlers et, dans l'affirmative, si les conclusions apportées confirmeront ou infirmeront celles auxquelles nous étions parvenue lors de l'examen comparé des divers systèmes consonantiques et vocaliques de l'ensemble manding.

Il convient, dès maintenant d'insister sur le caractère provisoire et imparfait de ce premier bilan. Tout d'abord, étant donné la complexité de la tonologie des parlers manding entrevue précédemment et l'état des recherches en ce domaine, nous avons jugé plus prudent de ne pas transcrire les tons des marques prédicatives ; nous citerons à ce propos ce que disent D. Creissels et C. Braconnier.

A propos du maukakan, D. Creissels (1982c) constate :

> «Dans une langue à morphologie tonale complexe et à syntaxe de position particulièrement rigide, comme c'est le cas du maukakan, la détermination du ton inhérent de morphèmes tels que les marques prédicatives est particulièrement malaisée, car ces morphèmes sont nécessairement à la fois précédés et suivis d'autres unités susceptibles d'influer sur leur réalisation tonale. Leur ton inhérent ne peut donc être établi que par un raisonnement hypothético-déductif, et on ne peut le donner avec certitude que lorsque l'ensemble de la syntagmatique tonale est dégagé.»

Quant à notre collègue C. Braconnier (1983c), qui a réussi à dégager ces règles tonales pour le wojenekakan, il note, par exemple :

> «Pour le prédicatif complexe du futur **bɛ na** les réalisations [**bɛ̀-ná**], [**bɛ́-nà**] et [**bɛ̀-nâ**] selon les contextes.»

Nous sommes également tout à fait consciente des lacunes, voire des erreurs, que peuvent présenter ces premiers résultats, dues à ce type d'enquête : tel morphème que nous avons pu recueillir parce qu'il figurait dans des contes – c'est le cas du julakan de Kong – par exemple, ne pourra être recensé par un type d'enquête «question-réponse» comme la nôtre. Malgré ces omissions et imperfections, nous pensons que ce premier relevé systématique des variations grammaticales du manding de Côte-d'Ivoire méritait d'être tenté, non seulement parce que c'était le premier existant à cette échelle sur l'ensemble du territoire manding, mais aussi parce qu'il pouvait venir compléter les connaissances actuelles de cette vaste aire linguistique.

3.1. TERMINOLOGIE UTILISÉE

Avant de procéder à la mise en relief des principaux schèmes d'énoncés existant dans les parlers sur lesquels nous avons travaillé, il conviendra de définir ce que l'on entend par ce terme, ainsi que celui de constituant syntaxique qui est inclus dans cette définition. Nous verrons ensuite les différentes classes de constituants syntaxiques rencontrés. Enfin, nous dirons ce qu'il faut entendre par morphème prédicatif.

3.1.1. Schèmes d'énoncés

La notion de schème d'énoncé se situe, comme le dit D. Creissels (1979b) :

> «non au niveau du produit de l'acte d'énonciation, mais au niveau sous-tendant cet acte. L'hypothèse fondamentale est que l'ensemble non limité a priori des énoncés susceptibles d'être produits conformément à un système linguistique donné peut être réduit à un nombre fini (et vraisemblablement peu élevé) de *schèmes définis* en termes de constituants caractérisés par une forme donnée et dont la combinatoire au niveau de l'énoncé présente des contraintes liées au statut respectif des différents constituants.»

Ces schèmes sont des "révélateurs, comme le souligne M. Houis (1977), des structures de fonctionnement de la langue." Ce premier palier de la description est donc formel. D. Creissels (*id.*) précise :

> «Un schème d'énoncé peut être conçu comme un ensemble organisé de positions syntaxiques devant être remplies chacune par des constituants appartenant à des classes formelles déterminées.»

Comme on le voit, l'originalité de cette définition est de décrire les faits grammaticaux en tenant compte à la fois de l'axe paradigmatique et de l'axe syntagmatique, généralement dissociés : les constituants de l'énoncé sont caractérisés sur l'un et l'autre de ces deux axes. En effet, ces deux aspects sont très liés ; selon D. Creissels (*id.*)

> «L'appartenance d'un constituant à un paradigme donné détermine ses aptitudes combinatoires et une position donnée dans l'énoncé doit être occupée par un constituant relevant d'un paradigme déterminé.»

Ceci, comme nous le verrons, est tout à fait juste pour les parlers manding qui ont une syntaxe de position particulièrement rigide. Si ces deux aspects sont étroitement liés, il va de soi qu'ils ne doivent jamais être confondus, ce à quoi nous veillerons dans notre description.

3.1.2. Constituant syntaxique

La définition du schème d'énoncé fait appel, comme on l'a vu, à celle de «constituant syntaxique». M. Houis et D. Creissels définissent ce dernier comme «un signe linguistique tel qu'il est mis en forme pour assumer un terme d'un schème d'énoncé». «C'est l'association d'une unité lexicale et d'un morphème marqueur», précise encore D. Creissels (1983).

En continuant l'exposé des auteurs déjà cités, nous dirons qu'il se dégage de la systématique des types d'énoncés deux grandes classes de constituants :

1° des constituants assumant la fonction prédicative ou *constituants verbaux* :

2° des constituants assumant dans les schèmes d'énoncé à prédicat verbal, les termes autres que le prédicat : ce sont les *constituants nominaux* ; précisons que de tels constituants assument, dans les parlers manding notamment, la fonction prédicative dans l'énoncé nominal.

Une des particularités des parlers manding ivoiriens est qu'il n'existe pas de classes d'unités purement verbales : un même lexème, selon qu'il est associé à un morphème prédicatif nominal ou à un prédicatif verbal sera, dans le premier cas, constituant nominal et dans le second, constituant verbal. Soit l'exemple suivant :

Jula véhic. 1. **dă̰ lò** "c'est la limite"

2. **à bé ń d̲ằ̰̲ bòlì lá** "il me dépasse à la course"
pr. 3e p.sg./préd./pr. 1ère p.sg./
dépasser/course/*post.*

dans lequel **dà̰** (ex. 1) est un constituant nominal associé au prédicatif d'identification **lò**, toujours employé avec des nominaux : ici, **dà̰** peut permuter avec un autre constituant nominal, par exemple **mùsò** dans l'énoncé **mùsò lò** "c'est une femme" ; en outre, dans ce cas, **dà̰** reçoit un ton modulé bas-haut, marqueur de la modalité nominale du spécifique, alors que dans l'exemple 2, étant associé au prédicatif de l'inaccompli positif du présent, il est constituant verbal pouvant permuter avec, par exemple, **mìnɛ̀** "attraper, prendre", dans la même position **à bé ń mìnɛ̀ bòlì lá** "il m'attrape dans la course".

Nous reparlerons plus en détail de cette particularité des parlers manding ; nous avons cité cet exemple car il illustre bien, à notre avis, ce que nous entendons avec M. Houis et D. Creissels, par constituant syntaxique.

A propos de l'emploi du terme de «constituant nominal», il faut préciser ici la différence que nous ferons, à la suite des auteurs cités ci-dessus, entre «nominal» et «nom». En effet, le nom est en définitive «une classe de la grande classe des nominaux» (M. Houis *id.*), c'est un type particulier de constituant nominal se présentant comme «base lexicale + morphème marqueur» (D. Creissels 1979). Pour citer deux exemples empruntés au julakan de Kong :

1. mùsòrì nànà "des femmes sont venues"
2. dándágácɛ́ yáárátɔ́ nànà yèn "un chasseur, en se promenant, est venu là"

On appellera «nom» mùsòrì, formé de la base lexicale mùsò + -rì morphème marqueur du pluriel (ex. 1), et "nominal" dándágácɛ́ yáárátɔ́ (ex. 2), composé du nom dándágácɛ́ et du qualifiant (lexème verbo-nominal yáárá + -tɔ́ suffixe indiquant la simultanéité). De la même façon, les pronoms constituent un type bien particulier de constituants nominaux.

3.1.3. Prédicatif

Le terme de «morphème prédicatif» ou «prédicatif» sera utilisé pour désigner «tout morphème ayant pour propriété d'être la marque caractéristique d'un constituant en fonction de prédicat» (*ibid.*). En manding, les morphèmes prédicatifs peuvent être répartis en deux grandes catégories :

1. Les morphèmes prédicatifs associés à une base lexicale et formant avec elle un constituant syntaxique verbal ; le système formé par de tels morphèmes prédicatifs correspond assez bien à la notion traditionnelle de conjugaison ; ce sont les *prédicatifs verbaux.*
2. Les morphèmes prédicatifs s'adjoignant à des termes lexicaux déjà associés aux marques caractéristiques du constituant nominal. On les appellera *prédicatifs non verbaux.* Nous reprendrons ce dernier terme, préférable à «prédicatifs nominaux» sans entrer dans le détail de la justification au plan de la théorie grammaticale, qui n'est pas notre propos ici, mais en renvoyant le lecteur à l'explication très complète qu'en donne D. Creissels (1983, p. 32-33).

Les principaux termes utilisés dans notre étude grammaticale comparée des parlers manding étant définis, nous présenterons tout d'abord les différents schèmes d'énoncés attestés dans ces parlers. Nous étudierons ensuite plus particulièrement le Nominal dans les parlers manding de Côte-d'Ivoire et nous essaierons de dresser l'inventaire des morphèmes marqueurs nominaux (spécifique-pluriel) puis de voir les variations de ce morphème dont la fonction est d'être un connectif de liaison dans le syntagme d'association, et enfin, de faire l'inventaire de cette catégorie tout à fait spéciale de nominaux que sont les pronoms ; nous nous limiterons aux personnels. Enfin, nous examinerons les variations dialectales dans le système des morphèmes prédicatifs non verbaux, puis dans celui des prédicatifs verbaux, en terminant par les variantes, selon les parlers, du prédicatif verbo-adjectival.

3.2. SCHÈMES DE PRÉDICATION

Il faut distinguer, dans les tous les parlers manding de Côte-d'Ivoire, deux types de prédication :
1. une prédication non verbale
2. une prédication verbale

Nous présenterons tout d'abord les schèmes de prédication non verbale en suivant la typologie dégagée par M. Houis à partir du bambara, qu'il a également appliquée au malinké de Kankan et au marka de Zaba, en les comparant avec le bambara.

3.2.1. La prédication non verbale

Elle se caractérise par trois types de schèmes :
- schème A : à un terme
- schème B : à deux termes, dont le second marqué d'une postposition comme circonstant
- schème C : identique à B dans sa formule mais différent dans son emploi.

Précisons que les deux premiers schèmes ont une valeur d'identification et le troisième une valeur de situation.

3.2.1.1. Le schème A

Nous reprendrons, pour caractériser ce schème, la formule proposée par M. Houis :

$$\underbrace{Np}_{P}$$

dans laquelle N représente le nominal, p le morphème prédicatif et P le prédicat.

Voici, pour illustrer ce schème, un exemple emprunté au jula véhiculaire :

mùsò lò "c'est une femme"
mùsò tɛ́ "ce n'est pas une femme"

3.2.1.2. Le schème B

Ce schème sera caractérisé par la formule suivante :

$$\underbrace{N}_{S} \quad \underbrace{p \quad NC \quad post}_{P}$$

Ce schème comporte deux nominaux et une marque prédicative ; le terme nominal qui succède à cette marque prédicative est marqué d'une postposition, qui est généralement **ye** dans la plupart des parlers. La fonction sujet est assumée par le premier nominal ($\frac{N}{S}$) et la fonction prédicative par le prédicatif suivi du nominal marqué comme circonstant par la postposition.

Ce schème est illustré dans l'exemple suivant, emprunté là encore au jula véhiculaire.

ń bé jùlà yé	"je suis dioula"
ń tɛ́ jùlà yé	"je ne suis pas dioula"

Il est intéressant de noter que, dans ce schème, contrairement aux autres où la position syntaxique des constituants est tout à fait fixe, il est tout à fait possible de permuter les nominaux sans changer le sens de l'énoncé :

jùlà bé ní yé

signifiera aussi "je suis dioula". La seule modification avec l'énoncé précédent sera l'emploi du pronom emphatique **ní** au lieu de **ń**. Il y a sans doute une différence de valeur entre les deux variantes d'un tel énoncé dans l'articulation communicative mais là n'est pas, pour l'instant, notre propos. Cette remarque sur la permutation des nominaux n'avait pour but que d'illustrer la valeur d'identité propre à ce schème dans lequel N_1 peut prendre la place de N_2, et inversement. Ceci semble vrai pour l'ensemble des parlers manding, tout au moins pour ceux de Côte-d'Ivoire et pour le mandinka de Gambie décrit par D. Creissels.

3.2.1.3. Le schème C

Le schème C de prédication non verbale peut se résumer dans une formule identique à celle du schème décrit ci-dessus. Il faut cependant préciser dès à présent qu'il se distingue du précédent tout d'abord par l'impossibilité de permuter les nominaux sans modifier le sens de l'énoncé. Nous verrons aussi qu'il n'a pas la même valeur – ce schème est généralement celui de la prédication situative – et enfin la postposition marquant le deuxième nominal comme circonstant n'est pas toujours la même, contrairement au schème d'identification à deux termes qui présente le plus souvent **ye**.

L'exemple suivant, emprunté au gbelebankakan, illustrera ce schème :

seku wɛ́ sǒ lɔ́ "Sékou est dans la maison"

Cet exemple montre clairement l'impossibilité de faire permuter les nominaux **seku** et **so**. Chaque nominal a une position fixe : **seku** devant le prédicatif **wɛ** est sujet, et **so** est marqué comme circonstant par la postposition **lɔ**.

Par contre, avec certaines postpositions, la permutation sera possible mais le sens de l'énoncé sera complètement différent. Soit l'énoncé suivant emprunté au jula véhiculaire :

wárí bé ń fɛ̀ "j'ai de l'argent" (*litt.*l'argent est avec moi)
argent/*préd.*/*pr. 1 p. sg*/avec

par lequel un locuteur exprimera la possession. Si l'on permute les deux nominaux on obtient un énoncé tout à fait compréhensible :

ń bé wárí fɛ̀

mais dont le sens est différent ; il signifie alors "je veux de l'argent".

Nous verrons plus loin, dans l'examen comparé des variations du prédicatif caractéristique de ce schème, que bien souvent il est distinct de celui qui est employé dans la prédication d'identification à deux termes, ce qui constitue donc une raison supplémentaire de les différencier.

3.2.2. La prédication verbale

Le schème de la prédication verbale peut être représenté comme suit :

NS └p (NO) BVN┘ (NC)
P

c'est-à-dire que le prédicat verbal est constitué par l'association d'une marque prédicative p et d'une base verbo-nominale BVN entre lesquelles s'insère éventuellement un nominal en fonction d'objet (NO). Selon que cette position de l'objet est occupée ou non, on parlera de construction transitive ou intransitive. Le nominal sujet (NS) nécessairement présent (sauf à l'impératif singulier), précède immédiatement la marque prédicative. Dans ce schème, l'ordre des termes est fixe : permuter par exemple la base verbo-nominale et le nominal objet produit un énoncé agrammatical. Exemple :

à kà màlò dómú "il a mangé du riz"
pr. 3e p. sg/*acc.*/riz/manger

dans lequel ***à kà dómú màlò** est tout à fait impossible.

En revanche, les nominaux en fonction circonstancielle (NC) qui succèdent généralement à la base verbo-nominale, peuvent parfois, en fonction de la thématisation, précéder le sujet.

Les termes de transitif et intransitif sont à appliquer, comme le dit D. Creissels (1983) «à des constructions et non pas aux unités lexicales elles-mêmes». En effet, une même base verbo-nominale est apte à figurer dans une construction transitive tout comme dans une construction intransitive, mais "avec une modification de rapport sémantique entre sujet et verbe". Exemple :

Jula de Kong **à má dàɲà bá̰** "– Il a terminé la bague ?"
pr. 3e p. sg/nég.acc./bague terminer/

ɔ̰̃ɔ̰̀, dàɲà má bá̰ "– Non, la bague n'est pas terminée"

De plus, de nombreux verbo-nominaux peuvent prendre l'une ou l'autre construction avec une modification de sens, bien que, dans ce cas, une certaine parenté sémantique soit généralement conservée, comme le montre l'exemple suivant :

Jula de Kong **à kà bɔ̃** "il est sorti"
à kà à dèlèkè bɔ̃ "il a retiré son boubou"

Le schème de la prédication verbale a été défini plus haut : il faut cependant signaler qu'une forme de conjugaison fait exception à ce schème, en ce sens que, pour cette forme, la marque prédicative apparaît suffixée à la base verbale. Il s'agit le plus souvent d'un prédicatif à valeur d'accompli positif propre à la construction intransitive ; le schème est alors le suivant :

$$\text{NS} \quad \underbrace{\text{BVN} + \text{p}}_{\text{P}} \quad \text{(NC)}$$

illustré par l'exemple ci-après :

Jula véhic. **à táá-rá** "il est parti"

dans lequel on observe que la prédication verbale est assumée par le verbo-nominal **táá** suivi du suffixe **-rá**, morphème prédicatif de l'accompli.

Enfin, il convient de rappeler qu'il n'existe pas dans les parlers manding de classe d'unités purement verbales : toute base verbo-nominale, selon le prédicatif auquel elle est associée, forme avec celui-ci un constituant nominal ou un constituant verbal. Nous verrons que dans certains cas, la frontière entre prédication non verbale et prédication verbale ne peut être déterminée que par l'association ou la non-association à la base verbo-nominale du morphème qui est le marqueur caractéristique des nominaux. C'est pourquoi il nous semble important de présenter d'abord les morphèmes caractéristiques du nominal dans les différents parlers manding, avant d'exposer les divers prédicatifs verbaux et non verbaux.

Mais au préalable, il convient de dire un mot de la prédication verbo-adjectivale que nous avons également essayé de repérer dans les parlers manding.

3.2.3. La prédication verbo-adjectivale

Tous les parlers manding ivoiriens présentent ce schème de prédication constitué par la formule suivante :

NS p BVA

c'est-à-dire par l'association d'un lexème verbo-adjectival et d'un morphème prédicatif spécifique : ce prédicat a généralement une valeur d'état.

A «adjectif», nous préférons le terme «verbo-adjectival» ; en effet, dans de nombreux parlers, les lexèmes susceptibles de s'associer au prédicatif caractéristique de la prédication adjectivale, peuvent aussi s'associer à certains prédicatifs verbaux. Par exemple, l'énoncé "le chemin est vieux" se dira en folokakan :

1. sĩla kắ kɔ̃rɔ
ou 2. sĩla brắ kɔ̃rɔ

L'énoncé 1 est un énoncé à prédication adjectivale reconnaissable au prédicatif spécifique ka qui s'oppose à ma̰ au négatif – dans ce type d'énoncé, kɔrɔ peut permuter avec «l'adjectif» di "agréable" par exemple – alors que 2 est un énoncé à prédication verbale caractérisé par le prédicatif verbal de l'accompli positif bra qui s'oppose à ma au négatif – dans ce cas kɔrɔ peut permuter avec un verbo-nominal comme na "venir". Il faudrait, bien sûr, analyser les conditions d'énonciation et les divers emplois de ces énoncés pour savoir s'ils sont réellement équivalents. Quoi qu'il en soit, les deux réalisations sont attestées et pour l'instant c'est ce qui importe. D'après les enquêtes très superficielles que nous avons pu mener dans ce domaine, il semblerait que peuvent figurer dans la prédication adjectivale trois types de lexèmes :

1. des lexèmes verbo-adjectivaux du type kɔrɔ cité plus haut
2. des lexèmes adjectivaux qui peuvent être «constituant verbal» dans la prédication verbale, à condition de recevoir le suffixe -ya (type dɔgɔ)
3. des lexèmes qui seraient «purement» adjectivaux dans la mesure où ils ne peuvent apparaître que dans un seul schème de prédication, à savoir la prédication adjectivale.

Ainsi, l'inventaire des lexèmes compatibles avec le prédicatif (spécifique de cette prédication, et dont la forme diffère – comme nous le verrons plus loin) présente des variations dialectales importantes. Pour exprimer cette valeur d'état, certains parlers emploieront le participe à valeur résultative suivi du prédicatif d'identification, d'autres utiliseront une prédication verbo-adjectivale. Nous donnerons quelques exemples des variations de schèmes relevés dans l'aire manding ivoirienne qui sont concurrents de cette prédication verbo-adjectivale.

3.3. LE NOMINAL

Etant donné notre perspective délibérément dialectologique, nous nous efforcerons dans ce chapitre, non pas de donner une description complète du système nominal dans les parlers manding, mais plutôt de repérer ce qui, dans le cadre du syntagme, varie et peut ainsi présenter un intérêt du double point de vue de la géographie linguistique et, dans la mesure du possible, de l'interprétation historique de ces variations.

Nous étudierons ainsi :

- les morphèmes marqueurs caractéristiques des nominaux, à savoir l'opposition spécifique/générique et la marque du pluriel
- les morphèmes dérivatifs
- le morphème relateur dans le syntagme complétif : le connectif de liaison
- les morphèmes de la personne : les pronoms personnels.

3.3.1. Les morphèmes marqueurs des nominaux

Ce sont des morphèmes constitués en un paradigme caractéristique du constituant nominal. Comme le dit M. Houis (1980) :

> «Le marqueur nominal n'a d'existence syntaxique que dans son association avec une base nominale qui explicite sémantiquement parlant la notion sur laquelle porte l'opération de spécification signifiée par le marqueur nominal.»

Nous ne considérerons donc pas ici tous les «spécificatifs» des nominaux (par exemple, le démonstratif qui présente peu de variantes d'un parler à l'autre, ne sera pas étudié ici) mais seulement ceux qui sont associés à une base nominale.

Il s'agira des morphèmes marquant l'opposition générique/spécifique d'une part, et pluralité/non-pluralité d'autre part.

3.3.1.1. L'opposition générique / spécifique

Précisons tout d'abord pourquoi nous employons cette dénomination. Nous préférons désigner cette corrélation par les termes générique/spécifique plutôt que indéfini/défini car bien qu'imparfaite, cette terminologie rend mieux compte de la valeur accordée à ces morphèmes par les locuteurs manding ; de plus, elle a au moins le mérite de se démarquer d'une définition trop française qui renvoie à un emploi différent.

Comme le suggère D. Creissels (1983) à propos du mandinka, c'est en présence du prédicatif négatif que la valeur de cette opposition apparaît le plus clairement, comme on peut le voir dans l'exemple suivant :

teneng.	1. **mùsò tɛ́ yà**	"il n'y a pas de femme ici"
	2. **mùsòó tɛ́ yà**	"la femme n'est pas ici"

où 1. a valeur de générique (c'est-à-dire renvoie à la notion) tandis que 2. a valeur de spécifique.

Précisons cependant que si cette terminologie peut s'appliquer à certains parlers de l'aire manding ivoirienne, elle est imparfaite pour d'autres comme le maukakan qui, d'après ce que nous avons pu brièvement observer, a un fonctionnement de la modalité «défini» proche de celui du français.

Tant dans les parlers manding ivoiriens que dans l'ensemble du domaine manding, la forme générique est non marquée et correspond à la forme phonologique de la base nominale. Par contre, le spécifique est, lui, marqué dans la très grande majorité des cas.

Nous avons rencontré, sur l'ensemble du territoire manding ivoirien, deux types de marqueur du spécifique :

– soit un morphème purement tonal modifiant la réalisation de la base nominale
– soit un morphème **-o** suffixé à la base nominale.

a) Le morphème tonal

Nous avons déjà eu l'occasion, à propos des tons (cf. 2.3.), d'exposer les modifications tonales dues, dans les nominaux, à la présence du spécifique, notamment en wojenekakan dont notre collègue C. Braconnier a très bien décrit la complexité tonologique. Dans une étude extensive du type de celle que nous avons entreprise, nous n'avons pu que repérer le type de morphème utilisé selon les parlers, sans décrire ses diverses réalisations.

Nous verrons dans le tableau 7 ainsi que sur la carte 60 la répartition de ces deux types de morphèmes sur l'ensemble de l'aire manding ivoirienne. C'est à dessein que nous utilisons le terme «type de morphème» plutôt que «morphème» car, pour ce premier type de marqueur nominal notamment, il semble bien que le morphème ne soit pas le même selon les parlers présentant cette marque de spécification.

Comparons par exemple le wojenekakan et le jula de Kong qui, tous deux, distinguent le spécifique par une modification tonale :

	wojenekakan	jula de Kong	
Générique	mɔ́gɔ́ tɛ̀	mɔ̀gɔ́ tɛ́	"ce n'est pas une personne"
Spécifique	mɔ̀gɔ́: tɛ̀	mɔ̀gɔ́:` tɛ́	"ce n'est pas la personne"
Générique	yìrì tɛ̀	yírí tɛ́	"ce n'est pas une personne"
Spécifique	yírí: tɛ̀	yírí:` tɛ́	"ce n'est pas la personne"

Nous constatons, dans ces énoncés[2] que, outre l'inversion tonale du prédicatif (tɛ) et des radicaux, observable à la forme générique, le spécifique est marqué en wojenekakan par un morphème réduit à un ton *haut* qui est affecté au nom par «une règle d'attachement» comme l'explique C. Braconnier, ce qui est également le cas en jula, mais avec cette fois un ton *bas*. Notons que dans les deux parlers, cette marque tonale du défini entraîne un allongement de la voyelle finale. C'est pourquoi, en l'absence d'étude complète de la tonologie des autres parlers, nous nous contenterons de signaler que le spécifique se manifeste par un type de morphème tonal sans préciser, sous peine d'erreur, de quel tonème il s'agit. En effet, affirmer que tel parler possède tel tonème marqueur du spécifique serait tout à fait prématuré dans l'état actuel de nos recherches, d'autant plus que cet emploi du spécifique semble varier d'un parler à l'autre : en wojenekakan, par exemple, la forme habituelle de citation des nominaux sera la forme tonale contenant le spécifique, alors qu'en julakan, au contraire, la forme la plus fréquente est celle du générique.

Il faudra attendre une étude tonologique comparée de tous les parlers manding de Côte-d'Ivoire pour pouvoir dégager avec précision l'identité du tonème marqueur du spécifique.

Par contre, ce qui est repérable c'est la manifestation d'un changement tonal lorsqu'on oppose un nominal marqué du spécifique à ce même nominal au générique. Ce type de marqueur sera symbolisé par T (manifestation tonale) dans le récapitulatif des marqueurs nominaux (tableau 7), ainsi que sur la carte 60 illustrant la répartition de ce type de morphème sur l'aire ivoirienne.

a) Le morphème -o

Tout comme D. Creissels pour le mandinka de Gambie, parler situé à l'extrême ouest du vaste ensemble manding, nous retrouvons dans plusieurs parlers de Côte-d'Ivoire – nous verrons plus loin lesquels – ce même morphème -o suffixé à la base nominale. Toutefois contrairement au mandinka, ici ce suffixe ne s'amalgame pas aux voyelles finales des bases.

[2] Les exemples sont empruntés à C. BRACONNIER pour le wojenekakan et, pour le jula de Kong, à Aby SANGARE, chercheur qui a travaillé sur la tonologie de ce parler.

Nous avons vu, dans l'esquisse phonologique du maukakan, parler qui présente ce morphème, que ce suffixe du spécifique fait apparaître dans la réalisation de certains nominaux un appendice nasal vélaire latent :

ɓá	"barrage"	báŋó	"le barrage"
ɓá	"fleuve"	báó	"le fleuve"

Cette présence d'un appendice nasal révélée par la suffixation du morphème **-o** existe aussi dans les parlers proches du mauk., à savoir ; teneng., finang., baralak., ainsi que le siak. situé beaucoup plus à l'est (cf. carte 60). Il apparaît également dans le parler de Worofla, une des variantes du woroduguk.

Les parlers qui n'ont pas cet appendice nasal latent, mais qui utilisent le morphème **-o** comme marqueur du spécifique, présentent une variante **-o̰** devant voyelle nasale. Ainsi, kanik. **kṵo̰** "la tête" correspond à mauk. **kṵŋo**.

Il faut remarquer que, statistiquement, la forme avec **-o** est plus employée que la forme non marquée du générique, encore que, compte tenu des limites de notre corpus, il est peut-être exagéré de parler de statistique ; disons que les formes données en citation contiennent généralement ce morphème dans les parlers où il apparaît. Rappelons que D. Creissels observe les mêmes faits en mandinka.

b) Origine du morphème -o

Du point de vue diachronique, il paraît à peu près évident, comme D. Creissels (1979a) en fait l'hypothèse, que ce spécificatif **-o** a pour origine le pronom démonstratif **o** ou **wo** selon les parlers. En effet, tous les parlers, y compris ceux qui ont un morphème tonal comme marqueur nominal, attestent l'une ou l'autre forme pour ce pronom démonstratif ; ainsi :

> «Il semble raisonnable d'admettre qu'une forme comme [...] **láó** "la bouche", analysable dans l'état actuel comme base nominale **la** + marqueur nominal **-o**, résulte historiquement du figement (et bien entendu, de l'évolution sémantique) d'un système spécificatif qui dans un état antérieur de la langue a pu être quelque chose comme ***la + o** /bouche/celle-là/.»

Dans d'autres parlers, seule la composante tonale du deuxième élément aurait subsisté. Ce processus de création de morphèmes marqueurs exprimant un certain degré de spécification n'est pas propre aux parlers manding mais existe comme l'a montré D. Creissels (*id.*) dans les langues romanes ou germaniques.

En plus des deux types de morphèmes que nous venons de citer, il semblerait que certains parlers ne marquent l'opposition générique/spécifique que par l'emploi du spécifique **dɔ** "un certain" pour la forme générique ; l'opposition est la suivante :

jula véhic.	mùsò nànà	"la femme est venue"
	mùsòó dɔ́ nànà	"une femme est venue"

Le vandugukakan, le nigbikan et le jula véhiculaire semblent présenter, tout au moins dans nos enquêtes extensives, une absence de morphème pour le spécifique. Nous verrons plus loin que, pour certains d'entre eux, la pluralité se marque par un morphème identique à celui du spécifique rencontré dans d'autres parlers manding de Côte-d'Ivoire, ce qui peut expliquer en partie cette absence de marque. Il faut noter que ce spécificatif **dɔ** ou **lɔ** (selon les correspondances phonétiques) existe aussi comme pronom dans les autres parlers, notamment associé à **gbɛrɛ**, **gbɛɛ**, **gbyɛ** qui signifie "autre". Exemple :

baralak. **yìgɛ̀ mḭ̃ wɛ́ tw̤è <u>lɔ́ gbɛ́ɛ́</u> dí ń mà**
poisson/*dém.*/pourrir/autre/donner/*pr. 1ère p.sg.*/*post.*
"Ces poissons sont pourris, donne-m'en d'autres"

Le tableau 7 et la carte 60 nous permettent de visualiser, sur le territoire manding ivoirien, la distribution de ces différents morphèmes. La répartition est très nette :

- les parlers du nord (parlers n° 6 à 10, 12, 13, 16, 19) auxquels se joint le jula de Kong (22) ont un morphème tonal ;
- les parlers du sud (est et ouest) ont un morphème **-o** ;
- les parlers situés à la périphérie de l'aire manding, au nord comme au sud, (11, 21 et 23) n'ont pas de morphème pour le spécifique et marquent le générique par **dɔ**.

3.3.1.2. Le pluriel

En bambara comme en mandinka, l'opposition entre «singulier et pluriel» dérive de cette distinction fondamentale entre générique et spécifique : la notion de pluralité présuppose en quelque sorte l'individualisation. C'est pourquoi M. Houis (1980), à propos du bambara et du mandinka de Gambie, oppose à l'intérieur du spécifique

> «une non-pluralité à une pluralité plutôt qu'un singulier à un pluriel car un locuteur ne choisit d'employer le morphème de pluralité que quand il veut exprimer une totalité d'objets ou d'être comptables [...] A cette pluralité en quelque sorte 'surdéfinie' s'oppose non pas la singularité d'un objet ou d'un être, mais une valeur telle que le nombre est indéterminé, indistinct, 'non-pluriel', c'est-à-dire, en d'autres termes, qu'il n'est pas l'objet de la part du locuteur, d'une détermination quant au nombre».

Ainsi, en bambara, **mɔ̀gɔ̀ nànà** signifie aussi bien "une personne est venue", que "des personnes sont venues".

De la même façon, en mandinka, D. Creissels (1983) affirme n'avoir rencontré dans les textes qu'il a dépouillés «aucune attestation du pluriel indéfini».

En Côte-d'Ivoire, les faits sont en réalité plus complexes et nous préférerons la terminologie de pluriel défini/indéfini, bien qu'elle soit inadéquate pour certains parlers plus proches, de ce point de vue, du bambara et du mandinka.

Les parlers manding de Côte-d'Ivoire semblent se répartir en deux catégories :

1. ceux qui opposent pluriel indéfini à pluriel défini ;
2. ceux qui, contrairement au mandinka et au bambara, n'utilisent qu'un pluriel le plus souvent indéfini.

Le tableau 7 et la carte 61 montrent la répartition de ce morphème marqueur du pluriel sur l'aire manding ivoirienne qui, selon les parlers, prend les formes suivantes :

- **-lu, -lugu, -u**
- **-yi,-i, -ẅi, -wi**
- **-ri**
- **-o**
- allongement de la voyelle finale du nominal

a) Les parlers ayant un pluriel indéfini et un pluriel défini

Au nord comme au sud de l'aire manding, on rencontre des parlers qui opposent une pluralité à une non-pluralité dans le cas de la détermination (ce que nous avons appelé le «spécifique») mais aussi dans celui de l'indétermination (le «générique»). A la différence du bambara, par exemple, ces parlers font une distinction entre un générique sans référence au nombre (pas de marque du pluriel) et un générique pouvant s'associer à une notion de pluralité – ce qui correspond à peu près à un pluriel indéfini en français. Ainsi, la marque de pluralité peut s'ajouter à celle de présence ou d'absence du spécifique ; par exemple la marque du spécifique, qu'elle soit tonale ou exprimée par le morphème **-o**, se combine au morphème du pluriel. C'est le cas du tenengakan qui distingue un pluriel indéfini marqué par **-lu** à un défini marqué par **-olu** :

teneng. **ń yὲ mùsòlú màkɔ̰́ɔ̰́ná** "j'attends des femmes"
ń yὲ mùsòólù màkɔ̰́ɔ̰́ná "j'attends les femmes"

Le worodugukakan connaît cette même distinction. De même, en maukakan, on rencontre cette opposition :

mauk. **mùsòlú wέέ táá** "des femmes sont parties"
mùsòólù wέέ táá "les femmes sont parties"

Nous avons dit plus haut que le morphème du pluriel s'ajoute à celui du spécifique, ceci est vrai dans certains énoncés, comme l'exemple cité, mais nous avons observé qu'il pouvait être aussi disjoint du spécifique, notamment lorsqu'il est employé avec la particule de focalisation ou avec le prédicatif d'identification à un terme. Soient les exemples suivants :

1. woroduguk. **mùsò lö̃lù** "ce sont des femmes"
femmes+*préd.+pl.*

2. mauk. **cεo le ye lu o le** (réalisé [**cèò lẽ̃ẽlú wé**])
homme+*spéc.+foc.+préd.+dém.+post.*
"ce sont les hommes"

L'énoncé 2 peut aussi être réalisé [**cè wẽ̃ẽlú wé**], qui illustre bien la réalisation [-**w**] de **-o** qui s'amalgame au morphème qui lui succède. Nous reparlerons de ces deux schèmes d'identification dans un autre chapitre. Ici, nous voulions mettre en évidence la possibilité qui existe dans ces parlers de dissocier le morphème du pluriel de la base nominale :

- en worodugukakan, **-lu** est joint à **lö**, prédicatif équivalent à "c'est"
- en maukakan, **-lu** est joint à l'amalgame formé par le focalisateur **le** et le prédicatif d'identification à deux termes ye, et se trouve éloigné du nom **cεo** "homme" déjà marqué du spécifique **-o**.

Citons cet autre exemple :

mauk. **muso fi̱ŋo le ye -lu o le** (réalisé [**mùsò fi̱ŋò lẽ̃ẽlú wé**])
femme noire+*spéc.+foc.+préd.+pl.+dém.+post.*
"ce sont les femmes noires"

On observe très bien ici la frontière du syntagme nominal marquée par le spécifique **-o**, le morphème pluralisateur n'apparaissant, en quelque sorte, que comme deuxième détermination.

De plus, cette capacité du focalisateur à s'insérer entre le nom et le morphème du pluriel est, comme l'illustre l'exemple ci-après, une particularité de cette partie de l'aire manding ivoirienne (sud et ouest) :

woroduguk **mùsòlölù nànà** (< **muso + le + o + lu**)
femme+*foc.+spéc.+pl.*+venir+*acc.*
"ce sont les femmes qui sont venues"

Ailleurs, on aura l'énoncé suivant où, tout comme en bambara, le focalisateur suit le nominal marqué du spécifique (le ton) et du pluriel (**-ri**) :

jula de Kong **mùsôrí lè nànà** "ce sont les femmes qui sont venues"
femme+*spéc.+pl.+foc.*+venir+*acc.*

De tels faits, tout à fait caractéristiques de cette aire manding et qui, à notre connaissance, n'ont pas été relevés dans d'autres parlers, mériteraient d'être davantage étudiés car ils permettraient de réviser la définition des morphèmes marqueurs nominaux telle qu'elle est donnée au début de ce chapitre : s'il est vrai que, syntaxiquement, ces morphèmes ne sont jamais indépendants, les exemples du worodugukakan et du maukan tendraient à montrer qu'ils ne sont pas toujours associés à la base nominale.

Après ce détour sur la place du morphème du pluriel dans les parlers qui distinguent un pluriel indéfini d'un pluriel défini, et pour clore cet inventaire des parlers ayant -o comme marqueur du spécifique, citons le cas du baralakakan. Dans ce parler, nous relevons deux réalisations du pluriel :

- un pluriel indéfini marqué par [-yi] ou -[gi]
- un pluriel défini marqué par [-ẅi]

La réalisation [-yi] ou [-gi] dépendra de la présence ou de l'absence de voyelle nasale en finale du nom, ainsi :

böö	→	[b̋öőyì]	"des mains"
ɲḭ	→	[ɲḭ́gì]	"des dents"

Celle du pluriel défini [-ẅi] est la réalisation de ce même morphème -yi succédant à celui du spécifique -o, réalisé [-w] lorsqu'il s'amalgame au morphème qui le suit, comme nous l'avons déjà vu à propos du maukakan. Soient les quatre possibilités suivantes pour le nom "femme" par exemple :

mìsò	"femme"	mìsòó	"la femme"
mìsò yì	"des femmes"	mìsò ẅǐ	"les femmes"
		(< miso + o + yi)	

Le finangakan présente les mêmes morphèmes. Ainsi parmi les parlers qui possèdent le morphème -o comme marqueur du spécifique, ceux qui distinguent un pluriel défini d'un pluriel indéfini sont le teneng., le mauk., le finang., le korok., le baralak., le woroduguk. le kanik. et le siak.

Pour ceux qui font également cette distinction et qui ont un morphème tonal comme marqueur du spécifique, nous citerons principalement le wojenekakan et le jula de Kong, parlers dont la tonologie a été bien étudiée[3] et qui, à la différence du bambara, opposent un pluriel indéfini à un pluriel défini. En l'absence d'une étude tonologique détaillée des autres parlers qui possèdent également un morphème tonal comme marque du spécifique, nous estimons plus prudent de ne pas nous prononcer sur l'existence d'une telle opposition. Nous nous contenterons de noter le morphème du pluriel attesté généralement dans des noms correspondant à la forme spécifique, le générique pluriel n'étant pas marqué.

C. Braconnier (1983b) relève trois morphèmes du pluriel en wojenekakan : -i, -ru, et -lugu, en précisant : «-ru appartient plutôt au langage des vieux et -lugu tombe en désuétude sauf après les noms propres de personne et certains pronoms». Nous n'avons, quant à nous, rencontré que les morphèmes -lugu et -i, souvent réalisé [-yi]. Ce qui est intéressant à noter, c'est la possibilité, dans ce parler, de suffixer, à l'indéfini comme au défini, le morphème du pluriel à un nom. Exemples (cités par C. Braconnier) :

[3] En effet, l'étude tonologique du jula de Kong a fait l'objet de la thèse de 3ème cycle de A. SANGARE. Rappelons que les informations que nous donnons sur ce parler sont celles recueillies par nos propres enquêtes et qui ne rendent compte que des réalisations et non des représentations sous-jacentes.

wojenek. **[à màá cɛ̀-lúgú yè]** "il n'a pas vu <u>des</u> hommes"
pr. 3e p.sg./nég. acc./homme+*pl.*/voir

et **[à màá cɛ̀ɛ́-lúgú yè]** "il n'a pas vu <u>les</u> hommes"
pr. 3e p.sg./nég.acc./homme+*spéc.*+*pl.*/voir

De même, en jula de Kong, le morphème du pluriel peut se combiner ou non avec le morphème tonal du spécifique :

1. **sórí lò** ce sont <u>des</u> villages"
2. **sóòrí lò** ce sont <u>les</u> villages"
3. **sòrí lò** ce sont <u>des</u> chevaux"
4. **sòórì lò** ce sont <u>les</u> chevaux"

Les exemples ci-dessus illustrent bien cette opposition entre les deux types de pluriel, le pluriel défini (2 et 4) étant marqué par la présence du morphème tonal (qui entraîne un allongement de la voyelle) et du suffixe **-ri**.

Il faudrait, comme nous l'avons dit plus haut, procéder à une étude tonologique très précise du boduguk., folok., gbelebank., tuduguk., nɔwolok., sienkok. et karanj. pour savoir si ces parlers présentent eux aussi cette distinction des deux pluriels ou si au contraire, tout comme le bambara et le mandinka, ils n'utilisent que le pluriel défini.

b) Les parlers n'ayant qu'un seul pluriel

Sur l'ensemble de l'aire manding ivoirienne, les parlers qui n'opposent pas de pluriel défini à un pluriel indéfini sont tout à fait minoritaires puisqu'ils sont au nombre de six seulement. Ce sont le koyagak., le korokan, le sagak. et le nigbik. parlés dans la zone sud-est du territoire manding, le vanduguk. parlé à l'extrême nord, et le jula véhiculaire, lui aussi excentrique. Certains d'entre eux, tels le koyag. et le sagak. marquent, comme on l'a déjà vu, le spécifique par le morphème **-o** ; or, les morphèmes attestés pour le pluriel, **-lu** et **-u** respectivement, apparaissent toujours sans la marque du spécifique. Ainsi, contrairement au bambara et au mandinka qui ne présentent qu'un pluriel défini, ces parlers n'ont, eux, qu'un pluriel indéfini, c'est-à-dire sans la marque du spécifique. Une enquête plus approfondie devrait permettre de préciser l'emploi de ce morphème ; néanmoins, ce que nous avons pu observer dans les limites de notre questionnaire, c'est d'une part la faible fréquence du pluriel dans ces parlers, comparativement à ceux de la catégorie A, et d'autre part, le fait que, quand il apparaît, il peut être utilisé dans un sens aussi bien indéfini que défini. Ceci est également le cas pour le vanduguk., le korokan, le nigbik. et le jula véhiculaire. Là, il est difficile de savoir s'il s'agit d'un pluriel défini ou indéfini, dans la mesure où, dans l'état actuel de nos connaissances, nous n'avons pas noté de marque du spécifique dans ces parlers.

Il est intéressant de relever deux morphèmes du pluriel attestés dans ces parlers et qui n'ont jamais été signalés ailleurs ; il s'agit de l'allongement de la voyelle finale du nom qui est la marque du pluriel en korokan et le morphème **-o** suffixé au nom en nigbikan. Exemples :

	korokan	nigbikan	
sg.	**cɛ̀**	**cɛ̀**	"homme"
pl.	**cɛ̀ɛ́**	**cɛ̀ő**	"des hommes"
sg.	**ʃyé**	**ʃyé**	"poil"
pl.	**ʃyéé**	**ʃyéő**	"des poils"

Il est tentant de rapprocher ces deux morphèmes qui marquent le pluriel dans ces parlers de ceux que nous avons rencontrés dans d'autres comme marqueurs du spécifique. Mais nous ne pourrons étayer cette hypothèse qu'après avoir étudié la tonologie des noms et des morphèmes dans ces différents parlers.

Avant de conclure ce sous-chapitre sur la formation du pluriel, nous voudrions signaler une occurrence, dans la majorité des parlers ivoiriens, qui n'existe ni en bambara (cf. M. Houis) ni en julakan d'Abidjan (cf. G. Dumestre), à savoir l'emploi du pluriel dans un syntagme nominal composé d'un nom et d'un numéral. En effet, écrit G. Dumestre (1974)

> «La présence de **sàba** "trois", **náani** "quatre, etc., entraîne l'absence de marque du pluriel, **sàba** et **náani** exprimant par eux-mêmes l'idée de pluralité.»

Or, la plupart des parlers que nous avons étudiés attestent des énoncés du type **muso sawalu** ou **miso sawayi**, dans lesquels le morphème du pluriel est suffixé au numéral. Les énoncés expriment toujours le défini : "les trois femmes", qui s'oppose à l'indéfini **muso sawa** "trois femmes". Ainsi, un parler comme le tenengakan marquera la distinction :

ŋ wɛ́ mȕsò sàwà jé "j'ai vu trois femmes"
pr. 1ère p.sg./acc./femmes/trois/voir

ŋ wɛ́ mȕsò sàwàlű jé "j'ai vu les trois femmes"

De tels faits ressemblent à ceux que décrit D. Creissels pour le mandinka :

> «Quant à la marque du pluriel, elle est exclue en mandinka lorsque le nom se combine simplement avec un numéral ; sa présence est facultative [...] lorsque le syntagme "nom+ numéral" est de plus affecté de la marque du défini.»

à cette différence près qu'en tenengakan, la marque du pluriel n'est ni facultative, ni nécessairement précédée du morphème du défini ; en effet, dans ce parler, le pluriel défini est formé de **-o** (spécifique) + **-lu** (pluriel), on s'attendrait donc à ***sawaolu**, ce qui n'est pas le cas de la forme attestée.

L'examen rapide de cette caractéristique qu'ont certains parlers ivoiriens de combiner le pluriel avec un numéral postposé à une base nominale qu'ils déterminent, nous a permis de constater, une fois encore, l'aptitude qu'a ce morphème du pluriel à se dissocier de la stricte base nominale pour s'associer au dernier terme du syntagme nominal : il en constitue en quelque sorte la limite.

Notons enfin l'existence en jula de Kong d'un suffixe de pluriel d'emploi beaucoup plus restreint que -ri, attesté principalement dans les contes. Ce suffixe -yɔgɔri comporte, comme le dit D. Creissels à propos du suffixe -ñolu rencontré en mandinka (et qui est vraisemblablement le même), «l'idée de groupe d'individus qui vont en quelque sorte naturellement ensemble». Ainsi, dans le conte intitulé «*Le combat de la gent ailée et des quatre-pattes*» (Derive, 1980c, p. 180), nous avons relevé les termes suivants :

nɔ̀gɔsiyɔgɔri "groupes de caméléons"
sírakɔgɔmayɔgɔri "groupes de tortues"

Les animaux concernés sont ici personnifiés. Dans le discours courant, il serait impossible d'utiliser ce même pluriel pour désigner un quelconque groupe d'animaux.

Autre exemple, emprunté au conte «*La bonne et la mauvaise fille*» (*id.*, p. 60).:

ń náyɔgɔri, ári ní cé "Bonjour, mes filles !"

dans lequel on retrouve na-yɔgɔri, ce pluriel particulier utilisé surtout avec des termes de parenté et qu'il serait peut-être plus exact d'ailleurs de traduire par "petites-mères".

Nous avons également noté ce suffixe en wojenekakan et en nɔwolokakan sous la forme ɲɔɣɔ̰, utilisé aussi avec des termes de parenté. Ce morphème, plus rare, du pluriel existe sans doute dans d'autres parlers de Côte-d'Ivoire mais il faudrait, pour en avoir la certitude, procéder à une enquête plus approfondie.

Cet examen rapide, et donc probablement incomplet, des différents morphèmes du pluriel attestés dans les parlers manding de Côte-d'Ivoire et repris dans le tableau 7 et la carte 61, nous a permis de saisir les caractéristiques et l'originalité de certains de ces parlers par rapport aux autres parlers manding de Gambie ou du Mali. Il est difficile, dans l'état actuel de nos connaissances, de savoir quel est celui qui est le plus proche du proto-manding ; ce qui en tout cas est évident, c'est l'extrême variété dialectale que présente, de ce point de vue encore, la Côte-d'Ivoire : on y retrouve à la fois les marques du pluriel du mandinka (-olu), et du bambara -u, (orthographié -w) auxquelles s'ajoutent d'autres marques plus spécifiques du territoire ivoirien[4].

[4] Il faudrait étendre cette comparaison de la formation du pluriel aux autres parlers manding et mandé-nord (Ghana, Burkina Faso) pour saisir si certaines formes attestées en Côte-d'Ivoire comme le suffixe -ri du julakan de Kong sont réellement originales.

Tableau 7 – RECAPITULATIF DES MORPHEMES MARQUEURS NOMINAUX

PARLERS	GÉNÉRIQUE		SPÉCIFIQUE	
	non-pluralité	pluralité	non-pluralité	pluralité
1 tenengakan		-lu	-o	-olu
2 maukakan		-lu	-o	-olu
3 finangakan		-yi	-o	-ẅi
4 korokakan		-lu	-o	-olu
5 baralakakan		-yi	-o	-ẅi
6 wojenekakan		-i, -lugu	-T	T+i, -lugu
7 bodugukakan			T	-i
8 folokakan			T	-yi
9 gbelebankakan			T	-yi
10 tudugukakan			T	-yi ~ -i
11 vandugukakan	dɔ		Ø	-i
12 nɔwolokakan			T	-yi
13 sienkokakan			T	-wi
14 worodugukakan		-lu	-o	-olu
15 kanikakan		-lu	-o	-olu
16 karanjankan			T	-u
17 siakakan		-lu	-o	-olu
18 koyagakan		-lu	-o/o̤	-lu
19 korokan	dɔ	-VV	T	-VV
20 sagakakan		-u	-o̤	-u
21 nigbikakan	dɔ	-o	Ø	-o
22 jula de Kong		-ri	T	-T+ri/-yɔgɔri
23 jula véhiculaire	dɔ		Ø	-u(-w)

Ø : absence de signe – VV : allongement tonal de la voyelle – T : morphème tonal

Du point de vue de la géographie linguistique, la carte 61 (marqueurs du pluriel défini et indéfini) illustre bien la répartition des parlers en deux grands groupes :

1. Les parlers du nord : n° 6, 7, 8, 9, 10, 11, 12, 13, auxquels s'ajoutent les parlers 3, 5 et 22 ayant, suivant les correspondances phonétiques, les morphèmes -yi, -i, -wi ou -ri.
2. Les parlers du sud (est et ouest) : tous les autres parlers ayant les morphèmes -lu, -lugu, -u, à l'exception toutefois des parlers 19 et 21 qui présentent des morphèmes différents.

3.3.2. Les morphèmes dérivatifs

Dans l'ensemble des dérivatifs existant dans les parlers manding, les suffixes permettant d'obtenir une base nominale constituent la quasi-totalité : il n'existe qu'un suffixe permettant de produire une base verbale. Mais si la dérivation nominale est très productive en matière de création lexicale, en dialectologie par contre, elle ne constitue pas un critère de différenciation entre les parlers car, compte tenu des modifications phonétiques, elle présente, d'un parler à l'autre une remarquable stabilité des suffixes utilisés. Nous rappellerons brièvement la forme et la signification des treize suffixes qui, ajoutés à des radicaux verbo-nominaux, nominaux et verbo-adjectivaux, constituent d'autres nominaux pouvant s'associer aux marques de spécification décrites dans le paragraphe précédent. L'inventaire que nous proposons, s'il n'est pas exhaustif, est, en tout cas, le plus usuel.

Le suffixe **-baɣa/-baga/-baa**

C'est un suffixe de nom d'agent. Au contraire du suffixe **-la** qui, lui, s'emploie dans le cas d'un état «permanent», **-baga** désignera un agent "ponctuel". Ainsi, en sienkok. **sàɣàsàná** (< **saɣa** "mouton" + **sa̰** "acheter" + **la**) signifie "un acheteur de mouton", alors que **sàɣàsàmàɣá** (< **saɣa** + **sa̰** + **baɣa**) désignera "celui qui a acheté le mouton" à tel moment. Il faut préciser que tous les parlers ne font pas toujours cette distinction. La forme **-baa** ne se rencontre que dans les parlers dans lesquels **-g-** ou **-j-** intervocaliques ont disparu, c'est-à-dire mauk., finang., korok. et baralak.

Le suffixe **-la**

Ce suffixe, qui exprime l'agent habituel d'une action, est attesté, sous la forme **-la** dans tous les parler. Par exemple, "un laveur" se traduira, selon les parlers et les précisions qu'a voulu donner l'informateur, par :

kanikakan	gbelebank.	
fàɣànì.ɸwò.lá	**kó.lí.kɛ́.lá**	"un laveur"
pagne+laver+*suff.*	laver+*suff.*+faire+*suff.*	

Le suffixe **-li/-yi/-i**

Il exprime généralement l'action définie par le verbo-nominal utilisé. Par exemple, **foli** "salutation" est composé de **fo** "saluer" + **-li** suffixe. La forme **-yi** est attestée en sagak. et nigbik. Dans les parlers, tel le karanjank., où **-l-** a disparu, le suffixe est **-i** : **foi** "salutation". Notons aussi la réalisation différente en korokan qui, pour ce terme, présente la forme **fue**.

Le suffixe -l a̰ /-n a̰

Il est ce que l'on peut appeler un «instrumental». Il est utilisé pour des meubles, des ustensiles. Le terme recueilli par notre questionnaire est "siège", traduit le plus souvent par "asseoir+*suffixe*" :

vandugukakan	jula de Kong	baralakakan
sììlá̰	sìgìlá̰	sìgìná̰

La forme -n a̰ s'explique par la présence de l'appendice nasal latent qui existe dans les parlers du sud-ouest.

Le suffixe -n ḭ /-n ṵ

A valeur de «diminutif». Par exemple la forme musonḭ "petite femme" est attestée dans la majorité des parlers. La forme avec -nṵ est attestée en mauk., finang., korok., nɔwolok., sienkok. et karanjank. La valeur sémantique de ce diminutif peut être soit positive (affectueux), soit négative (injurieux).

Le suffixe -ba

Uniformément attesté sur l'ensemble du territoire manding ivoirien, sans modification phonétique, ce suffixe est un «augmentatif» (au propre comme au figuré). Ainsi, musoba signifie "grosse femme" ou "femme importante" selon le contexte.

Le suffixe -tɔ /-cɔ

S'emploie en parlant de quelqu'un qui "présente la qualité de ...". Exemple : fatɔ "fou" (< fa "folie" + -tɔ). La forme -tɔ se retrouve dans tous les parlers, à l'exception du vanduguk. qui présente la forme -cɔ.

Ce suffixe ne doit pas être confondu avec son homologue qui, associé à un lexème verbo-nominal ou verbal, traduit, dans certains parlers, la simultanéité, et dont nous reparlerons dans le chapitre traitant de la conjugaison.

Le suffixe -ka /-kɔ

Ce suffixe, utilisé pour exprimer le fait d'être "originaire de", est réalisé -ga après voyelle nasale. Ainsi, kpɔ̰ga désigne "les habitants de Kong". Notons, ici encore, la grande stabilité phonétique de ce suffixe réalisé -ka ou -ga dans tous les parlers, à l'exception du nigbik. qui emploie la forme -kɔ, et du korokan qui, dans ce cas, préfère utiliser le suffixe -baɣa.

Le suffixe **-ya**

Réalisé **-ɲa** après voyelle nasale, ce suffixe exprime une idée abstraite qui peut se traduire par "le fait d'être ...". Ainsi, en sagak. **-jũ̀aya** (< **jũ̀a** "dioula" + **-ya**) signifie "le fait d'être dioula" ; de même, en jula véhiculaire, **jṹguya** formé à partir du verbo-adjectival **jṹgu**, signifie "méchanceté".

Le suffixe **-bari/-bali/-beli/-bɛri/-bɛyi/-bɛɛ/-baa/-bee/-byɛ**

Ce suffixe a un sens "privatif". Comme on le voit, sa réalisation phonétique varie selon le parler. Un "mal-poli" (*litt.* "sans honte") se traduira par :

-bari	22 jula de Kong	**màlɔ́bàrí**	**-bali**	11 vanduguk.	**màlɔ̀bálí**
				12 nɔwolok.	**málɔ́bàlì**
-bɛri	15 kanik.	**màlɔ̀bɛ́rí**	**-beli**	6 wojenek.	**málɔ́bèlì**
				7 boduguk.	**màlɔ̀bélí**
				8 folok.	**málɔ́bèlì**
				9 gbelebank.	**málɔ́bèlì**
				10 tuduguk.	**málɔ́bèlì**
-bɛɛ	1 teneng.	**màlɔ̀bɛ́ɛ́**	**-bee**	5 baralak.	**màlɔ̀bèè**
	2 mauk.	**mààbɛ̀ɛ̀**		13 sienkok.	**málɔ́bèe**
	3 finang.	**mààbɛ̀ɛ̀**		16 karanjank.	**màlɔ̀béé**
	4 korok.	**mààbɛ̀ɛ̀**			
	17 siakakan	**màlɔ̀bɛ́ɛ́**			
	20 sagak.	**màlɔ̀bɛ́ɛ́**			
-byɛ	14 worodug.	**màlɔ̀byɛ́**	**-bɛyi**	21 nigbik.	**mɔ̀ɔ̀bɛ́yí**
	18 koyag.	**màlɔ̀byɛ́**			
-baa	19 korokan	**mààbáá**		23 jula véhic.	—

De la même façon, "femme stérile" par exemple, se traduira, en jula de Kong par **dḛ́.wóró.bàrí** (/enfant/accoucher/ne peut pas/). Précisons que certains des suffixes que nous avons vus peuvent se combiner entre eux, ainsi "le fait d'être stérile" se dira **dḛ́.wóró.bàrí.yà** en associant le suffixe **-ya** au suffixe **-bari**.

Il existe également un autre suffixe, **-ntan**, lui aussi à sens privatif, mais moins fréquent.

Le suffixe **-ma̰**

Il est généralement associé à des verbo-adjectivaux avec lesquels il forme un nominal souvent employé comme qualifiant : **fḭma̰** "noir", **gbɛma̰** "blanc".

La forme du suffixe reste la même dans tous les parlers.

Le suffixe **-ma**

Ce suffixe, identique dans l'ensemble des parlers manding de Côte-d'Ivoire, est le plus souvent associé à un nom pour former un nominal employé comme qualifiant positif : **hakili.ma** "intelligent". Notons qu'il peut aussi se combiner avec d'autres suffixes, **-la/-ra** par exemple, comme nous l'avons vu en wojenek. dans **mőrífàrámá** qui signifie "celui qui porte un fusil" avec le sens positif que ce terme revêt pour un locuteur manding.

Les préfixes

Si les suffixes sont relativement nombreux dans les parlers manding, les préfixes, en revanche, sont quasi inexistants. Les quelques rares préfixes rencontrés sont des dérivatifs verbaux ; ce sont, pour les plus connus, **ra-** et **rɔ-** rencontrés en wojenek., dont la signification n'est pas toujours aisée à saisir.

Quoi qu'il en soit, cette présence très régulière des suffixes dans la totalité des parlers étudiés permet, d'une part, de constater que ce système de dérivation est l'une des caractéristiques de l'aire manding, et d'autre part, de postuler l'hypothèse selon laquelle ce système existait, en proto-manding ivoirien en tout cas.

3.3.3. Le connectif de liaison dans le syntagme complétif

Notre propos n'est pas, ici, de donner une description du syntagme de détermination dans les parlers manding mais seulement, comme nous l'avons précisé au début de ce chapitre, de repérer ce qui, de ce point de vue, est objet de variation dialectale. Tous les parlers manding connaissent deux types de construction du syntagme complétif :

1. Une construction de la détermination associative par juxtaposition, telle que la définit D. Creissels (1979c).
2. Une construction mettant en jeu un connectif, c'est-à-dire «un morphème relateur entre deux nominaux établissant entre eux une relation déterminative» (*ibid.*).

Sans entrer dans l'emploi que les parlers font de l'une et l'autre de ces constructions – ce qui serait trop complexe – nous citerons les deux exemples suivants :

finang. 1. **mṹsà bő́ó** "la main de Moussa"
Moussa/main

2. **mṹsà á wùnṵ̀ó** "le chien de Moussa"
Moussa/*connect.*/chien+*déf.*

qui illustrent respectivement le premier et le deuxième type de syntagme.

C'est la variation de ce connectif de liaison sur l'ensemble du territoire manding ivoirien que nous avons étudiée et qui apparaît dans le tableau 8.

Tableau 8 – LE CONNECTIF DE LIAISON DANS LE SYNTAGME COMPLÉTIF

PARLERS	CONNECTIF	*PARLERS*	CONNECTIF
1 tenengakan	yɛ	*13 sienkokakan*	a – ta
2 maukakan	yɛ	*14 worodugukakan*	ya – ta
3 finangakan	ya	*15 kanikakan*	ya
4 korokakan	ya	*16 karanjankan*	ya
5 baralakakan	a	*17 siakakan*	ya – ta
6 wojenekakan	ya ~ a – ta	*18 koyagakan*	ya
7 bodugukakan	la – ta	*19 korokan*	ya – ta
8 folokakan	la	*20 sagakakan*	yɛ ~ ya – ta
9 gbelebankakan	ya – ta	*21 nigbikakan*	yɛ ~ a / ta
10 tudugukakan	la	*22 jula de Kong*	ta
11 vandugukakan	la	*23 jula véhiculaire*	ta
12 nɔwolokakan	ya – ta		

Tout d'abord, nous remarquons, dans plusieurs parlers, l'existence de deux connectifs.

L'un, qui apparaît partout (sous la forme phonétique [ta] ou [da] selon le contexte – nasal ou non nasal – dans lequel il se trouve) semble avoir un emploi très précis, mais toutefois très restrictif par rapport au second connectif. En effet, en woroduguk. **ya** sera utilisé pour désigner un ensemble de choses appartenant à un même possesseur, alors que **ta** désignera une partie d'un tout que possède ce dernier. Exemples :

worodug. 1. **seku yá nìsìólù** "les vaches de Sékou" (c'est-à-dire toutes ses vaches)

2. **seku tá nìsìólù** "les vaches de Sékou" (c'est-à-dire celles qui, dans un troupeau par exemple, lui appartiennent)

C'est du moins le sens que nous avons pu dégager à partir des explications fournies par nos informateurs dans ce parler. Il conviendrait toutefois de vérifier s'il en est ainsi dans les autres parlers qui présentent cette même opposition.

Nous avons également remarqué que c'est le connectif **ta** qui, dans tous les parlers – y compris ceux qui n'ont qu'un seul connectif – sert à former les pronoms «possessifs» : **i ta** "le tien", **a ta** "le sien", etc. Il signifie en quelque sorte "la part de..."

Quant à l'autre connectif, sa forme phonétique la plus fréquente dans le domaine manding ivoirien est **ya**, qui peut s'élider en **a** comme c'est le cas par exemple en wojenek.(le **a** existant dans certains parlers est sans doute le résultat de cette élision) :

[ì yà bésèé lé] "c'est ta machette"
[dusu à béséé lé] "c'est la machette de Doussou"

Pour ce qui est de la forme **yɛ** (teneng., mauk., sagak., nigbik.) elle entre dans la correspondance phonétique que nous observons dans d'autres morphèmes, notamment les prédicatifs verbaux, entre le **ɛ** de ces parlers et le **a** du reste de l'aire manding (**kɛ̀**, morphème de l'infinitif, correspondant, ailleurs, à **kà** par exemple).

La forme **la**, attestée en boduguk., folok., tuduguk. et vanduguk., parlers situés à la périphérie de l'aire manding, est celle que l'on rencontre en maninka (Guinée) et en mandinka (Gambie). Cette correspondance **l/y** devant voyelle antérieure a déjà été signalée dans le chapitre traitant de la comparaison consonantique (cf. 2.1.5.3.) ; nous l'avons également observée à propos du suffixe **-li** en 3.3.2. ci-dessus. Ainsi, la forme **a** qui s'est imposée un peu partout en Côte-d'Ivoire, serait probablement de création plus récente que **la**, compte tenu de cette palatalisation de **l** au contact de la voyelle qui suit.

Notons enfin que la forme **ka**, existant en bambara du Mali, n'est attestée dans aucun des parlers manding ivoiriens. De ce point de vue, d'ailleurs, le bambara semble faire preuve d'originalité par rapport à l'ensemble manding.

3.3.4. Les personnels

A la différence des morphèmes présentés précédemment, les pronoms sont syntaxiquement indépendants, et aptes à assumer la fonction de constituant, mais du fait que – tout comme les morphèmes – ils constituent un système clos, il nous semble légitime de terminer par leur étude la présentation du syntagme nominal manding.

Ne seront examinés ici que les pronoms se référant à un ou plusieurs individus, c'est-à-dire les personnels.

En général, dans les parlers manding, les pronoms personnels ont la même forme, qu'ils assument la fonction sujet ou objet, ou qu'ils entrent dans un syntagme de détermination pour exprimer la possession. Cependant, nous verrons plus loin qu'il convient, selon les parlers, d'apporter quelques restrictions à cette affirmation. Etant donné les différences que présentent certains parlers de Côte-d'Ivoire par rapport au reste de l'aire manding ivoirienne, nous avons préféré adopter une présentation tout d'abord individuelle de chacun des pronoms personnels considérés, pour les regrouper ensuite en deux tableaux comparatifs et récapitulatifs (tabl. 9 et 10). Notons auparavant que les personnels de tous les parlers participent d'une corrélation emphatique/non emphatique, caractérisée le plus souvent par le suffixe **-le**.

3.3.4.1. Les personnels non emphatiques

Nous verrons que très souvent la différence entre certaines personnes n'est marquée que par le ton. Rappelons donc, ici encore, le caractère provisoire de nos résultats dans la mesure où nos notations sont phonétiques et ne représentent donc pas le ton intrinsèque inhérent au pronom – ce qui ne pourra être fait qu'en procédant à une étude tonologique précise pour chaque parler.

Le pronom première personne du singulier

Dans plusieurs parlers ivoiriens, la forme de ce pronom est une nasale syllabique à ton haut, sauf en wojenek. où elle est à ton bas. Cette même nasale se retrouve dans la fonction sujet comme dans la fonction objet, comme le montre l'exemple suivant :

boduguk.	**ń yé màló dóná**	"je mange du riz"
	à yé ń lɔ̰́	"il me connaît"

Dans d'autres parlers (mauk. par exemple) cette nasale syllabique porteuse de ton n'existe pas ; comme nous l'avons déjà signalé à propos des faits de nasalité dans ces parlers (cf. 2.1.3. et 2.2.3), reprenant D. Creissels (1982b) : la présence de ce pronom ne se manifeste que par «son influence sur la consonne initiale et le ton du mot suivant». Nous rappellerons ici les règles de modification de la consonne suivant cet élément nasal, conventionnellement noté **ŋ** :

– Les consonnes **b**, **l/d**, **y** et **w** sont nasalisées, et l'archiphonème nasal qui résulte de cette nasalisation est homorganique de l'occlusive :

ŋ + b → M
ŋ + l/d → N
ŋ + y → ɲ
ŋ + w → ŋw

– Les autres consonnes, sourdes, sont prénasalisées et sonorisées :

ŋ + t → [ⁿd]
ŋ + s → [ⁿz]
ŋ + c → [ⁿj]
ŋ + f → [ⁿv]
ŋ + k → [ⁿg]

Exemple (cité par D. Creissels, *id*) :

1. ndɔ̄ɔ́(ô) (< ŋ tɔ̄ɔ́) "mon nom"
2. ndɔ́ɔ́(ɔ̀) (< ŋ tɔ̀ɔ́) "ma hanche"

dans lequel on peut observer l'amalgame du pronom avec la consonne initiale du mot suivant, ainsi que la modification tonale du nom (2.) – dans un syntagme complétif construit, comme c'est le cas dans les exemples cités – par antéposition directe du complétant au complété, «le ton initial du nom sera toujours réalisé haut après ŋ̄ [...]»[5] (*ibid.*).

Des faits analogues à ceux que nous avons décrits à propos du mauk. se retrouvent en teneng., finang., korok. et baralak. On note toutefois, en finang. et baralak., des différences dans les réalisations attestées de ce pronom. Ces parlers, y compris le mauk., qui utilisent wɛɛ comme marque du passé récent, réalisent de façon différente la consonne initiale de ce prédicatif lorsque celle-ci est amalgamée au pronom 1ère personne. Exemples :

1. mauk. [ŋwɛ̄ɛ́ bḭ́ŋɔ̀ ɲɛ́ɛ] "j'ai brûlé l'herbe"
pr.+acc./herbe+*spéc.*/brûler

2. finang., baralak. [mɛ́ɛ́ bḭ́ɔ̀ ɲɛ́ɛ́]

Nous constatons, en 1., que le pronom s'amalgame au w initial pour former la fricative labio-vélaire prénasalisée [ŋw], alors qu'en 2. l'aspect vélaire ayant disparu, on a une nasale labiale. Ceci tendrait à montrer qu'en finang. et en baralak., le pronom 1ère personne est constitué d'un élément nasal beaucoup plus labial qu'en mauk., et qui fait perdre à la fricative labio-vélaire w sa réalisation vélaire. Dans un autre contexte consonantique, cet élément nasal semble se comporter comme en mauk. mais une vérification plus exhaustive sur ce point s'impose, notamment au niveau tonal.

La forme du pronom 1ère pers. sg. a en woroduguk. un comportement iden-

[5] On verra d'ailleurs que cette règle est également valable après les pronoms ī et á de 2ème pers. sg. et pl.

tique à celle du mauk. L'enquête plus intensive que nous avons pu mener sur ce parler nous a permis de relever un nombre plus important d'exemples de réalisations de ce pronom. Ainsi, nous avons noté un relèvement du ton du nominal dans le syntagme complétif, que D. Creissels a lui-même signalé à propos du mauk., et qui constitue d'ailleurs, dans le cas d'un nom commençant par une nasale, la seule trace du pronom. Exemple :

mǜsɔ̀ lɔ̀ "c'est une femme" [mṹsɔ̀ lɔ̀] "c'est ma femme"

où [mṹsɔ̀], est le résultat de l'amalgame de ń, vraisemblablement à ton haut, et de mǜsɔ̀. Les consonnes initiales en contact avec le pronom en question subissent en général les mêmes modifications qu'en mauk., à ces deux différences près :

- la bilabiale sourde ɸ, qui n'existe pas en mauk., se sonorise :

  [βɔ̃́] (< ń + ɸɔ̃́) "mon dos"

- la forme n du pronom, lorsque celui-ci est en fonction objet et qu'il est devant w, nasalise complètement le d en s'amalgamant totalement à lui :

  [ŋgṹ yé nígína] (< n + kṳ ye n digina) "j'ai mal à la tête"
  pr. 1ère p.sg./tête/*préd.*/pr. *1ère p.sg.*/avoir mal+*suff.*

Quant aux autres parlers situés au sud-est et au sud-ouest, le type d'enquête très extensive que nous avons menée sur l'aire manding ivoirienne ne nous permet pas d'affirmer avec certitude que, comme en mauk. et en woroduguk., la forme du pronom 1ère pers. sg. n'est pas une nasale syllabique mais un élément nasal qui s'amalgame à la consonne qu'il précède, suivant des règles morphophonologiques qui peuvent varier d'un parler à l'autre. Toutefois, les réalisations de ce personnel relevées en kanik., karanjank., siak., koyagak., korokan, sagak. et nigbik. tendraient à prouver que, de ce point de vue, ces parlers s'apparentent au mauk. et au woroduguk. Des enquêtes complémentaires permettraient de savoir, entre autres, si le comportement tonal et phonétique de ce pronom est identique à celui de ces deux parlers.

Voici, à titre d'illustration, quelques exemples recueillis dans chacun de ces parlers, et qui militent en faveur de cette hypothèse :

kanik.	[mrɔ̃́ɔ̀]	< ŋ + brɔ̃́o	"ma main"
	[ŋṹɔ̀]	< ŋ + kṹɔ̀	"ma tête"
	[ndɔ̃́ʁɔ̃́tɔ̃́]	< ŋ + táʁátɔ̃́	"je vais partir"
karanj.	[ŋɛ́ bágá dɔ̃́na]	< ŋ + ye ...	"je mange du riz"
	[nʒɔ̰̀nḭ̀ wɔ̀ mà]	< ŋ + ʃɔ̀nḭ ...	"j'ai accepté ça"
siak.	[ŋgɛ́ báɣá dɔ̃́ná]	< ŋ + wɛ ...	"je mange du riz"
	[ngà dèlè tà]	< ŋ + ka ...	"j'ai pris une chemise"
	[dáɣátɔ̃́]	< ŋ + táɣatɔ	"je vais partir"

koyag.	[ŋó nzḛ̀ wɛ́ nímíná]		"je dis que j'ai mal
	< ŋ + kó ŋ + sḛ wɛ ŋ + dimina		aux pieds"
	[ŋwɛ báʁá jɔ́ná]	< ŋ + wɛ ...	"je mange du riz"
	[ŋwàa délé tà]	< ŋ + waa ...	"j'ai pris une chemise"
korokan	[máá ná kɔ̀rɔ̀má̰ fírí]	< ŋ + baa ŋ + ya...	"j'ai jeté mon bâton"
	[ní mḭ̀ dó̰]	< ŋ + ti ...	"je ne mange pas ça"
	[ɲḭ́ wɛ́ nímíná]		"j'ai mal aux dents"
	< ŋ + ɲḭ́ wɛ ŋ + dimina		
	pr. 1ère p.sg. + dent/*préd./pr. 1ère p.sg.*/faire mal+*suff.*		
sagak.	[ŋkṵ́ò̰ wɛ́ n dímíná]	< ŋ + kṵo̰ ...	"j'ai mal à la tête"
	[ŋwɛ́ báʁá dóná]	< ŋ + wɛ ...	"je mange du riz"
	[ŋwàa délé tà]	< ŋ + waa ...	"j'ai pris une chemise"
	[ɲḛ́ ní sḛ̀]	< ŋ + ye na + i	"je vais te frapper"
nigbik.	[ɲò bɛ́ɛ́ lɔ́]	< ŋ + ye o bee lɔɔ	"je les connais tous"
	[ndò mɛ̰́na]	< ŋ + tɛ o mɛ̰na	"je ne comprends pas ça"
	[ŋkṵ̀ó̰ wɛ́ n dímíná]	< ŋ + kṵo̰ ...	"j'ai mal à la tête"

Ainsi, du point de vue de la répartition des deux formes de ce pronom dans l'aire manding ivoirienne, on peut distinguer deux groupes de parlers :

- le groupe Nord : parlers n° 6 à 13, 22 et 23 qui, comme le wojenek., possèdent une nasale syllabique.
- le groupe Sud : parlers n° 1 à 5, 14 à 21 qui, comme le mauk., ont un élément nasal s'amalgamant à la consonne qui le suit (cette capacité à s'amalgamer sera matérialisée sur le tableau 9 par un tiret après l'élément nasal).

Notons que cette dernière forme inhabituelle sur l'ensemble du territoire manding est, compte tenu de l'état actuel des recherches, tout à fait particulière à la Côte-d'Ivoire.

Le pronom deuxième personne du singulier

Les faits sont ici beaucoup plus simples que précédemment. Deux formes sont attestées : soit **i**, soit **e** ; parfois un même parler utilise l'une ou l'autre forme. La seule variation est d'ordre tonal : ce pronom est généralement à ton haut, sauf en wojenek. et dans les parlers proches de celui-ci où il est à ton bas.

Le pronom troisième personne du singulier

Ce pronom a, dans les parlers manding, la même forme, qu'il soit «personnel» ou, comme le dit M. Houis, «suppléant rattaché à la catégorie des substitutifs où il signifie soit "il, elle", soit "cela "cela, ce, c' "». La forme de ce pronom est **a** sur l'ensemble du territoire manding ivoirien – ce qui correspond d'ailleurs à celle attestée dans les autres parlers manding (bambara, mandinka, malinké). Seul le ton change : généralement bas, il est haut en wojenek. et dans les parlers proches. On ne peut toutefois parler de simililarité dans la forme que lorsque ce pronom a la fonction sujet ou qu'il se trouve en début d'énoncé, encore faut-il préciser qu'en woroduguk., kanik. et nigbik. le pronom **à** s'amalgame au prédicatif qui le suit et ne se manifeste alors que par un abaissement tonal du ton du prédicatif. Exemples :

woroduguk.	**áá yé báʁá dɔ́ʁɔ́ná**		"vous mangez du riz"
	[**èè báʁá dɔ́ʁɔ́ná**]	< **à + ye …**	"il mange du riz"
	[**èè nɔ̰́**]	< **à + ye n + lɔ̰**	"il me connaît"
kanikakan	[**èè dɔ̰̀gìrìlá lá**]	< **à + ye …**	"il chante"
nigbikan	[**èè mùsò fɛ̀**]	< **à + ye …**	"il veut une femme"

De plus, dans certains parlers que nous citerons plus loin, ce pronom, quand il est en position initiale, perd sa forme segmentale pour se réduire, comme le précise D. Creissels (*id.*) à propos du mauk., «à un ton flottant bas dont la présence est révélée par l'action qu'il exerce sur le mot suivant», ce qu'illustrent bien les deux exemples suivant, relevés par cet auteur :

maukakan	[**yàŋgárɔ́ yí lá**]	< **…yé + ì …**	"tu as une maladie"
	[**yàŋgárɔ́ yé là**]	< **…ye +` la**	"il a une maladie"

dans lesquels on peut relever, dans la deuxième phrase, la seule manifestation du pronom **à** par l'abaissement du ton de la postposition **la**.

Un comportement identique a pu être observé en teneng., finang., korok. et baralak., parlers proches du mauk., de même qu'en woroduguk. et en kanik., comme en témoignent les exemples ci-après :

woroduguk.	1. **ā yē bɔ̄**	"il est parti"	(il a quitté tel endroit)
	2. **ā yé bɔ̀**	"il l'a retiré"	(son boubou par exemple)

Ici, le verbe **bɔ** qui admet deux constructions, intransitive et transitive, prend alors le sens de "quitter, partir" (ex. 1.), et "retirer" (ex. 2.) ; dans la deuxième construction, l'abaissement du ton du verbe permet de repérer la présence du pronom.

woroduguk.	1. **jé dí ā̰́ mā̰́**	"donne-nous de l'eau"	
	2. **jé dí mā̰̀**	"donne-lui de l'eau"	
kanikakan	1. [**kɔ̰́gɔɔ́ là**]	< | **kɔ̰gɔ ye a la** |	"il a faim"
	2. [**kɔ̰́gɔ́ɔ́ í lá**]	< | **kɔ̰gɔ ye i la** |	"tu as faim"

Dans ces deux derniers énoncés, nous observons d'une part la disparition segmentale du prédicatif **ye**, repérable cependant par l'allongement de la voyelle finale du mot qui le précède, ainsi que par le ton, et d'autre part – ce qui concerne notre propos – la seule manifestation de l'existence du pronom en 1.

est la modification tonale de la postposition **la** ou **ma̰**.

Dans les autres parlers, d'après le corpus – relativement restreint il est vrai – que nous avons recueilli sur ce point, nous avons pu observer que la forme segmentale du pronom est maintenue. Une étude plus détaillée des phénomènes d'élision ou d'abaissement tonal qu'entraîne la présence de ce pronom en contact avec tel ou tel prédicatif, semblable à celle qu'a déjà faite C. Braconnier pour le wojenekakan (1982b, p. 93), pourra donner avec précision les variations existant d'un parler à l'autre. Nous citerons, à titre d'illustration, deux exemples relevés par notre collègue :

wojenek. **[dúsùá̲ gbísí-rà]** < **| dúsù yè á |...** "Doussou le frappe"
[bábàá̲ gbísí-rà] < **| bábà yè á |...** " papa le frappe"

qui nous permettent de constater que segmentalement le pronom est maintenu, malgré les élisions qui existent aussi dans ce parler, comme c'est le cas du prédicatif **yè** dans les deux énoncés ci-dessus.

Le pronom première personne du pluriel

La forme segmentale de ce pronom est remarquablement identique dans tous les parlers ivoiriens : **a̰**. Le ton est le plus souvent haut, sauf en wojenek. et parlers voisins où l'on a un ton bas modulé : **ǎ̰**. Nous avons noté dans quelques parlers que les règles qui modifient la consonne suivant ce pronom **a̰** sont les mêmes que celles décrites à propos du pronom de première consonne du singulier – tout se passe comme si un élément nasal latent suivait la voyelle nasale **ǎ̰**. C'est en tout cas ce que suggèrent les exemples suivants :

tenengakan. **[á̰ mö̀ò]** < **| a̰ŋ böo |** "notre main"
[á̰ ŋgkwœ̀mìsɔ̀] < **| aŋ kwœmiso |** "notre sœur aînée"

D. Creissels note également en mauk. la forme **á̰ŋ** en ajoutant que «le ton initial du nom sera toujours réalisé bas après **á̰ŋ**», ainsi qu'après **à** dans le cadre du syntagme complétif construit sans connectif de liaison. Il faudrait un complément d'enquête pour savoir si les parlers qui possèdent cette forme **a̰ŋ** sont les mêmes que ceux qui ont la forme **ŋ-** comme pronom 1ère pers. sg. Nous n'avons reporté sur le tableau récapitulatif des personnels (tabl. 9) que ceux pour lesquels nous avons pu vérifier ce point, pour les autres nous avons mis un point d'interrogation à côté de la forme **á̰**.

Le pronom deuxième personne du pluriel

C'est sans aucun doute, avec le pronom 3ème pers. pl., celui dont la forme varie le plus d'un parler à l'autre. Nous relevons en effet, sur l'ensemble du

territoire manding ivoirien, les cinq formes suivantes :
- á en teneng., mauk., finang., korok., siak., koyag., korokan et nigbik., auxquels s'ajoutent le baralak. et le sagak. présentant également cette forme qui alterne avec á l u. Remarquons que, dans ces parlers, la forme segmentale de ce pronom est identique à celle du pronom 3ème pers. sg. ; la seule différence est tonale.
- à ì, à y ì ou á y í en wojenek., boduguk., folok., gbelebank., tuduguk., nɔwolok., vanduguk., karanj., avec toutefois des différences tonales : à ì ou à y ì en wojenek. correspond à á y ì en vanduguk. On remarquera ici la similitude quant à la forme segmentale de ce pronom, avec le pronom 3ème pers. pl. dont il ne diffère, là encore, que par le ton.
- á r ì en jula de Kong qui, comme le précédent, ne s'oppose au pronom 3ème pers. pl. que par le ton.
- á á ~ à l ú en woroduguk. et kanik., distincts, par le ton, du pronom 3ème pers. pl.
- áẁ en jula véhiculaire.

Le pronom troisième personne du pluriel

Plus encore que le pronom 2ème pers. pl., la forme de ce pronom constitue un critère de distinction entre les parlers manding de Côte-d'Ivoire, étant donné la variété recensée. En effet, nous avons relevé huit formes qui peuvent être réparties en cinq groupes, comme suit :
- ì ì ~ ì en teneng., mauk., finang., baralak., tuduguk. et vanduguk. Cette forme, originale sur le territoire ivoirien, se rencontre aussi en mandinka de Gambie, parler manding très éloigné de la Côte-d'Ivoire (D. Creissels 1983).
- a i ~ a y i en wojenek., bodoguk., folok., gbelebank., nɔwolok., sienkok. et karanjank. Comme nous l'avons vu précédemment, le ton est l'inverse de celui du pronom 2ème pers. pl. mais la forme segmentale est identique. Notons aussi que le groupe de parlers n'est pas tout à fait le même puisque tuduguk. et vanduguk. en sont exclus.
- à à ~ à l ù en woroduguk., kanik., korokan et sagak.
- ɔ̀ ~ ò ~ ù, ~ ò l ù en siak., koyagak., nigbik. et jula véhiculaire.
- à r í en jula de Kong.

L'observation du système pronominal des vingt-trois parlers manding de Côte-d'Ivoire, outre le critère de différenciation qu'elle fournit à l'étude dialectale, apporte des éléments permettant d'émettre les quelques hypothèses ci-après sur la façon dont a pu se constituer ce système :
- La remarquable stabilité des formes des pronoms 1ère, 2ème et 3ème pers. du sing. dans l'ensemble des parlers laisse supposer que ces formes sont les plus anciennes.

– La similitude dans le comportement morphophonologique des pronoms 1ère pers. singulier et pluriel de certains parlers (du type du maukakan où il se produit un amalgame avec la consonne initiale de la base verbale ou nominale) fait apparaître le lien sémantique existant entre "je" et "nous", "nous" étant peut-être le résultat de "lui" + "je" : **a + n > a̰** ; ce pronom **a̰**, identique dans toute l'aire manding ivoirienne, serait, lui aussi, de forme ancienne.

Tableau 9 – RÉCAPITULATIF DES PERSONNELS NON EMPHATIQUES

	SINGULIER			PLURIEL		
PARLERS	1ère p.	2ème p.	3ème p.	1ère p.	2ème p.	3ème p.
1 tenengakan	ŋ–	í	à	á̰ŋ	á	ì ì
2 maukakan	ŋ–	í	à	á̰ŋ	á	ì
3 finangakan	ŋ–	í	à	á̰ŋ	á	ì ì
4 korokakan	ŋ–	í	à	á̰ŋ	á	ì ì
5 baralakakan	ŋ–	í	à	á̰ŋ	á ~ álù	ì ì
6 wojenekakan	ǹ	ì	á	ǎ̰	àyì ~ àì	áyí
7 bodugukakan	ń	í	à	à̰	áyí	àyì
8 folokakan	ǹ	ì	á	à̰	àyì	áyí
9 gbelebankakan	ǹ	ì	á	à̰	àyì	áyí
10 tudugukakan	ń	è	á	à̰	áyí	ì ì
11 vandugukakan	ń	é	à	á̰	áyì	ì ì
12 nɔwolokakan	ń	í	à	á̰	áyì	àyì
13 sienkokakan	ń	ì	á	à̰	áyí	àyì
14 worodugukakan	ŋ-	í	à	á̰á̰	áá ~ àlú	àà ~ àlù
15 kanikakan	ŋ-	í	à	a̰ŋ	áá ~ àlú	àlù
16 karanjankan	ŋ-	í	à	a̰ ?	áyí	àyì
17 siakakan	ŋ-	í	à	á̰ ?	á	ò ~ òlù
18 koyagakan	ŋ-	í	à	á̰ ?	á	òlù
19 korokan	ŋ-	é	à	á̰ ?	á	àà
20 sagakakan	ŋ-	í	à	á̰ ?	á ~ álù	àà ~ àlù
21 nigbikakan	ŋ-	é	à	á̰ ?	á	ɔ̀
22 jula de Kong	ń	é	à	á̰	árì	àrí
23 jula véhiculaire	ń	í, é	à	á̰	áẁ	ò, ù

N.B. – Rappelons que, à l'exception des parlers n° 2 et 6 pour lesquels une étude tonologique a été faite, notre notation est provisoire dans la mesure où elle ne tient compte que de la réalisation enregistrée dans un nombre limité d'énoncés – ceux du questionnaire – et qu'elle ne donne donc pas le ton des pronoms dans leur forme intrinsèque.

– La corrélation systématique existant dans la plupart des parlers entre les morphèmes du pluriel des nominaux et la finale des pronoms 2ème et 3ème pers. pluriel donne à penser qu'en tout cas ce dernier est le résultat de "il + *pluriel*":

woroduguk.	I à + -lu I > àlù
wojenekakan	I á + -yi I > áyí
jula de Kong	I à + -ri I > àrí

– Enfin, l'absence de différenciation formelle entre ces deux pronoms (la seule distinction est le ton) observable, elle aussi, dans tous les parlers, laisse supposer que, dans un premier temps, ils auraient pu être confondus, la frontière entre les deux n'étant pas aussi nette qu'on pourrait le penser, comme le remarque D. Creissels (1979) : si la distinction entre *moi, toi* et *lui* se fait, dans l'ensemble manding, au singulier, elle disparaît quand on passe au pluriel. C'est que, du point de vue psychique, on fait sans doute plus volontiers la distinction entre un "toi" (engagé dans une relation de communication avec "je" et destinataire) et un "il" (simple référence du discours) dans le cas d'une relation individuelle que dans le cas d'une relation collective, donc beaucoup moins personnalisée. Ce phénomène est d'ailleurs observé dans beaucoup de langues.

3.3.4.2. Les personnels emphatiques

Les différentes formes relevées en Côte-d'Ivoire sont rassemblées dans le tableau 10. Nous avons jugé prudent de ne pas faire figurer les tons, compte tenu du fait que, d'une part la forme tonologique intrinsèque de ces pronoms ne peut être dégagée en l'absence d'étude complète du ton dans chaque parler et que, d'autre part, même dans le cas où cette recherche a été faite – comme c'est le cas pour le le wojenek. étudié par C. Braconnier – le choix de telle ou telle notation serait difficile à faire étant donné la complexité des réalisations tonales attestées.

Nous n'avons noté le ton que lorsque lui seul permet de lever l'ambiguïté entre deux formes homophones, comme pour les pronoms 2ème et 3ème pers. plur. du folok., gbelebank., sienkok., woroduguk. et karanjank.

Un coup d'œil rapide sur ce tableau permet, comme précédemment, de constater l'homogénéité des formes des pronoms au singulier sur l'ensemble manding ivoirien, alors qu'au pluriel ces formes présentent une grande variété dialectale. Il faut également observer que la composition de ces formes emphatiques n'est pas la même dans tous les parlers. En effet, pour certains, la morphologie est claire : le pronom emphatique est composé de la forme non emphatique du pronom et d'un formant, le, lo ou lö selon les parlers, qui est généralement la particule de focalisation (teneng., mauk., boduguk., tuduguk., vanduguk., worodug., siak. et jula véhic.) auquel peut encore s'ajouter un autre formant, e, en tenengak. ou en mauk. Exemple :

maukakan anee < a + le + e

Pour d'autres, la composition est moins évidente. C. Braconnier (*id*, p. 103) donne à propos du wojenek. des arguments qui tendent à montrer que le formant présent dans ile et ale ne doit pas être identifié à la particule de focalisation, d'autant plus que les pronoms du pluriel ne sont pas formés de la même façon : c'est vraisemblablement le morphème du pluriel -lugu qui, tout au moins pour les pronoms 2ème et 3ème pers. plur., entre dans la composition de la forme emphatique de ces pronoms ; on peut d'ailleurs penser que c'est le même morphème dont la consonne initiale est nasalisée au contact de la voyelle nasale de la forme non emphatique, qui entre dans la composition de l'emphatique de 1ère pers. pl. :

maukakan annugu < a + lugu

Ainsi, d'après le tableau 10, nous constatons que les formes emphatiques des personnels du pluriel dans les parlers ivoiriens sont composées :

- soit de la particule de focalisation (parlers 1, 2, 7, 10, 11, 14, 17, 19 et 23) ;
- soit du morphème du pluriel (parlers, 3 à 6, 8, 9, 12, 13, 15, 16, 18, 20, 21) ;
- soit des deux (particule de focalisation + pluriel), (parler 22).

Cet emploi du pluriel intervenant dans la composition des pronoms non emphatiques peut à première vue surprendre. Il faut toutefois noter que, compte tenu des correspondances phonétiques, un seul morphème du pluriel s'est imposé dans tous ces parlers : c'est la forme -lugu, rencontrée seulement en wojenek., alors que nous avons retrouvé les différents morphèmes du pluriel (-ri, -yi, -lu, etc.) dans la formation du pluriel des pronoms de forme non emphatique. Or, ce suffixe -lugu, bien que sa signification soit actuellement perdue et que les correspondances phonétiques ne soient pas toutes attestées (les correspondances -l-/-y- et ɔ/u existent dans certains parlers – cf. 2.1.5.3. et 2.2.), a sans doute une parenté avec les suffixes -yɔgɔri (jula de Kong) et -ñolu (mandinka) dont le sens est "groupe d'individus" (cf. 3 3.1.2.b.). La valeur, en quelque sorte hyperbolique, de ce suffixe ajoutée au pronom est probablement à l'origine de sa valeur emphatique.

Quelques parlers (jula de Kong par exemple) présentent la particularité d'avoir des pronoms emphatiques formés par la combinaison de deux morphèmes : le focalisateur et le pluriel :

jula de Kong	álori	<	a + lo + ri *pr. + foc. + pl.*
jula véhiculaire	awle	<	a + w + le *pr. + pl. + foc*

Tableau 10 – RÉCAPITULATIF DES PERSONNELS EMPHATIQUES

PARLERS	SINGULIER			PLURIEL		
	1ère p.	2ème p.	3ème p.	1ère p.	2ème p.	3ème p.
1 tenengakan	ne	ile	ale	a̰nee	alee	ilee
2 maukakan	ne	ile	ale	a̰nee	alee	ilee
3 finangakan	ne	ile	ale	a̰nuu	aluu	iluu
4 korokakan	ne	ile	ale	a̰nuu	aluu	iluu
5 baralakakan	ne	ile	ale	a̰nuu	aluu	iluu
6 wojenekakan	ni	ile	ale	a̰nugu	alugu	wolugu
7 bodugukakan	ne	ile	ale	a̰le	áyile	àyile
8 folokakan	ne	ile	ale	anuu	áluu	àluu
9 gbelebankakan	ne	ile	ale	anuu	áluu	àluu
10 tudugukakan	nle	ele	ale	a̰ne	ayile	iile
11 vandugukakan	nle	ile	ale	a̰ne	ayile	iile
12 nɔwolokakan	ni	ile	ale	a̰nugu	álugu	àlugu
13 sienkokakan	ne	ile	ale	a̰nugu	álugu	àlugu
14 worodugukakan	nɛ	ile	ale	anö	álö	àlö
15 kanikakan	ne	ile	ale	a̰nugu	álugu	ɔ̀lu
16 karanjankan	ni	ile	ale	a̰nugu	álugu	àlugu
17 siakakan	nde	ile	ale	a̰do	alo	olo
18 koyagakan	nɛ	ile	ale	a̰nuu	aluu	olelu
19 korokan	ni	ele	ale	a̰no	alo	aalo
20 sagakakan	nde	ile	ale	a̰nugu	alugu	aalugu
21 nigbikakan	ni	ile	ale	a̰nugu	alugu	ɔlugu
22 jula de Kong	ne	ile	ale	a̰nori	álori	àlori
23 jula véhiculaire	ne, ni	ile	ale	a̰wle	awle	ole

3.3.5. Conclusions

Avec l'étude des pronoms se termine l'étude comparative du nominal dans les parlers manding ivoiriens. Nous rassemblerons dans le tableau 11 les différentes variations dialectales que nous avons pu noter tout au long de ce chapitre afin de voir s'il est possible, sur la base de ces traits grammaticaux, de regrouper les différents parlers en dégageant leurs caractéristiques. Soient les traits suivants :

- morphème du spécifique
- morphème du pluriel
- connectif de liaison
- 2ème personne plur. non emphatique
- 3ème personne plur. non emphatique
- 2ème personne plur. emphatique
- 3ème personne plur. emphatique

Tableau 11 – RECAPITULATION DES VARIATIONS DIALECTALES DANS LE SYSTEME NOMINAL

PARLERS	Spécifique	Pluriel	Connectif de liaison	2e p. pl. non emph.	3e p. pl. non emph.	2e p. pl. emph.	3e p. pl. emph.
1 teneng.	-o	-olu	yɛ	á	ìì	alee	ilee
2 mauk.	-o	-olu	yɛ	á	ì	alee	ilee
3 finang.	-o	-ẅi	ya	á	ìì	aluu	iluu
4 korok.	-o	-olu	ya	á	ìì	aluu	iluu
5 baralak.	-o	-ẅi	a	á ~ álù	ìì	aluu	iluu
6 wojenek.	-T	T+i, -lugu	ya ~ a - ta	àyì ~ àì	áyí	alugu	wolugu
7 boduguk.	T	-i	la – ta	áyí	àyì	áyile	àyile
8 folok.	T	-yi	la	àyì	áyí	áluu	àluu
9 gbelebank.	T	-yi	ya - ta	àyì	áyí	áluu	àluu
10 tuduguk.	T	-yi ~ -i	la	áyí	ìì	ayile	iile
11 vanduguk.	Ø	-i	la	áyì	ìì	ayile	iile
12 nɔwolok.	T	-yi	ya - ta	áyì	àyì	álugu	àlugu
13 sienkok.	T	-wi	a - ta	áyí	àyì	álugu	àlugu
14 worodug.	-o	-olu	ya - ta	áá ~ àlú	àà ~ àlù	álö	àlö
15 kanik.	-o	-olu	ya	áá ~ àlú	àlù	álugu	òlu
16 karanj.	T	-u	ya	áyí	àyì	álugu	àlugu
17 siakakan	-o	-olu	ya - ta	á	ò ~ òlù	alo	olo
18 koyag.	-o/o̱	-lu	ya	á	òlù	aluu	olelu
19 korokan	T	-VV	ya - ta	á	àà	alo	aalo
20 sagak.	-o̱	-u	yɛ ~ ya - ta	á ~ álù	àà ~ àlù	alugu	aalugu
21 nigbik.	Ø	-o	yɛ ~ a / ta	á	ɔ̀	alugu	ɔlugu
22 jula Kong	T	-T+ri/ -yɔgɔri	ta	árì	àrí	álori	àlori
23 jula véhic.	Ø	-u(-w)	ta	áẁ	ò, ù	awle	ole

Bien que les morphèmes du système nominal des parlers qui nous intéressent accusent une forte dialectalisation – ce que reflète bien le tableau ci-dessus – on constate que certains groupes de parlers qui avaient été dégagés sur la base des traits consonantiques et vocaliques se trouvent ici confirmés :

• Les parlers 1 à 5, qui constituent le groupe I ont en commun plusieurs traits grammaticaux :
– le morphème **-o** pour le spécifique
– le morphème **-olu** (parlers 1, 2, 4) pour le pluriel
– le pronom 2ème pers. plur. **á**
– le pronom 3ème pers. plur. **ìì**
– les pronoms emphatiques 2ème et 3ème pers. plur. **aluu** et **iluu**

• Les parlers 6 à 13, auxquels s'ajoute le parler 16 qui présente, du point de vue des morphèmes du nominal, cinq traits communs avec les parlers 12 et 13, constituent le groupe II, avec les caractéristiques suivantes :
– un morphème tonal pour le spécifique
– le morphème **-yi** ~ **-i** du pluriel (sauf parlers 13 et 16)
– les personnels non emphatiques 2ème et 3ème pers. pl. **ayi**, identiques, segmentalement du moins, à l'exception des parlers 10 et 11, de ce point de vue plus proches des parlers du groupe I.

Notons au passage que les parlers excentriques à l'aire manding que sont les parlers 22 et 23 qui se rattachent à ce groupe, plus par leur vocalisme que leur consonantisme, font ici preuve d'originalité et semblent n'appartenir ni à ce groupe, ni au précédent.

• Par contre, les parlers 14, 15, 17 à 21 qui, par leur consonantisme, formaient le groupe III, semblent se rattacher, par certains de leurs morphèmes du nominal, au groupe I plutôt que constituer un groupe à part. En effet, les parlers 14, 15, 17 et 18 présentent plusieurs traits identiques à ceux du groupe I :
– le morphème **-o** pour le spécifique
– le morphème **-olu** (parlers 1, 2, 4) pour le pluriel
– le connectif **ya**
– le pronom personnel non emphatique 2ème pers. pl. **á** ou **áá**

D'autres parlers de ce groupe (19, 20, 21) présentent, eux aussi, des traits identiques à certains parlers du groupe I :
– le connectif de liaison **yɛ**
– le pronom personnel non emphatique 2ème pers. pl. **á**.

L'étude des variations dialectales des morphèmes nominaux a permis d'affiner la grille de différenciation des parlers manding entre eux, mais aussi de poser des hypothèses quant à leur origine et à la façon dont ils ont pu évoluer.

3.4. LES PRÉDICATIFS

Comme nous venons de le voir au chapitre précédent, les parlers manding ivoiriens distinguent trois types de prédication :
- la prédication non verbale
- la prédication verbale
- la prédication verbo-adjectivale.

Nous allons voir maintenant si ces marques prédicatives peuvent constituer des critères de différenciation entre les parlers, et si leur forme et leur valeur respectives sur l'ensemble de l'aire manding ivoirienne présentent un intérêt pour la reconstruction du proto-manding.

3.4.1. Les prédicatifs non verbaux

Nous allons reprendre ici une partie importante de nos conclusions publiées dans un article du premier numéro de *Mandenkan* (Derive, 1981), largement enrichies des critiques très judicieuses de D. Creissels parues dans le n° 4 (1982) de cette même revue.

Rappelons que sous le terme "prédicatifs non verbaux" nous désignons les morphèmes prédicatifs qui s'adjoignent à des termes lexicaux déjà associés aux marques caractéristiques du constituant nominal. Ces morphèmes apparaissent dans trois schèmes d'énoncé dont la valeur peut se caractériser, pour deux d'entre eux, comme une valeur d'identification, et pour le troisième, comme une valeur de situation. Ainsi nous étudierons :
- les prédicatifs d'identification à un terme
- les prédicatifs d'identification à deux termes
- les prédicatifs de situation

3.4.1.1. Le prédicatif non verbal d'identification à un terme

Ce premier schème peut être caractérisé par la forme proposée par M. Houis :

$$\underbrace{\text{Np}}_{\text{P}}$$

dans laquelle N représente le nominal, p le morphème prédicatif et P le prédicat[6].

Les variations du morphème prédicatif dans les différents parlers manding de Côte-d'Ivoire sont présentés dans le tableau 12[7].

Tableau 12 – LE PRÉDICATIF NON VERBAL D'IDENTIFICATION DANS UN SCHEME À UN TERME

Parlers	Positif	Négatif	*Parlers*	Positif	Négatif
1 tenengakan	ye	tɛ	*13 sienkokokan*	ye	tɛ
2 maukakan	ye	tɛ	*14 woroduguk.*	lo ~ lö	tɛ
3 finangakan	ye	tɛ	*15 kanikakan*	lo/le	tɛ
4 korokakan	ye	tɛ	*16 karanjankan*	ni/le	tɛ
5 baralak.	ye/ni	tɛ	*17 siakakan*	le/lo ~ do	tɛ
6 wojenek.	le	tɛ	*18 koyagakan*	lo	tɛ
7 boduguk.	le	tɛ	*19 korokan*	lo/nu̯ le mu	tɛ
8 folokakan	le	tɛ	*20 sagakakan*	o/ye mu	tɛ
9 gbelebank.	ye	tɛ	*21 nigbikakan*	ye mu	tɛ
10 tuduguk.	le	tɛ	*22 jula de Kong*	lo/lo mu/nu	tɛ ~ ti
11 vanduguk.	do	tɛ	*23 jula véhic.*	lo	tɛ
12 nɔwolok.	le	tɛ			

Il suffit d'un rapide examen de ce tableau pour s'apercevoir que le critère de différenciation entre les parlers réside plus dans la forme du prédicatif positif que dans celle du morphème négatif qui, lui, est uniformément tɛ ou ti sur l'ensemble du territoire manding.

Quatre types de marque se dégagent suivant les règles de correspondance phonétique :

1. lo, lö, do, o, nu, nu̯
2. mu, ye mu, le mu, lo mu
3. le, ni
4. ye

On constate que plusieurs parlers présentent souvent deux prédicatifs : ainsi, en sagak., les deux énoncés suivants auront la même signification :

---

[6] Précisons que ce prédicatif a été recensé à partir des énoncés suivants :.71b. "c'est de la bonne viande", 192a. "qui est-ce ?" du Q.I.L., et aux § I.5.2. "c'est le mien", "c'est le tien, ...", II.1. "c'est une femme", "c'est la femme", VI.1. "ce n'est pas une femme".

[7] Pour les mêmes raisons que précédemment, nous n'avons pas indiqué les tons des prédicatifs.

sagakakan	1.	**sɔ̀ʁɔ̀ cɛ́mbá** <u>**yé mú**</u>	"c'est de la bonne viande"
	2.	**sɔ̀ʁɔ̀ cɛ́mbá** <u>**ɔ̀**</u>	*idem*

De même, le siak. utilise **le** dans :	**ń tá lè**	"c'est le mien"
mais emploie **lo** dans :	**mùso lɔ̀**	"c'est une femme"
ou **do** dans :	**jɔ̰́ dɔ̀ ?**	"qui est-ce ?"

Ici encore, on a sans doute affaire à un phénomène de "contamination" par les parlers voisins, hypothèse que seule pourrait confirmer une enquête plus intensive pour évaluer la fréquence et la valeur de ces différentes marques dans un même parler. Cependant, du point de vue de la géographie linguistique, ces marques prédicatives permettent de distinguer quatre groupes de parlers (cf. carte 62) :

• LE GROUPE I, type **lo** : parlers 11, 14, 17 à 20, 22, 23, c'est-à-dire les parlers situés à la périphérie ou à l'extérieur de l'aire manding ivoirienne (cf. carte 62).

Remarque

Notons que les formes **do** et **o**, correspondantes régulières de **lo** sur le plan phonétique, sont peu fréquentes en Côte-d'Ivoire. En effet, la marque **do**, attestée en vanduguk., parler de l'extrême-nord de l'aire manding ivoirienne et très proche du Mali, est la forme courante du présentatif en Bambara. Quant à la forme **o**, tout à fait originale dans l'ensemble de la zone manding et attestée en sagak., elle est très intéressante du point de vue du lien syntaxique très étroit qui lie ce prédicatif d'identification au nominal qui le précède ; en effet, lors de l'étude comparative des consonnes, nous avions observé que dans ce parler la consonne alvéolaire **l** disparaît en position intervocalique mais aussi à l'initiale des suffixes, d'un préfixe et de certaines postpositions (cf. II.1.5.3.). Nous constatons ici que la consonne initiale du prédicatif obéit à la même règle, à savoir qu'elle disparaît.

Il faut souligner, enfin, qu'en sagak., c'est avec ce prédicatif **o** que se combine le participe résultatif **-nḭ** :

sagakakan **à táʁanḭ ɔ̰̀** /lui/parti/c'est/ "il est parti"

alors que dans les autres parlers, on aura soit **ye** ou **be**, soit le participe seul.

• LE GROUPE II, type **mu** - Cette forme, peu représentée en Côte-d'Ivoire (parlers 19, 20, 21 et 22), est, de plus, rarement employée isolément (nous avons cependant relevé : **jɔ̰́tigi mù** "qui est-ce ?" en nigbik.). Elle est généralement précédée de **lo**, **le** ou **ye**.

Remarque

On se souviendra que la forme **ye mu** n'est que la correspondante phonétique de **le mu** : nous avons vu (cf. 2.1.5.3.) que le **-l-** intervocalique dans certains parlers correspondait parfois à la palatale **-y-** ; ceci apparaissait notamment dans la formation des noms d'action où le suffixe **-yi** correspond à **-li** (**fɔ̀yi/**

fòlì "salutation". Il est intéressant de signaler que ces formes le mu ou lo mu se rencontrent aux extrémités de l'ensemble manding : tout à fait à l'ouest, dans le mandinka de Gambie, et à l'extrême est, dans le marka du Burkina Faso. En Côte-d'Ivoire, à l'exception du korokan dont nous reparlerons plus loin, le jula de Kong est le seul parler où l'on retrouve tantôt le mu tantôt lo mu, les particules le ou lo pouvant être dissociées du prédicatif mu, comme le montrent les exemples suivants (repris de M.-J. Derive, 1980c) :

mùso <u>lè</u> tì <u>mú</u> wá cɛ̀ ? "c'étaient des filles ou des garçons ?"
fille/*foc.*/*inact.*/*préd.*/ou/garçon

kő màsa dẹ́ri <u>lò̰</u> dő <u>mú</u> "[ils disent] que ce sont sans doute des fils de roi"
que/roi/fils/*préd.*/sans doute/*préd.*

Toujours en jula de Kong, nous avons également rencontré les formes nu ou ni comme variante de lo ou de le, toujours précédées d'une voyelle nasale – comme le précise A. Sangare (1983) :

> «Le trait de nasalité en finale du monème se réalise [...] par une nasalisation de la consonne suivante : cette nasalisation est liée à son tour à la fermeture de la voyelle de certains monèmes : N + lo > nu, -N + le > ni.»

Précisons cependant qu'en julakan de Kong lo et sa variante nu, et le avec sa variante ni, employés seuls sans mu, ne sont pas interchangeables : l'un est prédicatif d'identification attesté dans la structure à un seul terme nominal – il s'agit de lo ~ nu – l'autre est une particule de focalisation et il ne peut pas, dans ce parler, apparaître seul dans un schème à un terme. Les deux exemples qui suivent illustreront l'emploi de l'un et de l'autre (M.-J. Derive, *id.*) :

(...) à tá dẹ́ <u>nṵ̀</u> sà "c'est son enfant"
pr. 3e p.sg./*conn.*/enfant/*préd.*/enfin

jini fa̰kelẹ <u>nì</u> tì bɛ́ à sògo fyèrera
Jini Fankelen/*foc.*/*inact.*/*préd.*/*pr. 3e p.sg.*/viande/acheter+*suff.*
"c'est le génie Fankélen qui était en train d'acheter sa viande"

Le korokan, à l'extrême sud de l'aire manding ivoirienne, présente, comme nous le verrons plus loin, plusieurs marques prédicatives qui nous le font rapprocher du jula de Kong, notamment cette forme nṵ, recueillie dans l'exemple suivant :

sògo ɲárámà̰ nṵ̀ "c'est de la bonne viande"

De plus, D. Creissels, dans un article sur le système des marques prédicatives de ce parler (1984) reconnaît, pour ce schème d'identification, un prédicatif mu régulièrement associé au focalisateur le qui, lorsqu'il le précède immédiatement, s'amalgame en une syllabe lo. C'est cette forme qui est attestée dans les exemples que nous avons relevés :

mìsò̰ lò̰ "c'est une femme"

Ce même auteur ajoute que, lorsque «focalisateur et prédicatif se trouvent dissociés, cet amalgame est évidemment exclu». Soit l'énoncé suivant, dans lequel le prédicatif mu est attesté :

mísò̰` lè tá wɛ́ɛ` mú "c'est à la femme qu'appartient l'argent"
femme/*foc.*/*conn.*/argent/*spéc.*/*préd.*

• LE GROUPE III, type le : parlers 6, 7, 8, 10, 12 et 16 auxquels s'ajoutent les parlers 15 et 17 qui utilisent soit le soit lo, sans qu'on sache exactement ce qui justifie l'emploi de l'une ou l'autre forme. En siak., lo et le semblent fonctionner indifféremment comme prédicatif d'identification ou comme focalisateur ; ainsi, dans les énoncés suivants :

mìsò lò	"c'est une femme"
í tá lé	"c'est le tien"

lo et le peuvent tous deux permuter avec la marque négative tɛ. On notera cependant une préférence pour le dans la formation du pluriel des nominaux.

mùsò lélù	"ce sont des femmes"

De même, l'exemple qui suit illustre bien la variation de le, lo ou do (après voyelle nasale) comme focalisateur :

ń de léé nàna	"c'est moi qui vais venir"
íle léé nàna	"c'est toi qui vas venir"
àle léé nàna	"c'est lui qui va venir"
á̰ dòó nàna	"c'est nous qui allons venir"
á lòó nàna	"c'est vous qui allez venir"
ó lòó nàna	"ce sont eux qui vont venir"

N.B. - L'allongement de la voyelle de le ou lo est le fait de l'amalgame de le + ye dont nous reparlerons à propos des prédicatifs verbaux.

Cette forme do que l'on retrouve, toujours après voyelle nasale, dans l'énoncé suivant : jɔ̰́ dò "qui est-ce ?" est, dans l'état actuel de nos connaissances, tout à fait inexplicable sur le plan phonétique.

En kanikan, le prédicatif d'identification le plus fréquent est le mais il semble possible d'utiliser aussi do, comme l'attestent les énoncés suivants :

dḛ̀ <u>lé</u>		"c'est un enfant"
dḛ̀ <u>lé</u> yènḭ	enfant/*foc.*/voir+*suff.*	"c'est l'enfant qui a été vu"

Comme l'a fort justement montré D. Creissels (1982), certains parlers comme le maukakan présentent une forme léé pour ce prédicatif qui pourrait être, à tort, interprétée comme étant identique à celle dont nous parlons ici ; mais

> «la longueur vocalique [...] impose de reconnaître là l'amalgame de le + ye. D'ailleurs, le prédicatif le a, en maukakan, la propriété générale de toujours pouvoir se réduire à une simple copie de la voyelle à laquelle il succède immédiatement.»

• LE GROUPE IV, type ye : formé par les parlers 1 à 5, 9 et 13, c'est-à-dire, comme on le voit sur la carte 62, dans la zone occidentale de l'aire manding ivoirienne. Nous citerons quelques exemples de l'emploi de ce prédicatif, relevés en gbelebank. et en sienkok., dans lesquels il apparaît explicitement ; en effet, dans les autres types du maukakan, il est souvent amalgamé à le, comme nous l'avons signalé précédemment :

gbelebankakan	**jɛ̀nɛ̀tì yé**	"qui est-ce ?"
sienkokakan	**jètígí yé**	*idem*

Ce même énoncé se serait traduit en korok. par

korokakan	**cɛ̀tii wé < |cɛti ye o le|**

c'est-à-dire comme un énoncé à deux termes, ce dont nous allons parler au § 3.4.1.2.

Hypothèse sur l'étymologie des prédicatifs

Cet aperçu des variations du prédicatif d'identification dans un schème à un terme sur l'aire manding ivoirienne nous permet d'abord de constater que, là encore, la Côte-d'Ivoire présente un état de dialectalisation maximale où se retrouvent quasiment toutes les formes attestées dans l'ensemble manding et, en second lieu, à partir des variétés relevées, de formuler quelques hypothèses sur l'étymologie de ces prédicatifs, en reprenant largement celles proposées par D. Creissels (1981a) à propos des prédicatifs des parlers bambara et jula.

Comme le fait remarquer D. Creissels (*op. cit.*), la particule de focalisation qui est le plus souvent **le** ou **de** dans l'ensemble manding, et qui est aussi prédicatif d'identification comme nous venons de le voir dans certains parlers,

> «provient d'un radical ancien à valeur de verbe "être" d'identification ou de prédicatif non verbal d'identification [...] selon les données comparatives, non seulement au niveau Mandé mais même au niveau Niger-Congo.»

On se référera à ce propos aux séries comparatives de Westermann et Greenberg[8]. **le** serait donc la forme la plus ancienne.

La forme **mú** que l'on ne rencontre qu'à la périphérie du domaine manding (extrême ouest et extrême est) est sans doute de création plus récente que **le** comme prédicatif d'identification, mais, comme le note D. Creissels

> «[sa] distribution suggère que, en tant que prédicatif, **mu** remonte au moins à la période qui a précédé le développement de la diversification dialectale actuellement observable en manding ; cette forme est même peut-être plus ancienne puisqu'on la retrouve en vaï en en kono.»

Quant aux deux autres formes, **le ~ lö ~ do ~ o** et **ye**, ce sont «des innovations postérieures au développement de divergences dialectales en manding».

Nous reprendrons ici les deux étymologies proposées par cet auteur :

---

8 Dans sa liste de mots comparés au groupe Adamawa-Eastern (*The Languages of Africa* , 1966), GREENBERG donne, pour le verbe "être", les formes suivantes :

Temne	**re**	Ewe	**le**	Efik	**di**	Indri	**le**
Mandé	**le**	Ibo	**di, ri**	Proto-Bantu	***de**	Feroge	**li**
Kasele	**de**	Santrokofi	**le**	Gbaya	**de**		

• En premier lieu, lo serait, comme il le démontre, le résultat de l'amalgame de la «séquence particule de focalisation + prédicatif d'identification», soit le schéma suivant :

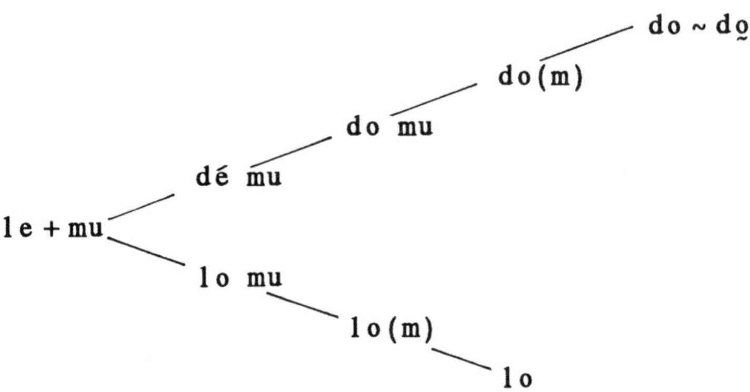

Le timbre vocalique de o est

> «de manière évidente à expliquer comme résultat de l'influence de la syllabe mù sur la voyelle e de la particule de focalisation.»

Quant au fait que certains parlers présentent d au lieu de l, cela

> «relève du problème général d'une alternance dialectale entre d et l qui affecte justement en particulier la particule de focalisation.»[9]

• Ensuite, ye, que nous avons relevé dans un schème à un terme, mais que, en bambara, D. Creissels cite comme prédicatif d'identification dans un schème à deux termes et qui existe aussi, comme nous le verrons plus loin, dans certains parlers ivoiriens, est à rapprocher du verbe ye "voir". Comme nous l'avons rencontré dans les parlers occidentaux de l'aire manding ivoirienne, ce prédicatif ye correspond à celui que d'autres parlers, comme le jula de Kong, utilisent dans la structure présentative N + yé, par exemple : ń tá yé "voici le mien" qui est la formule d'introduction des contes.

Pour appuyer cette hypothèse selon laquelle ce prédicatif viendrait du verbe ye, D. Creissels mentionne

> «le caractère banal et très largement attesté à travers les langues les plus diverses de l'évolution selon laquelle, à partir d'un verbe signifiant "voir" se crée une structure dont la valeur immédiate, de type présentatif, peut s'élargir ultérieurement vers une valeur plus abstraite d'identification [...]»

et l'auteur évoque le cas du français et du présentatif "voici" qui, "de toute évidence, résulte du figement d'un emploi du verbe "voir" à l'impératif."

---

[9] En effet, en bambara, cette particule est dé.

3.4.1.2. Le prédicatif non verbal d'identification à deux termes

Ce deuxième schème d'identification comporte deux termes nominaux et une marque prédicative ; le terme nominal qui succède à cette marque prédicative est marqué d'une postposition ; soit le schème suivant proposé par M. Houis :

$$\underbrace{N}_{S} \quad \underbrace{p\ NC + post}_{P}$$

dans lequel N est le nominal en fonction sujet S, p est le prédicatif, NC le nominal marqué comme circonstant par la postposition, l'ensemble "prédicatif + nominal" formant le prédicat P. Soit l'ensemble ci-après emprunté au jula de Kong :

ń bé jùlà yé "je suis dioula" ń tɛ́ jùlà yé "je ne suis pas dioula"

dont l'énoncé suivant est en tous points l'équivalent :

jùlà bé ní yé jùlà tɛ́ ní yé

La valeur équative de ce schème a été constatée dans tous les parlers.

Les différentes formes de ce morphème sont rassemblées dans le tableau 13[10].

Un rapide coup d'œil à ce tableau suffit pour constater que, si c'est encore la marque du positif qui, plus que celle du négatif, est sujette à des changements, elle ne constitue cependant pas un réel critère de différenciation entre les parlers. En effet, la forme la plus attestée est ye, à l'exception du jula de Kong et du jula véhiculaire qui ont be ~ bɛ et du korokan qui présente la forme wɛ. Par contre, la postposition qui marque le deuxième nominal comme circonstant présente deux formes, le et ye ; ce critère de distinction, ajouté à ce que nous venons de dire du prédicatif, nous permet tout de même de repérer trois groupes de parlers en Côte-d'Ivoire :

• LE GROUPE I, type ye... le : parlers 1, 2, 9, 14 à 18.

• LE GROUPE II, type ye...ye : parlers 3 à 8, 10 à 13, 20, 21.

• LE GROUPE III, type bɛ ~ be...ye : parlers 22 et 23 auxquels s'ajoutent le parler 19 qui présente la forme wɛ, correspondante phonétique de bɛ.

La carte 63 illustre la répartition géographique de ces groupes.

---

[10]Ce prédicatif a été recensé à partir des énoncés suivants : 30."cette femme est mon épouse", 213. "ceci est à toi, ceci est à moi" du Q.I.L., et aux § I.7. "celui-ci est un forgeron, ceux-ci sont des griots", I.8. "la femme qui est venue est la mère de Moussa", VI.2. "tu es dioula" – "tu n'es pas dioula" _ "je suis Sékou" – "Moussa est forgeron" du questionnaire grammatical.

Tableau 13 – LE PRÉDICATIF NON VERBAL D'IDENTIFICATION DANS UN SCHÈME À DEUX TERMES

PARLERS	Positif	Négatif	*PARLERS*	Positif	Négatif
1 tenengakan	ye...le	tɛ...le	*13 sienkokokan*	ye...ye	tɛ...ye
2 maukakan	ye...le	tɛ...le	*14 woroduguk.*	ye...le	tɛ...le
3 finangakan	ye...ye	tɛ...ye	*15 kanikakan*	ye...le	tɛ...le
4 korokakan	ye...ye	tɛ...ye	*16 karanjankan*	ye...ɛ/le	tɛ...ɛ/le
5 baralak.	ye...ye	tɛ...ye	*17 siakakan*	ye...le	tɛ...le
6 wojenek.	ye...ye	tɛ...ye	*18 koyagakan*	ye...le	tɛ...le
7 boduguk.	ye...ye	tɛ...ye	*19 korokan*	wɛ...ye	tɛ...ye
8 folokakan	ye...ye	tɛ...ye	*20 sagakakan*	ye...ye	tɛ...ye
9 gbelebank.	ye...le	tɛ...le	*21 nigbikakan*	ye...ye	tɛ...ye
10 tuduguk.	ye...ye	tɛ...ye	*22 jula de Kong*	bɛ...ye	tɛ...ye
11 vanduguk.	ye...ye	tɛ...ye	*23 jula véhic.*	be...ye	tɛ...ye
12 nɔwolok.	ye...ye	tɛ...ye			

Remarques

1. Comme l'a fait si justement remarquer D. Creissels à propos du maukakan, la présence du prédicatif ye ne se manifeste que par la longueur vocalique de la voyelle finale du terme qui le précède, lequel est généralement le focalisateur le, et par une modification tonale. Soit la réalisation suivante :

maukakan [mùso mínì ŋmùsò léé wé] < ..... ŋmuso le+ye o+le
femme/*dém.+foc./pr.1e p.sg.*/femme "cette femme est mon épouse"

dans laquelle léé est l'amalgame de le focalisateur + ye prédicatif, et wé l'amalgame de ò pronom substitutif ("celui en question") + lé postposition.

Nous avons observé que dans de nombreux parlers, la réalisation de ye dans sa forme segmentale complète dépend de la place du focalisateur le, selon qu'il est devant ou derrière ye. Soient les deux énoncés suivants, rencontrés en folok., et qui ont tous deux la même signification :

1. [jùla líí yé] < |jula le ye i ye| "tu es dioula"
2. [i yé jùla lé yé]

Dans l'énoncé 1. ye prédicatif s'amalgame au focalisateur le, alors que dans l'énoncé 2., il apparaît sous sa forme segmentale complète, n'étant pas précédé de le ; il est intéressant, du point de vue de la frontière syntaxique entre les morphèmes, de noter que la postposition ye, bien qu'ayant la même forme phonique que le prédicatif, ne s'amalgame pas au focalisateur.

Dans d'autres parlers, le wojenek. par exemple, qui n'utilisent pas nécessairement le dans ce type de schème, le prédicatif ye n'apparaît pas pour autant sous sa forme segmentale complète. Exemple :

wojenek. [mùsáá kárámɔ̀gɔ̀ yé] < musa + ye "Moussa est marabout"

dans lequel la présence de ye n'est manifestée que par la longueur vocalique et le ton de la voyelle finale de musa.

Dans le cadre d'une enquête extensive comme celle que nous avons menée en Côte-d'Ivoire, il est difficile de préciser toutes les conditions de réalisation complète de ye dans tous les parlers. Par contre, nous avons pu observer que ce prédicatif d'identification ne s'amalgame jamais lorsqu'il a les formes be ~ bɛ ou wɛ.

2. Quant à la postposition le, elle est, selon D. Creissels (1982), à rapprocher, du point de vue dialectologique

> «d'une postposition de valeur identique attestée sous la forme di en maninka de Guinée, et sous la forme ti dans les parlers occidentaux.»

Elle n'est pas, contrairement à ce qu'affirme P. Gingiss (1973) à propos du woroduguk., une «réduplication» du morphème de l'emphase, mais bien une postposition dont le ton est différent de celui du focalisateur comme le montre l'exemple suivant :

1. nbɛ́mácɛ́ɛ dɔ̀nsɔ̀ lè lé "mon grand-père est chasseur"
pr.1e p.sg./grand-père/*préd.*/chasseur/*foc.*/*post.*
2. nbɛ́mácɛ́ lèé dɔ̀nso lé < ..... le + ye

Selon la place du focalisateur le, ces deux énoncés signifient, soit "c'est bien chasseur qu'est mon grand-père", soit "c'est bien mon grand-père qui est chasseur". Dans les deux cas, la postposition le est placée au même endroit : nous nous trouvons ici en présence d'un schème identique à celui rencontré en maukakan.

Par ailleurs, le peut se réduire dans certains cas à ɛ (karanjank.), le -l- intervocalique ayant, là, encore, disparu, comme dans l'exemple suivant où ɛ s'amalgame à la dernière voyelle du nominal. :

karanjank. [í yé jùrɛ̌] < |í jùyérà ɛ́| "tu es dioula"

3. Nous citerons enfin l'énoncé qu'un locuteur du korokan a donné pour traduire "cette femme est mon épouse" :

karanjank. [mùso mḭ́ yé, ndá mùso lɔ̀] "voici cette femme, c'est ma femme"

Cette phrase est très intéressante, non pas comme type d'énoncé d'identification à deux termes – puisque ce n'est pas ce schème qui est attesté ici – mais plutôt par le découpage en deux énoncés qui confirment tout à fait l'hypothèse qu'a proposée D. Creissels au sujet de l'origine de ce schème à deux termes. En effet, dans son article sur l'étymologie des prédicatifs d'identification (*op. cit.*) cet auteur suggère, comme explication à l'apparition de ce schème, de

> «rapprocher cette construction à valeur équative d'une construction à valeur ostensive [...] qui se présente comme N + yé»

dont nous avons déjà parlé précédemment. Ainsi, D. Creissels formule l'hypothèse selon laquelle

> «[...] la structure d'identification 'N_1 + yé + N_2 + yé/lé/di', a dû se développer à partir de la structure à valeur présentative 'N + yé', par l'adjonction d'une expansion marquée d'une postposition signifiant l'identification.»

Le schème d'énoncé se serait formé à partir des deux énoncés suivants : "voici N, c'est N". Or l'énoncé attesté en korokan traduit exactement cela. Compte tenu de cette remarque, il n'est peut-être pas étonnant de retrouver dans certains parlers, comme postposition marquant l'identification, le prédicatif d'identification, comme c'est le cas de le notamment.

3.4.1.3. Le prédicatif non verbal de situation

Généralement, ce schème est constitué de deux nominaux reliés par un prédicatif dont nous verrons plus loin les variations, le deuxième nominal étant marqué comme circonstant puisqu'associé à une postposition ; toutefois, dans certains parlers, ces mêmes nominaux peuvent ne pas admettre de postposition. Soit le schème suivant :

N	p NC / N
S	P

dans lequel la fonction sujet S est assumée par un nominal N, et celle du prédicat P est assumée par un nominal N marqué ou non comme circonstant. Exemple :

woroduguk.	seku ɛ sɔ̃	"Sékou est dans le village"
siakakakan	seku wɛ́ sɔ̃ lɔ̃	*idem*

Ce type de prédication a généralement une valeur situative. Précisons que c'est par des énoncés appartenant à ce schème que les parlers manding expriment aussi la possession et la description ; par exemple, "j'ai de l'argent" se traduira par "l'argent est sur moi", de même "elle a une petite bouche" par "une petite bouche est sur elle", ou encore "elle a faim" par "la faim est sur elle". De la même façon, l'expression "il y a quelque chose là" se traduit par "quelque chose est là".

Ceci explique qu'en ce qui concerne les variations du prédicatif spécifique à ce schème, nous ayons relevé un nombre particulièrement important d'énoncés dans les deux questionnaires[11] .

On notera l'utilisation très répandue que font les parlers manding de cette prédication de situation dans une construction ayant une valeur aspectuelle de progressif. Par exemple "elle pile le mil" se traduit souvent par "elle est dans le pilage du mil". Comparons les trois exemples suivants :

[11] Trente-et-une phrases dans le questionnaire lexical (n° 1, 2, 3, 5, 10, 22, 23, 25, 27, 29, 30, 42, 47, 54, 58, 63, 73, 78, 79, 81, 83, 85, 89, 95, 110, 177, 179, 196, 199, 203, 208) et § VI.3. "Sékou est dans le village / n'est pas" – "elle pile le mil", et VIII.4. "il a faim" du questionnaire grammatical.
Ces phrases n'ont cependant pas toutes le même équivalent selon les parlers. Ainsi, "il a une grosse tête" peut se traduire par "sa tête est grosse" (énoncé qui utilise le prédicatif verbo-adjectival), ou encore "ces poils sont noirs" par "ce sont des poils noirs" (prédicatif d'identification).

teneng.	**[jʊ̀lálʊ̀ʊ́ báɣá lɔ̰́ɔ̰́ŋó lá]** jula+*pl.*+*préd.*/riz/manger+*spéc.*/dans	"les Dioula sont en train de manger du riz"
finang.	**[jʊ̀làyì yé báá nʊ́ʊ̰́na]** jula + *pl* ./*préd.*/riz/manger+*suff.*	*idem*
jula de Kong	**[jʊ̀lárì bɛ́ màlò dómʊ́ lá]** jula + *pl* .+/*préd.*/riz/manger+*spéc.*/dans	*idem*

En teneng. et en jula de Kong, il s'agit d'une prédication non verbale situative – du type de celle que nous présentons maintenant – avec le prédicatif **ye** amalgamé au nominal (teneng.) ou **bɛ** (jula de Kong) employé avec un verbo-nominal marqué ici comme constituant nominal par le morphème du spécifique qui est **ó** dans le premier exemple, et le ton haut dans le deuxième. Par contre, dans l'exemple en finang., il s'agit d'une prédication verbale où le prédicatif **yé** est associé à une base verbo-nominale à laquelle est suffixé le morphème **-la** (réalisé **-na** après voyelle nasale).

Dans la mesure où, bien souvent, le prédicatif est le même et où postposition et suffixe coïncident du point de vue segmental, la reconnaissance de la prédication comme verbale ou non verbale dépend donc uniquement de la présence ou de l'absence du marqueur du défini qui, dans de nombreux parlers est **ó** mais qui, dans d'autres, n'est manifesté que par le ton qui affecte la voyelle finale du verbo-nominal.

Tableau 14 – LE PRÉDICATIF NON VERBAL DE SITUATION

Parlers	Positif	Négatif	*Parlers*	Positif	Négatif
1 tenengakan	**ye**	**tɛ**	*13 sienkokokan*	**ye**	**tɛ**
2 maukakan	**ye**	**tɛ**	*14 woroduguk.*	**yɛ ~ ye ~ e**	**tɛ**
3 finangakan	**ye**	**tɛ**	*15 kanikakan*	**ye ~ yɛ**	**tɛ**
4 korokakan	**ye**	**tɛ**	*16 karanjankan*	**ye**	**tɛ**
5 baralak.	**ye**	**tɛ**	*17 siakakan*	**wɛ**	**tɛ**
6 wojenek.	**ye**	**tɛ**	*18 koyagakan*	**wɛ**	**tɛ**
7 boduguk.	**ye**(rare **bɛ**)	**tɛ**	*19 korokan*	**wɛ**	**tɛ/ti**
8 folokakan	**ye**	**tɛ**	*20 sagakakan*	**wɛ/ye**	**tɛ**
9 gbelebank.	**ye**	**tɛ**	*21 nigbikakan*	**wɛ/ye**	**tɛ**
10 tuduguk.	**ye**	**tɛ**	*22 jula de Kong*	**bɛ/ye**	**tɛ/ti**
11 vanduguk.	**bɛ/ye**	**tɛ**	*23 jula véhic.*	**bɛ**	**tɛ**
12 nɔwolok.	**ye**	**tɛ**			

Le tableau 14 présente les variations de ce prédicatif dans l'ensemble des parlers manding ivoiriens. Là encore, le prédicatif négatif est partout le même : un seule forme prévaut, **tɛ**, qui peut parfois être **ti** (korok. et jula de Kong). Au positif, on distingue trois marques différentes qui permettent la répartition suivante (cf. carte 64) :

• LE GOUPE I, type **ye ~ yɛ ~ ɛ** : formé par la majorité des parlers 1 à 16.

• LE GOUPE II, type **wɛ** : parlers 17 à 21, tous situés à l'est de la partie méridionale de l'aire manding ivoirienne.

• LE GOUPE III, type **bɛ** : parlers 22 et 23, c'est-à-dire les parlers excentriques à ce territoire manding que sont le jula d'Abidjan et de Kong, encore que dans ce dernier parler coexistent en fait deux prédicatifs puisqu'on trouve aussi la forme **ye**, comme l'attestent les deux exemples suivants extraits des *Contes dioula* (M.-J. Derive 1980c, p. 80 et 46) :

tó yé bó̰ ná (...) "il y a de la nourriture dans la maison"
mùsò sàwà bɛ́ à fɛ̀ (...) "il a trois femmes"

La forme **wɛ** est la correspondante phonétique régulière de **bɛ**. Ceci confirme ce que nous avons dit sur les correspondances de la consonne initiale de certains morphèmes qui sont bien souvent identiques à celles de la consonne intervocalique : ici **b** se spirantise en **w** (cf. II.1.5.).

Remarque

Rappelons que le prédicatif **ye** s'amalgame le plus souvent à la voyelle qui le précède, entraînant pour cette dernière un allongement et une modification du ton. Une étude phonologique précise pour chaque parler permettrait de déterminer les conditions de réalisation de ce morphème sous sa forme segmentale complète. Dans l'état actuel de nos recherches, nous ne pouvons que constater cet amalgame. Par exemple, en teneng. nous trouvons les deux énoncés suivants :

1. **jɛ́gɛ́ yè jí lɔ̀** "il y a un poisson dans l'eau"
2. **kɔ̰̀ɔ̰̀ɔ̰́ lá < |kɔ̰ɔ̰ ye a la|** "il a faim"

Dans l'énoncé 1, le prédicatif apparaît dans sa réalisation segmentale complète ; en 2, il n'apparaît que par l'allongement de la voyelle finale et le ton haut.

Si nous regroupons l'ensemble des morphèmes prédicatifs au positif apparaissant dans la prédication non verbale (tableau 15), nous constatons que la distinction entre les différentes valeurs de cette prédication n'est pas toujours repérable selon les parlers. En effet, d'après le tableau, nous voyons se constituer trois groupes de parlers :

Tableau 15 – RÉCAPITULATIF DES PRÉDICATIFS NON VERBAUX (AU POSITIF)

PARLERS	PRÉDICATIFS NON VERBAUX		
	d'identification à un terme	d'identification à deux termes	de situation
1 tenengakan	ye	ye...le	ye
2 maukakan	ye	ye...le	ye
3 finangakan	ye	ye...ye	ye
4 korokakan	ye	ye...ye	ye
5 baralakakan	ye/ni	ye...ye	ye
6 wojenekakan	le	ye...ye	ye
7 bodugukakan	le	ye...ye	ye
8 folokakan	le	ye...ye	ye
9 gbelebankakan	ye	ye...le	ye
10 tudugukakan	le	ye...ye	ye
11 vandugukakan	do	ye...ye	bɛ/ye
12 nɔwolokakan	le	ye...ye	ye
13 sienkokakan	ye	ye...ye	ye
14 worodugukakan	lo ~ lö	ye...le	yɛ ~ ye ~ ɛ
15 kanikakan	lo/le	ye...le	ye ~ yɛ
16 karanjankan	ni/le	ye...ɛ/le	ye
17 siakakan	le/lo ~ do	ye...le	wɛ
18 koyagakan	lo	ye...le	wɛ
19 korokan	lo/nu̱ ~ le mu	wɛ...ye	wɛ
20 sagakakan	o/ye mu	ye...ye	wɛ/ye
21 nigbikakan	ye mu	ye...ye	wɛ/ye
22 jula de Kong	lo/lo mu/nu	bɛ...ye	bɛ/ye
23 jula véhiculaire	lo	bɛ...ye	bɛ

• LE TYPE A qui regroupe les parlers présentant *un prédicatif identique* pour les trois schèmes de prédication non verbale. C'est le cas des parlers 1 à 5, 9 et 13 situés dans la zone occidentale de la partie sud du territoire manding, qui n'utilisent que la forme ye.

• LE TYPE B constitué des parlers 6, 7, 8, 10, 12, 14, 15, 16, qui présentent *deux prédicatifs* : l'un à valeur d'identification (le plus souvent le), l'autre utilisé dans une prédication d'identification à deux termes et dans une prédication à valeur situative (généralement ye).

• LE TYPE C auxquels appartiennent les parlers qui distinguent *trois prédicatifs* selon les trois schèmes de prédication. Ce sont les parlers 11, 17 à 23 tous situés à la périphérie du territoire manding.

Notons que l'on peut encore, à l'intérieur de ces trois groupes, repérer des sous-types selon la forme segmentale de la postposition entrant dans la prédication d'identification à deux termes (soit **ye**, soit **le**).

Si l'étude comparée du choix des morphèmes dans la prédication non verbale nous a permis de regrouper les parlers de Côte-d'Ivoire selon trois types, en revanche, pour ce qui est de les regrouper sur la base de la répartition de ces marques prédicatives, nous ne pouvons que conclure à l'impossibilité de procéder à un tel regroupement dès lors que l'on envisage l'ensemble des morphèmes positifs : au mieux on ne pourra constituer que des groupes de deux ou trois parlers.

3.4.2. Les prédicatifs verbaux

Nous rappellerons ici le schème de la prédication verbale tel que l'a défini M. Houis :

$$NS \quad \underbrace{p\ (NO)\ BVN}_{P}\ (NC)$$

dans lequel le prédicat verbal est constitué par l'association d'un morphème prédicatif p et d'une base verbo-nominale BVN entre lesquels peut s'insérer un nominal en fonction d'objet (NO). Selon que cette position de l'objet est occupée ou non, on parlera de construction transitive ou instransitive. Le nominal sujet NS nécessairement présent, sauf à l'impératif singulier, précède immédiatement la marque prédicative. L'ordre des termes est fixe ; toute permutation produit un énoncé agrammatical comme le montre l'exemple ci-après, où base verbo-nominale et nominal objet ne peuvent pas permuter :

à kà màlò dɔ́mú "il a mangé du riz", mais ***a ka domu malo**

Il existe cependant un autre schème que celui que nous venons de définir, celui où le prédicatif apparaît suffixé à la base verbale. Il s'agit d'un prédicatif à valeur d'accompli propre à la construction intransitive. Le schème est le suivant :

$$NS \quad \underbrace{BVN + p}_{P}\ (NC)$$

qu'illustre l'exemple ci-après :

jula de Kong à táárá "il est parti"

Une autre particularité de la prédication verbale des parlers manding, déjà signalée à propos du constituant syntaxique (§ 3.1.2.), est qu'il n'existe pas de classe d'unités purement verbales.

Notons enfin une dernière caractéristique du système prédicatif manding que l'on rencontre dans tous les parlers : la négation ne s'exprime pas par l'adjonction d'une marque spécifique aux morphèmes de conjugaison, comme en français par exemple, mais est totalement intégrée au système des marques prédicatives. Comme c'était le cas dans la prédication non verbale, les morphèmes prédicatifs présentent une très grande homogénéité d'un parler à l'autre et ne constituent donc pas un critère distinctif.

Les prédicatifs verbaux seront présentés suivant leur valeur aspectuelle, selon la terminologie généralement utilisée par les chercheurs spécialistes du manding :

- les prédicatifs à valeur d'*inaccompli*, impliquant un procès non terminé, parce qu'il est soit en cours de réalisation (*présent*), soit potentiellement réalisable (*éventuel*) ;
- le prédicatif à valeur d'*accompli* ;
- le prédicatif à valeur d'*injonctif* (hortatif ou prohibitif).

3.4.2.1. Les prédicatifs verbaux de l'inaccompli

a) Le présent

Les prédicatifs de ce type indiquent que le procès est soit statique (à valeur d'habituel), soit dynamique (à valeur de progressif). En effet, plusieurs parlers marquent cette opposition par l'emploi de prédicatifs différents[12].

On constate, à la lecture du tableau 16, que c'est, là encore, au positif que les prédicatifs constituent des critères de distinction entre les parlers, sur la base desquels ils pourront être divisés en deux groupes :

• TYPE A : ceux qui ne marquent pas l'opposition habituel/progressif (parlers 2 à 5, 12, 14 à 18).

• TYPE B : ceux qui marquent cette opposition (parlers 6 à 11, 13, 19 à 23).

---

[12] Les prédicatifs marquant le présent habituel ont été relevés dans douze phrases du questionnaire lexical (n° 38, 41, 60, 61, 68c, 73, 76, 91, 136, 155, 167, 214) et aux § VII.1.2 "les Dioula mangent du riz tous les jours / ne mangent pas de ..." et VIII.3. "toutes les nuits, il se lève", du questionnaire grammatical.

Ceux du présent progressif ont été relevés dans 49 phrases du questionnaire lexical (n° 7, 8, 9, 11, 14, 20, 34, 39, 40, 44, 45, 53, 55, 57, 69, 71, 77, 80, 86, 87, 96, 112, 132b, 137, 138, 141, 142, 143, 147, 149, 150, 152, 160, 161, 168, 170, 171, 174, 175, 178, 182, 193, 195, 197, 200, 202, 204, 212, 216) et aux § VII.1.1. "les Dioula sont en train de manger du riz / ne sont pas en train...." , et VIII.4 "je vais au marché", du questionnaire grammatical

Tableau 16 – LE PRÉDICATIF VERBAL DE L'INACCOMPLI (PRÉSENT)

PARLERS	PROGRESSIF		HABITUEL	
	Positif	Négatif	Positif	Négatif
1 tenengakan	(ye) VN + o la	tɛ VN + o la	(ye) VN-la	tɛ VN-la
2 maukakan	(ye) VN(-la)	tɛ VN-la	*idem* Progressif	*idem* Progressif
3 finangakan	(ye) VN-a	tɛ VN-la	*idem* Progressif	*idem* Progressif
4 korokakan	(ye) VN-la	tɛ VN-la	*idem* Progressif	*idem* Progressif
5 baralakakan	(ye) VN-a	tɛ VN-la	*idem* Progressif	*idem* Progressif
6 wojenekakan	(ye) kaa	tɛ kaa	(ye) VN-ra	tɛ VN-ra
7 bodugukakan	ye ka	tɛ ka	ye VN-la	tɛ VN-la
8 folokakan	(ye) ka	tɛ ka	ye VN-la	tɛ VN-la
9 gbelebankakan	(ye) kaa	tɛ kaa	ye VN-la	tɛ VN-la
10 tudugukakan	(ye) ka	tɛ ka	ye VN-la	tɛ VN-la
11 vandugukakan	bɛ ka	tɛ ka	bɛ VN-la	tɛ VN-la
12 nɔwolokakan	ye VN-la	tɛ VN-la	*idem* Progressif	*idem* Progressif
13 sienkokakan	(ye) ka	tɛ ka	(ye) VN-a	tɛ VN-a
14 worodugukakan	(ye) VN-la	tɛ VN-la	*idem* Progressif	*idem* Progressif
15 kanikakan	(ye) VN-la	tɛ VN-la	*idem* Progressif	*idem* Progressif
16 karanjankan	(ye) VN-a	tɛ VN-a	*idem* Progressif	*idem* Progressif
17 siakakan	wɛ VN-la	tɛ VN-la	*idem* Progressif	*idem* Progressif
18 koyagakan	wɛ/ye VN-la	tɛ VN-la	*idem* Progressif	tɛ VN-la
19 korokan	wɛ VN-la	tɛ VN-la	ye	tɛ ~ ti
20 sagakakan	wɛ VN(-a)	tɛ VN-a	ye VN(-a)	tɛ VN(-a)
21 nigbikakan	wɛ VN-a	tɛ VN-a	ye VN(-a)	tɛ VN(-a)
22 jula de Kong	bɛ VN-ra	ti/tɛ VN-ra	ye	ti
23 jula véhiculaire	bɛ VN-la	tɛ VN-la	bɛ	tɛ

Remarque

On notera l'absence du tenengakan (n° 1) dans l'un et l'autre groupe. En effet, dans ce parler, tout comme en mandinka de Gambie, la prédication à valeur progressive est de construction non verbale qui se distingue de la construction verbale par la présence d'un suffixe (en l'occurrence le morphème -o marqueur du défini), marque caractéristique des constituants nominaux. Précisons que certains parlers manding ivoiriens connaissent les deux types de prédication, pour exprimer cette valeur progressive[13] .

[13] Nous avons déjà eu l'occasion, à propos de la prédication non verbale, de parler de ce point délicat que constitue la frontière entre les deux types de prédication, laquelle ne se manifeste souvent que par un morphème tonal.

A l'intérieur de ces deux groupes, on peut établir des sous-groupes en fonction de la forme segmentale des prédicatifs. Comme l'avait déjà constaté D. Creissels (1980), le plus souvent, ce sont les mêmes que ceux que nous avons relevés comme prédicatifs de situation (cf. tableau 15).

type A [A1 : parlers 2 à 5, 12, 14, 15, 16
A2 : parlers 17 et 18

Les parlers du *groupe A1* forment le présent en utilisant le prédicatif **ye** avec un lexème verbo-nominal (VN) auquel est suffixé soit **-la**, soit **-a** dans les parlers pour lesquels le **-l-** intervocalique a disparu (finang., baralak. et karanjank.). Sur le tableau 16, le prédicatif est mis entre parenthèses car, comme nous l'avons déjà signalé à propos de la prédication non verbale, il n'apparaît que très rarement sous sa forme segmentale complète ; le plus souvent il ne se manifeste que par un allongement et une modification du ton de la voyelle qui le précède. Le suffixe **-la** est noté lui aussi entre parenthèses car nous avons observé que dans certains parlers, il peut être absent ; en mauk. par exemple, D. Creissels a noté ces faits sans réussir lui non plus à déterminer les conditions d'emploi de ce suffixe ; nous avons rencontré dans ces parlers des énoncés comme les suivants, extraits du Q.I.L. :

138. **[ì tɛ́ tá̰á̰ gɛ́, ìí tó̰ó̰ gɛ́]** "ils ne luttent pas, ils jouent"
|i tɛ ta̰a̰ kɛ, i ye to̰o̰ kɛ|

142. **[àá sḛ̀ŋó másìsàlà]** "il se frotte la jambe"
< a ye sḛ + o masisala

dans lesquels on peut observer d'une part, dans les deux phrases, la présence de **ye** amalgamé aux pronoms **ì** et **à** respectivement, et d'autre part la présence du suffixe **-la** dans la seule phrase 142, sans raison explicable, du moins dans les limites de notre enquête.

Les parlers appartenant au *groupe A2* utilisent le même schème mais avec le prédicatif **wɛ** et non **ye**. Il faut signaler cependant que le koyag. utilise indifféremment les deux prédicatifs pour l'une ou l'autre valeur, sans que l'on ait pu, ici aussi, repérer les conditions d'emploi : on a rencontré ainsi les énoncés suivants :

L'exemple suivant, emprunté à C. Braconnier (1983) illustre bien ce point :

wojenekakan 1. **ì yè kùmà´ rà** "tu es en train de parler"
*pr. 2 p.sg./préd./*parole*/déf./post.*
2. **ì yè kùmà rà (kǒ-jùgù)** "tu parles (beaucoup)"

L'auteur précise que l'énoncé 2. qui, sans aucun doute, est verbal, exprime "du point de vue sémantique un inaccompli neutre quant à l'opposition aspectuelle progressif/habituel".

152a. à yé màlɔ̀syɛ̰̀ lè kɛ́la "il cultive le riz"
152b. à wɛ́ kɔ̀ɔ̀mà̰ tṵ́tṵ́lá "il plante un piquet"
55. á̰ yé tágámáná̰ lè kà̰ "nous marchons sur le chemin"

et un énoncé quasiment identique :

132b. à wɛ́ táɡámá ʃyá kà̰ "il marche sur le chemin"

Dans cette dernière phrase, on peut constater, là encore, l'absence du suffixe -la (ou -na derrière voyelle nasale).

Comme on peut le voir sur la carte 65, les parlers appartenant au type A se situent, à l'exception du nɔwolokakan, dans la zone sud sud-ouest de l'aire manding ivoirienne.

• Type B - Ce groupe, qui distingue un présent à valeur progressive d'un présent à valeur habituelle, peut se subdiviser en deux groupes à l'intérieur desquels ont peut encore reconnaître deux sous-groupes.

Type B
- B1
  - B1a : parlers 6 à 10, 13
  - B1b : parlers 11
- B2
  - B2a : parlers 20, 21
  - B2b : parlers 19, 22

Le groupe B1 se caractérise par l'emploi des prédicatifs ye ka ~ kaa ou bɛ ka pour opposer le présent progressif au présent habituel qui, lui, se marque par une forme identique à celle rencontrées dans les parlers de type A, à savoir le prédicatif ye suivi du lexème verbo-nominal auquel est suffixé -la ou -a. Il faut bien spécifier que pour ce qui est de la valeur sémantique de l'opposition marquée par ces deux prédicatifs, cette distinction est très approximative et commode pour notre exposé. Il faudrait bien évidemment approfondir ce point dans chaque parler[14].

Remarque

Avant de présenter le deuxième groupe de parlers appartenant à ce type B, il est important de rappeler que, du fait du caractère extensif de toute étude dialectale, celle-ci présente des résultats qu'il faut considérer comme non exhaustifs. Etant donné l'absence d'une étude tonale approfondie des prédicatifs recensés dans chaque parler, la frontière entre prédication verbale et prédication non verbale n'est pas toujours aisée à déterminer. C'est ce qui se passe pour les

[14] En wojenekakan par exemple, C. BRACONNIER comme nous venons de le signaler dans la note précédente, a relevé une valeur d'inaccompli "neutre" à cette construction que nous avons classé comme "habituel".

parlers du groupe B1 qui distinguent un procès en cours d'accomplissement d'un procès envisagé comme habituel en utilisant un morphème **ka** après le prédicatif **bɛ** ou **ye** (qui est aussi celui de la prédication non verbale de situation). Dans certains parlers, le ton et la longueur vocalique de ce morphème permettent de le différencier de ce qu'on pourrait appeler l'infinitif – et dans ce cas il s'agira d'une prédication verbale marquée par les prédicatifs **bɛ** (ou **ye**) **ka** – mais dans d'autres au contraire, il se confond avec le marqueur de l'infinitf ; dans la mesure où l'infinitif est, comme on le sait,

> «la forme nominale du verbe dont la fonction essentielle est d'énoncer purement et simplement le procès exprimé par le verbe.» (Marouzeau, 1989)

on peut dire, à la suite de la remarque de D. Creissels (1981b) à propos du bambara

> «qu'il s'agit toujours là d'énoncés se rattachant au schème des énoncés nominaux à prédicat de situation [...].»

Nous soulignons cependant que cette valeur d'infinitif accordée au verbe manding par l'adjonction du morphème **ka** ne ressemble que d'assez loin à celle qu'on lui attribue en français ; en effet, dans la mesure où il n'y a pas, dans les parlers manding, de verbe *stricto sensu* mais seulement des verbo-nominaux, les différentes fonctions habituellement assumées par l'infinitif en français le sont en manding par le verbo-nominal sans la marque **ka** de l'infinitif. La seule occurrence ressemblant à un infinitif que nous ayons trouvée dans notre enquête est celle du verbe en citation (ex. **kà** (ou **kɛ̀**) **nà** "venir"). Par conséquent, il faut préciser que c'est d'un type d'énoncés nominaux bien particulier qu'il s'agit ici.

Ainsi, parmi les sept parlers qui ont ce morphème **ka**, certains (vanduguk. par exemple) présentent, pour l'inaccompli progressif, une construction qui relève de la prédication non verbale (il faudrait, pour en être sûr, une étude tonologique plus approfondie), alors que d'autres, comme le wojenek., témoignent d'une construction verbale ; l'étude tonologique très précise qu'a fait C. Braconnier de ce parler permet d'affirmer qu'il s'agit bien là d'un énoncé verbal ayant un prédicatif à valeur progressive spécifique **yè káà**, et non d'un énoncé nominal dans lequel le prédicatif **yè** se combinerait avec le morphème de l'infinitif, puisque celui-ci diffère à la fois par la longueur vocalique et par le ton : **ká**.

Le groupe B2, lui, marque l'opposition entre ces deux valeurs, progressif/ habituel, par l'emploi du prédicatif **wɛ** ou **bɛ** pour la première, et le plus souvent **ye** pour la seconde. Nous pouvons noter que, toujours de ce point vue, le korokan ressemble au jula de Kong puisqu'il n'emploie jamais le suffixe **-la** avec le prédicatif **ye**, à la différence des parlers qui lui sont géographiquement les plus proches (sagak. et nigbik.). Les exemples suivants illustrent ces différents emplois :

korokan	*Habituel*	**èé ʃyá̰ sà ɲá < a ye ʃya̰ sa ɲa** *pr.3e p.sg.+préd.*/avoir peur/serpent/devant "il a peur des serpents"
	Progressif	**à wɛ́ à sḭ́ḭ́ kwɔ̀la** "elle est en train de se laver les seins"

sagakakan *Habituel* **à yé ʃyáná sà ɲá**
pr.3e p.sg.+préd./avoir peur+*suff.*/serpent/devant
"il a peur des serpents"

Progressif **ŋ wɛ́ kàwà fítíniɔ̃́ tà**
pr.1e p.sg.+préd./pierre/petite+*déf.*/prendre
"je suis en train de prendre la petite pierre"

korokan *Habituel* **ɲɔ̃́ɔ̃̀ bɛ́ɛ́ lɔ̃́ < n ye o bɛɛ lɔ̃́**
pr.1e p.sg./préd./ceux-ci/tous/connaître
"je les connais tous"

Progressif **jùàɔ́ wɛ́ báʁá dɔ̰́ná**
Dioula+*pl./préd.*/riz cuit/manger+*suff.*
"les Dioula sont en train de manger du riz"

Comme on le voit sur la carte 65, les parlers distinguant ces deux valeurs d'inaccompli se situent dans le nord-ouest du territoire manding ivoirien, à la périphérie de la zone méridionale et dans les parlers excentriques à cette aire.

Cette brève présentation des prédicatifs caractérisant un procès en cours de réalisation nous amène à conclure que, compte tenu de la similitude avec les prédicatifs non verbaux de situation, l'origine de ce type de prédication verbale est à chercher dans la prédication nominale. En effet, même si aujourd'hui ces deux types de prédication se distinguent nettement dans de nombreux parlers, il semble bien que la construction verbale à valeur progressive résulte du figement d'une construction non verbale à valeur situative. Par exemple, une phrase comme "elle est en train de s'habiller" serait, à l'origine, soit "elle est dans l'habillement", soit "elle est à s'habiller", qui a un tour vieilli en français, mais qui contient cette idée de procès en cours d'accomplissement.

b) L'éventuel

D'autres prédicatifs verbaux marquent un procès non réalisé parce qu'il est en puissance de réalisation. C'est la notion d'éventualité qui nous semble constituer le meilleur dénominateur commun aux divers emplois rencontrés dans les parlers manding de Côte-d'Ivoire. Dans le cadre de cette enquête extensive, il nous a été assez difficile de saisir avec précision les valeurs accordées à tel ou tel prédicatif, aussi avons-nous jugé commode d'utiliser les termes «proche» et «lointain» pour désigner l'opposition que font certains parlers entre deux types d'éventuel, même si cela risque, pour certains, d'être inexact.

Les différentes marques prédicatives de l'éventuel ont été regroupées dans le tableau 17[15].

---

15 Elles ont été relévées dans les phrases 49b. "il viendra à la saison sèche", 64. "le rat va rentrer dans le trou", 130. "tu viendras avec lui", 156. "nous boirons de l'eau" et 194 "quand viendras-tu?" du QIL, et au § VII.2. du questionnaire grammatical.

Tableau 17 – LE PRÉDICATIF VERBAL DE L'INACCOMPLI (ÉVENTUEL)

PARLERS	POSITIF		NEGATIF	
1 tenengakan	yɛa		tɛa	
2 maukakan	yaa, kaa		taa	
3 finangakan	(ye) na	–tɔ	tɛ na	–tɔ tɛ
4 korokakan	na	–tɔ	tɛ na	–tɔ tɛ
5 baralakakan	(ye) na	kɔtɔ/-tɔ	tɛ na	–tɔ tɛ
6 wojenekakan	na	kɔtɔ/-tɔ	tɛ na	kɔtɔ/-tɔ tɛ
7 bodugukakan	na	kɔtɔ/-tɔ	tɛ na	kɔtɔ/-tɔ tɛ
8 folokakan	bɛ na	kɔtɔ/-tɔ	tɛ na	kɔtɔ/-tɔ tɛ
9 gbelebankakan	bɛ na	kɔtɔ/-tɔ	tɛ na	kɔtɔ/-tɔ tɛ
10 tudugukakan	bɛ na	kɔtɔ/-tɔ (ye)	tɛ na	kɔtɔ/-tɔ tɛ
11 vandugukakan	bɛ na	kɛcɔ/-cɔ ~ tɔ	tɛ na	kɛcɔ/-tɔ tɛ
12 nɔwolokakan	bɛ na	kɔtɔ/-tɔ	tɛ na	kɔtɔ/-tɔ tɛ
13 sienkokakan	bɛ na	kɔtɔ/-tɔ	tɛ na	kɔtɔ/-tɔ tɛ
14 worodugukakan	ya	(kɔ̈)*	ta	(tɛ kɔ̈)*
15 kanikakan	ya	/–tɔ	ta	–tɔ tɛ
16 karanjankan	bɛ na	kɔtɔ/-tɔ	tɛ na	kɔtɔ/-tɔ tɛ
17 siakakan	(ye) na	-tɔ	tɛ na	-tɔ tɛ
18 koyagakan	ye na	-tɔ	tɛ na	-tɔ tɛ
19 korokan	ye na		ti na	
20 sagakakan	(ye) na		tɛ na	
21 nigbikakan	(ye) na		tɛ na	
22 jula de Kong	be (na) ~ ye (na)		tɛ (na)	
23 jula véhiculaire	be na		tɛ na	

* Formes relevées par P. Gingiss (1973) que nous n'avons, pour notre part, jamais rencontrées.

Remarques

1. Tant au positif qu'au négatif, on trouve, dans bon nombre de parlers, deux types de prédicatifs, le premier dans la colonne correspondant à un éventuel "lointain" et le second à un éventuel "proche" et dans ce dernier cas, on observe, là encore, dans la plupart des parlers, une distinction entre deux formes. Ces différents emplois sont illustrés dans les quatres groupes d'exemples ci-après relevés en boduguk. :

1.	**à nà wá**	"il partira"
1 bis	**à tɛ́ nà wá**	"il ne partira pas"
2.	**à wátɔ́**	"il va partir"
2 bis	**à wátɔ́ tɛ́**	"il ne va pas partir"
3.	**á̰ kɔ́tɔ́ màlò là̰**	"nous allons planter du riz"
3 bis	**á̰ kɔ́tɔ́ tɛ́ màlõ̀ là̰**	"nous n'allons pas planter de riz"
4.	**á̰ nà màlò là̰**	"nous planterons du riz"
4 bis	**á̰ tɛ́ nà màlõ̀ là̰**	"nous ne planterons pas de riz"

Les énoncés 1 et 4 attestent un couple de prédicatifs **na/tɛ na**, ayant, tant au positif qu'au négatif, une valeur de futur non immédiat qui s'oppose, respectivement, à ceux des énoncés 2 et 3 ; ici, la marque est différente selon que le verbe est intransitif ou transitif : l'intransitivé étant indiquée par la suffixation du morphème **-tɔ** à la base verbo-nominale, et, pour le négatif, une forme identique suivie de **tɛ**, alors que la transitivité est marquée par l'emploi des prédicatifs **kɔtɔ/kɔtɔ tɛ**.

Il faut signaler que cette forme suffixée avec **-tɔ** existe dans tous les parlers manding, tout comme avec le suffixe **-lḭ ~ -nḭ** dont nous reparlerons à propos de l'accompli, dans une construction où elle a la propriété syntaxique de déterminer un nom ; on désigne habituellement ces formes suffixées sous la terme de «participe». Nous citerons comme exemple l'énoncé suivant :

boduguk. **ń nɔ̀ sòí tɛ̀mɛ̰̀tɔ yéla**
pr. 1e p.sg./acc./cheval+*pl.*/passer+*suff.*/voir+*suff.*
"j'ai vu des chevaux qui passaient"

dans lequel le participe en **-tɔ** détermine le nom et ne constitue, en aucun cas, le prédicat. Outre cet emploi attesté dans tout l'ensemble manding, ces participes peuvent entrer directement dans la construction de certains types de structures prédicatives, comme c'est le cas dans cette prédication à valeur d'éventuel proche. Mais là, comme l'a observé D. Creissels (1980)

> «un contraste fondamental peut être dégagé entre :
> a) les parlers [maninka] où l'emploi de participe comme prédicat *sans marque prédicative explicite* est totalement productif ;
> b) ceux [mandinka] où une telle construction est absolument impossible et où un participe ne peut donner naissance à un prédicat qu'en s'associant à une marque prédicative non verbale.»

On peut constater, à la lecture du tableau 17, que la majorité des parlers manding ivoiriens se définissent comme appartenant au type a)., pour le positif tout au moins.

Si cette forme suffixée en **-tɔ** est très fréquente dans le monde manding, en revanche le prédicatif **kɔtɔ ~ kɛcɔ ~ kaa ~ kö** utilisé avec les verbes à construction transitive n'a, à notre connaissance, jamais été signalé comme marque de l'éventualité. Nous proposerons à la fin de cette présentation des prédicatifs de l'éventuel, quelques hypothèses sur l'origine de ce prédicatif.

2. On remarque de plus la relative variété des formes au négatif, contrairement aux autres prédicatifs qui, généralement, ont une forme unique sur l'ensemble du territoire manding ivoirien, identique le plus souvent à celle des autres variétés du manding. En effet, nous relevons les formes **tɛa-taa-ta ~ tɛ na** qui, d'ailleurs, sont intéressantes dans la mesure où elles attestent vraisemblablement les stades d'une évolution dont le schème a pu être le suivant :

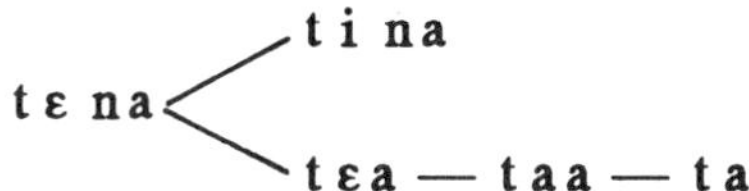

C'est d'ailleurs sans doute un schème identique qui peut expliquer les formes **yaa** et **ya** relevées en teneng., mauk., woroduguk. et kanik. à partir de **ye na**.

3. Comme c'est le cas dans de nombreuses langues, le prédicatif à valeur d'«éventuel lointain» utilisé dans toute l'aire manding ivoirienne est visiblement issu du lexème verbal **na** "venir", employé soit seul (korok., baralak., wojenek., boduguk.) au positif, soit associé à un autre prédicatif **ye** ou **be**. Rappelons que dans le cas où c'est le prédicatif **ye** qui est associé à **na**, il ne se manifeste le plus souvent que par le changement de longueur et de ton de la voyelle qui le précède. Exemple :

finangakan **àá nà wà** | **a ye na wa** | "il partira"

c'est pourquoi nous l'avons mis entre parenthèses sur le tableau.

Les marques prédicatives relevées dans notre corpus nous permettent de répartir comme suit les parlers qui nous intéressent (cf. carte 66) :

• LE GROUPE I constitué des parlers 1, 2, 14 et 15 qui se caractérisent par l'emploi du couple de prédicatifs **yaa ~ yɛa ~ ya/taa ~ tɛa ~ ta**. Il faut noter, en mauk.[16], l'emploi d'un prédicatif **kaa**, réalisé **kɛɛ** à Koonan, moins utilisé que **yaa** et qui a également une valeur d'éventualité. Il peut être employé avec des verbes construits transitivement et intransitivement ce qui, par conséquent, interdit tout rapprochement avec le prédicatif **kɔtɔ** présent dans les autres parlers manding, d'autant plus qu'au négatif, c'est le morphème **taa** que nous rencontrons et non la forme ***kaa tɛ** à laquelle on pourrait s'attendre si **kaa** correspondait à **kɔtɔ**. Voici quelques énoncés extraits du Q.I.L. dans lesquels ce prédicatif apparaît :

64. **tɔ̀lɔ̀ káá lɔ̀ŋ gyà̰ó lɔ́** "un rat va entrer dans le trou"
rat/*préd.*/entrer/trou+*déf.*/dans

49b. **à káá nà fɔ̃̀ɔ̃̀ lá** "il viendra à la saison sèche"
pr. 3e p.sg./préd./venir/saison sèche/dans

49b. **í kɛ́ɛ́ tɛ́ɛ́ lɔ́ ɲɔ̰́** "quand partiras-tu ?"
pr. 2e p.sg./préd./partir/jour/quel

et à Koonan[17] :

í kɛ́ɛ́ tɛ́ɛ́ mḭ́ "où vas-tu partir?"
í tã́ã́ táá "tu ne partiras pas"

---

[16] Rappelons que notre enquête a été menée au village de Ganhoué, près de la sous-préfecture de Ouaninou.

[17] Les enquêtes faites dans ce village situé à une trentaine de kilomètres de Ganhoué ont généralement montré peu de différences dialectales.

Par contre, dans les phrases suivantes, nous retrouvons le prédicatif **yaa** :

130. **ílé ní àlè yàà tàá** "tu partiras avec lui"
pr. 2e p.sg./avec/*pr. 3e p.sg.*/*préd.*/partir

156. **á̱ yáá gyí mì̱** "nous boirons de l'eau"
pr. 1e p.pl./*préd.*/eau/boire

156. **ɗyénì̱ yáá sàyà kɛ̀ (...)** "l'enfant va mourir (...)"
enfant/*préd.*/mort/faire

Dans les limites de notre enquête, il ne nous a pas été possible de déterminer quelle est la valeur exacte de ce prédicatif, ni de trouver une explication à la variante **kɛɛ** qui, visiblement, a une influence sur la voyelle du verbe ; nous nous contenterons de signaler son existence, du moins en maukakan de Ganhoué, car il n'est pas noté dans le lexique de D. Creissels dont l'informateur principal était originaire de Mwààlùù, village du Maou situé du côté guinéen.

• LE GROUPE II comprenant les parlers 3 à 7, 17 à 21 qui marquent le futur lointain à l'aide des prédicatifs **ye na/tɛ ~ ti na**. A l'intérieur de ce groupe, il convient de distinguer :

– ceux qui connaissent un seul type de prédication à valeur d'éventuel (parlers 19, 20, 21)
– ceux qui connaissent deux types de prédication. A l'intérieur de ce sous-groupe, on peut observer que dans certains parlers (3, 4, 17 et 18), le prédicatif **kɔtɔ** n'a pas été relevé. On pourrait donc, sur la base de ce deuxième critère, affiner la classification en distinguant à nouveau deux sous-groupes. La prudence nous incite cependant à nous en tenir à une classification plus grossière car même si ce prédicatif n'a pas été recensé dans notre corpus, nous ne saurions affirmer qu'il n'est pas utilisé par les locuteurs de ces parlers ; seul un questionnaire plus détaillé nous permettrait d'avoir quelque certitude sur ce point.

• LE GROUPE III formé par les parlers 8 à 13, 16, 22 et 23 qui présentent la particularité d'utiliser les prédicatifs **bɛ ~ be na/tɛ na**. Par contre, à la lumière des études plus détaillées qui ont été faites par G. Dumestre sur le jula véhiculaire, et sur le jula de Kong par nous-même, nous pouvons affirmer avec certitude que dans ces deux parlers, la distinction lointain/ proche n'est pas marquée et que l'emploi de la forme suffixée en **-tɔ**, ainsi que celui du prédicatif **kɔtɔ** n'est attesté que dans les autres parlers (8 à 13, 16) qui constituent, par conséquent, un sous-groupe à l'intérieur de ce groupe.

La répartition des parlers manding selon les marques prédicatives de l'éventuel peut se résumer par le schéma suivant :

Groupe	Sous-groupe	Parlers	Formes
Groupe I		parlers 1, 2, 14 et 15	**yaa/taa**
Groupe II	IIa	parlers 19, 20, 21	**(ye) na/tɛ na**
	IIb — IIb1	parlers 3, 4, 17, 18	**(ye) na/tɛ na** **-tɔ/-tɔ tɛ**
	IIb — IIb2	parlers 5, 6, 7	**(ye) na/tɛ na** **-tɔ-kɔtɔ/-tɔ tɛ** **kɔtɔ tɛ**
Groupe III	IIIa	parlers 8 à 13, 16	**bɛ na/tɛ na** **-tɔ-kɔtɔ/-tɔ tɛ** **kɔtɔ tɛ**
	IIIb	parlers 22 et 23	**bɛ na/tɛ na**

Hypothèse sur l'origine du prédicatif ***kɔtɔ***

Nous voudrions ici proposer une hypothèse sur l'origine de ce prédicatif signalé, jusqu'à présent, uniquement sur le territoire ivoirien. La forme dialectale **kɛcɔ** recueillie en vanduguk. peut nous fournir des éclaircissements sur ce point. En effet, le suffixe **-cɔ** correspondant de **-tɔ**, attesté dans l'exemple suivant :

ń kà sòí tɛ̀mɛ̀cɔ̀ yé "j'ai vu les chevaux qui passaient" ou "... en train de passer"

et soudé au verbo-nominal **kɛ**, nous indique clairement qu'il s'agit ici de la forme participiale du verbo-nominal "faire". La forme négative actuelle, qui existe dans tous les parlers connaissant ce prédicatif, est révélatrice du type de prédication qui était, à n'en pas douter, non verbale à l'origine.

Actuellement, certains parlers comme le koyag. attestent ce type de prédication en associant au participe un prédicatif non verbal. L'énoncé **nɛ́ lé nàtɔ̀ yé** "c'est moi qui vais venir" relève sans conteste de la prédication non verbale dont nous avons parlé plus haut ; littéralement, cet énoncé pourrait se traduire par "me voici arrivant". En fin de compte, un énoncé tel que **í kɛ́cɔ́ jí tà** attesté en vanduguk. est, vraisemblablement, issu d'une prédication non verbale qui devrait s'approcher d'un énoncé tel que ***í kɛcɔ ye ji ta la** qui signifierait "te voici en train de faire la prise de l'eau". Nous citerons, pour étayer cette hypothèse, les énoncés suivants relevés en gbelebank.

1. **mʊ́sóyì kɔ̀tɔ̀ jɛ̀nɛ̀ kɛ́lá sìnì** "— Que feront les femmes demain ?"
femmes+*pl.*/*préd.*/quoi/faire+*suff.*/demain

2. (réponse) **àyi kɔ̀tɔ̀ fánǐ kɔ́** "— Elles laveront le linge"

dans lesquels on peut observer notamment en 1. la présence du suffixe **-la**, vestige probable de la postposition qui figurait dans la prédication non verbale.

Ainsi, l'actuel prédicatif **kɔtɔ** serait le résultat de cette forme participiale **kɛtɔ** ou **kɛcɔ**, la voyelle de première syllabe ayant été assimilée par la voyelle finale : la forme négative **kɔtɔ tɛ** serait elle aussi le vestige de cette prédication non verbale à l'origine.

Une autre hypothèse, qui nous semble, elle, toutefois beaucoup moins fondée compte tenu de la position syntaxique très fixe des termes de l'énoncé dans les parlers manding, consisterait à rapprocher étymologiquement **kɔtɔ** d'un lexème verbal signifiant "se presser, se hâter" (**kɔ̆rɔ̆tɔ̆** en wojenek., **kɔ̆ɔ̆tɔ̆** en mauk.).

3.4.2.2. Le prédicatif verbal de l'accompli

Il s'agit de tous les prédicatifs qui indiquent que le procès est complètement achevé au moment où le locuteur parle. Nous verrons que le critère de transitivité ou d'intransitivité de la construction verbale est, dans la plupart des parlers, déterminant au niveau de l'inventaire des prédicatifs de l'accompli, ce qui n'était pas le cas pour l'inaccompli.

Les différents morphèmes de l'accompli recensés dans chaque parler ont été rassemblés dans le tableau 18[18]. Remarquons que celui-ci a été dressé à partir de deux critères fondamentaux retenus par la majorité des parlers :

1. la transitivité ou non-transitivité de la construction verbale, déjà évoquée plus haut
2. la distinction entre "lointain" et "proche", étant entendu que si cette dénomination est commode pour l'exposé, elle ne recouvre que très imparfaitement ce que nous avons pu percevoir dans chaque parler et que nous ne prétendons pas répondre ici à la question de savoir ce qu'elle recouvre exactement du point de vue sémantique.

Si le premier critère n'est pas valable pour tous les parlers – teneng., mauk., finang., korok. et gbelebank. ne font aucune différence entre transitif et intransitif au niveau de l'inventaire des prédicatifs – en revanche, le second est retenu par la totalité des parlers, à l'exception toutefois du jula véhiculaire. On remarque en effet que certains parlers (wojenek., boduguk., folok., tuduguk., vanduguk., kanik. et karanj.) possèdent trois prédicatifs positifs pour la seule

---

[18] Ces morphèmes ont été relévés dans cinquante-sept phrases du Q.I.L. (n° 6, 12b, 16, 17, 19, 26, 28, 32, 33, 35, 37, 43, 49, 50, 60b, 66, 68a, 74, 75, 82, 84, 85b, 93, 131, 134, 135, 139, 144, 145, 147b, 148, 151, 153, 154, 159, 162, 163b, 165, 166, 168, 169, 172, 173, 181, 183, 185 à 191, 192b, 201, 211, 215, 217, et aux § VII.3-5 et 7, VIII.1-2-4 à 8 du questionnaire grammatical.

construction intransitive, là où le jula véhiculaire n'en a qu'un ; prenons l'exemple du boduguk. qui distingue les énoncés suivants :

1.	à bárá wá	"il est parti" (je l'ai vu, subjectif)
2.	à wálḛ	"il est parti" (je ne l'ai pas vu, objectif)
3.	à nɔ̀ wálà	"il est parti" (il y a longtemps)

Remarques

1. Tout d'abord, nous retrouvons ici une très grande homogénéité de la forme du prédicatif négatif qui est partout ma sauf en mauk. et en sienkok. où elle est ma̰. Au négatif, les différents morphèmes positifs sont donc neutralisés au profit de ce seul morphème ma ou ma̰, utilisé quel que soit le critère retenu.

Par contre, la deuxième forme négative telle qu'elle figure dans le tableau constitue un point de divergence entre les parlers. En effet, on s'aperçoit qu'elle apparaît comme la négation soit d'une forme qui, au positif, présente un prédicatif (ye ou yɛ) précédé par «le participe suffixé en -nḭ» dont nous reparlerons plus loin, soit d'un participe suffixé en -nḭ dépourvu de prédicatif. Les deux exemples ci-dessous illustrent cette remarque :

tuduguk.	[à nàɲɛ̀]	ǀa nanḭ yɛǀ	"il est arrivé"
	[à nàndɛ́]	ǀa nanḭ tɛǀ	"il n'est pas arrivé"
sienkok.	á nánḭ		"il est arrivé"
	[á nánḭ̀ dɛ̀]	ǀa nanḭ tɛǀ	"il n'est pas arrivé"

Il faut préciser qu'à ces deux formes participiales suffixées en -nḭ correspond également le prédicatif ma ~ ma̰.

L'opposition entre ces deux formes négatives reprendrait, selon certains informateurs, la distinction proche/lointain ; ainsi :

tuduguk.	à má bòrì	"il n'a pas (encore) couru"
	[à bòrì^{n}dɛ́] ǀa borinḭ tɛǀ	"il n'a pas couru (depuis longtemps)"

Enfin, certains parlers (siak., koyag., sagak., nigbik.) ne possèdent pas la forme négative que nous venons de décrire, bien qu'ils aient au positif la forme suffixée en -nḭ. Par exemple, dans l'énoncé suivant :

nigbikan	à táʁánṵ	"il est parti"
le négatif ne peut qu'être	à ma táʁá,	
	*a taʁanṵ dɛ́ étant tout à fait impossible.	

2. Les marques prédicatives associées aux verbo-nominaux qui admettent un complément d'objet (verbes + COD) permettent de repérer très nettement plusieurs groupes de parlers :

• LE GROUPE I comprenant les parlers 1 à 5 et 14, situés au sud-ouest, qui ont la même forme wɛɛ ou yɛ ~ ye. On constate d'ailleurs en teneng. et en mauk. de Ganhoué, une inversion dans l'emploi de ces prédicatifs par rapport à ceux décrits par D. Creissels (1982, p. 9) à propos du mauk. de Mwaaluu. Soient les quatre énoncés suivants :

Tableau 18 – LE PRÉDICATIF VERBAL DE L'ACCOMPLI

PARLERS	VERBES + C.O.D.		VERBES - C.O.D		Négatif
	Récent	Lointain	Récent	Lointain	
1 teneng.	ye ~ yɛ	wɛɛ	ye ~ yɛ	wɛɛ	ma
2 mauk.	ye	wɛɛ	wɛɛ	ye	ma̰
3 finang.	wɛɛ	na...VN-a/-na	wɛɛ	na...VN-a/-na	ma
4 korok.	wee	ye	wee	ye	ma
5 baralak.	wɛɛ	na...VN-a/-na	wɛɛ	na...VN-a/-na	ma
6 wojenek.	bara	naa...VN-la/-ra	bara	naa...VN-la/-ra VN-nḭ	ma
7 boduguk.	bara	nɔ...VN-(la/ra)	bara	nɔ...VN-la/-ra VN-lḛ	ma
8 folok.	bra	na...VN-la	bra	VN-la/-ra VN-nḭ	ma VN-nḭ tɛ
9 gbelebank.	bra	na...VN-la	bra	VN-nḭ	ma VN-nḭ tɛ
10 tuduguk.	bara	nɔ...VN-la	bara	nɔ...VN-la VN-la VN-nḭ ye	ma ma VN-nḭ tɛ
11 vanduguk.	bara	nɔ...VN	bara	VN-la VN-nḭ yɛ	ma VN-nḭ tɛ
12 nɔwolok.	ba	ka	ba	VN-nḭ VN-la ~ na	ma VN-nḭ tɛ
13 sienkok.	ba	na...VN-la	ba	VN-nḭ	ma VN-nḭ tɛ
14 worodug.	yɛ ; wɛɛ	ka	yɛ ; wɛɛ	VN-la	ma
15 kanik.	ka	yɛ	yɛ ; VN-ra	VN-nḭ o̰	ma
16 karanj.	ba	ka	ba ; VN-ra	VN-nḭ	ma VN-nḭ tɛ
17 siakakan	wa	ka	wa	VN-ra/-nḭ	ma
18 koyag.	waa	ka	waa ; VN-ra	VN-nḭ	ma
19 korokan	baa	ka	baa ; ka	VN-la ~ na	ma
20 sagak.	wa	ka	wa ; VN-a	VN-nḭ o̰	ma
21 nigbik.	wa	ka	wa ; VN-a	VN-nṵ	ma
22 jula Kong	ka	ki ye ≠ti ye	VN-ra/-na ka	ki ye ≠ti tɛ	ma
23 jula véhic.	ka	ka	VN-ra	VN-ra	ma

mauk. 1. **àá táá kṵ́ṵ́ŋò** "il est parti hier"
|a ye taa kṵṵŋo|
2. **à wɛ̃ɛ̃ táá** "il est parti (il y a longtemps)"
3. **séèku yé mṵ̀ṵ̀ dí áámàdű mà** "Sékou a donné (il y a longtemps) un couteau à Amadou"
4. **séèku wɛ̃ɛ̃ mṵ̀ṵ̀ dí áámàdű mà** "Sékou a donné (récemment) un couteau à Amadou"

dans lesquels on observe que 1. et 3. marquent proximité et éloignement dans le temps à l'aide du même prédicatif **ye**.

Il convient de signaler, comme l'a noté D. Creissels (*ibid.*) et comme en témoigne l'exemple 1., que ce prédicatif

> «coïncide, du point de vue segmental, avec le prédicatif de situation et d'identification et qu'il subit les mêmes assimilations».

Par contre, poursuit notre auteur, «ces deux prédicatifs sont différents tonalement». Il apparaît d'après les exemples fournis un peu plus loin dans l'article que

> «la différence [tonale] entre accompli lointain et inaccompli peut se manifester sur un élément de l'énoncé qui ne se trouve pas en contact immédiat avec le morphème prédicatif [...]»,

et il cite l'exemple suivant :

nĩ táá héèjĩ lá ɲá "je suis allé en pélerinage cette année"
ní táá̃ héèjĩ lá ɲá̃ "je vais en pélerinage cette année"

Nous avons, nous aussi, observé cette différence tonale mais elle portait sur le verbe lui-même. C'est ce que nous avons relevé en mauk. de Ganhoué ainsi qu'en woroduguk, comme l'illustrent les exemples suivants recueillis dans ce dernier parler :

woroduguk.	**à yɛ́ tàʁà**	"il part"	**à yé bwè**	"il court"
	à yɛ́ táʁá	"il est parti"	**à yé bwé**	"il a couru"

qui nous amènent à supposer que les structures sous-jacentes tonales de ces deux prédicatifs seraient un ton bas flottant dans le cas de l'inaccompli, et un ton haut flottant dans le cas de l'accompli. Mais il faudrait vérifier systématiquement ces faits pour déterminer avec certitude les tons de ces deux prédicatifs au niveau de la structure sous-jacente.

• LE GROUPE II constitué par les parlers 17, 18, 20 et 21, situés au sud-est de l'aire manding, et qui utilisent la forme **wa ~ waa**.

• LE GROUPE III formé par les parlers 6 à 13, 16 situés au nord du territoire manding ivoirien, et du parler 19 situé à l'extrême sud-est, qui se caractérisent par l'emploi de la forme **ba ~ baa ~ bara ~ bra**.

• LE GROUPE IV comprenant les parlers 15, 22 et 23 les deux derniers se trouvant à l'extérieur du territoire manding ivoirien ; tous trois possèdent le morphème **ka**.

a) A l'exception de ce dernier prédicatif, nous pouvons constater, comme l'a fait si justement remarquer D. Creissels (*op. cit.*) à propos du mauk., que les seules différences de forme entre ces diverses variantes dialectales relèvent de correspondances phonétiques. En effet :

- la correspondance, en position intervocalique, entre **-b-** et **-w-** a été largement attestée au § 2.1.5. (cf. **sàbà / sawa**, etc.), ce qui explique les formes **waa, wɛɛ**, correspondant à **ba, bara** ;
- l'absence de toute consonne vocalique là où d'autres parlers ont généralement un **r** est fréquente dans les parlers de l'ouest ;
- enfin, la correspondance **a / ɛ** permettant de rapprocher **wɛɛ** de **bara** est moins régulière, comme le dit notre auteur, que les précédentes, mais elle est "loin d'être isolée" et il cite pour preuve le connectif **yɛ**, correspondant à **ya** des autres parlers et le morphème **kɛ** de l'infinitif correspondant à **ka**, auxquels nous ajoutons le morphème **kɛ** attesté dans la proposition dépendante que nous verrons un peu plus loin, qui correspond à **ka** des autres parlers.

b) S'il est possible, sur la base de ce seul morphème de l'accompli transitif récent, de repérer plusieurs groupes de parlers, en revanche, nous voyons que les isoglosses ne passent plus exactement aux mêmes endroits dès que l'on considère un autre trait, celui par exemple des prédicatifs à valeur d'accompli lointain, associés à ce même type de verbo-nominaux. Ainsi :

- le finang., par sa marque prédicative discontinue **na** suivie d'un verbo-nominal suffixé en **-a** ou **-na**, se rattache non plus au groupe I mais au groupe III des parlers du nord ;
- le kanik., par son morphème **yɛ**, se rattache au groupe I et non au groupe IV comme précédemment ;
- le nɔwolok., par son morphème **ka**, appartient au groupe des parlers du sud-est et non à celui des parlers du nord auquel il appartenait par le trait précédent.

Nous pourrions ainsi multiplier les exemples et constater que les cartes linguistiques établies sur la base de ces prédicatifs de l'accompli sont de plus en plus complexes au fur et à mesure que nous ajoutons un trait supplémentaire. Cette observation met bien en évidence que le système des marques prédicatives de l'accompli constitue un point majeur de différenciation dialectale du système grammatical des parlers manding. De ce point de vue encore, la Côte-d'Ivoire présente un état de dialectalisation maximale.

3. Parmi les marques prédicatives de l'accompli intransitif lointain, nous retrouvons celles du transitif auxquelles s'ajoutent deux formes suffixées réparties différemment selon les parlers :

- un suffixe **-a** ou **-ra** ou **-ra** qui, au contact d'une voyelle ou d'un appendice nasal latent, se nasalise toujours en **-na**, comme le montrent les exemples suivants :

nigbik.	**à tőá tűbá**	"il est resté à Touba"
	à bwènà > a bwẽ	"il a couru"

- un suffixe **-nḭ/lḛ/nṵ**, employé, le plus souvent, avec une valeur d'accompli lointain.

Nous avons déjà eu l'occasion, à propos de l'éventuel, de parler de cette possibilité qu'ont certains parlers manding ivoiriens, à l'image du maninka de Guinée, d'employer ces formes verbales désignées sous le terme de «participe» dans les constructions prédicatives. Mais avant de présenter les parlers ayant cette caractéristique, nous rappellerons que tous les parlers manding ivoiriens connaissent une construction non verbale, formée d'un participe en **rḭ ~ nḭ ~ nṵ ~ lḛ**, suivi du prédicatif de situation ou d'identification, pour exprimer ce que M. Houis et D. Creissels appellent un «résultatif». Exemples :

jula de Kong **jí gbànḭ̀ bɛ́** "l'eau est chaude" (= elle a été chauffée)

mauk. **[à sììnì ɲé]** |**a siinḭ ye**| "il est assis"

Cette forme en **-rḭ** (**-nḭ**, etc.) signifiera, selon le prédicatif de situation ou d'identification avec lequel il est employé, "l'eau est chaude" ou "c'est de l'eau chaude". Par contre, l'utilisation d'un tel suffixe seul (sans prédicatif) dans une construction prédicative constitue un point de divergence très nette entre les parlers. Certains, tel le nigbik., distinguent d'ailleurs bien les deux constructions :

nigbik. 1. **à táʁánṵ́** "il est parti" **à má táʁá** "il n'est pas parti"

2. **[à sìgìnḭ̀ nɛ́]** "il est installé" **[à sìgìnḭ̀ dɛ́]** "il n'est pas installé"

L'énoncé 1. est une construction verbale, alors que 2. est une construction non verbale, les suffixes sont, d'ailleurs, légèrement différents. Il y a visiblement des restrictions dans l'emploi de l'une ou de l'autre construction, emploi lié à la sémantique du verbo-nominal considéré, mais il faudrait, pour en savoir plus à ce sujet, compléter largement notre corpus.

Il faut noter enfin en kanik. et en sagak. la présence d'un morphème **o̰** suivant habituellement le verbo-nominal suffixé en **-nḭ**, pour marquer l'accompli lointain intransitif :

sagak. **í nànḭ̀ ò̰, à wá táʁá** "il est parti quand tu es arrivé"

à táʁánḭ́ ò̰ "il est parti (depuis longtemps)"

Etant donné le trait "absence de **-l-** intervocalique" que possède ce parler et compte tenu de notre remarque à propos de la consonne initiale des morphèmes prédicatifs qui, du fait de la syntaxe de position du manding, a le même comportement que les consonnes en position intervocalique, il nous est permis de supposer que cette forme vient probablement d'une construction non verbale à prédicatif d'identification **o**, qui signifierait quelque chose comme "le voilà parti". Il faut reconnaître qu'actuellement cette prédication est verbale puisqu'au négatif elle présente la forme **ma** et non ***taʁanḭ tɛ** qui serait celle de la prédication non verbale.

4. Signalons enfin un morphème existant dans tous les parlers et qui n'apparaît le plus souvent que dans une proposition subordonnée – l'exemple dans lequel nous l'avons relevé est celui de la proposition conditionnelle commençant par **ni** qui signifie "si". Du fait de la complexité du tableau 18, et de la quasi-homogénéité de la forme segmentale de ce prédicatif dans l'ensemble des parlers, nous n'avons pas jugé nécessaire de le faire figurer dans ce tableau. En effet, à l'exception du vanduguk. et du jula véhiculaire qui utilisent la forme suffixée **-ra** pour l'intransitif, la plupart des parlers emploient le prédicatif **ka** ou **kɛ** (mauk., finang., korok.) au transitif comme à l'intransitif. Exemples :

mauk. **[níì kɛ̀ nà, níì táá]** "s'il vient, je pars"

< |**ni a kɛ na, ŋ ye taa**|

jula de Kong **ní à kà nà, é yé à fɔ́ à yé...** "s'il vient, tu lui diras ..."

L'emploi de ce morphème de l'accompli dans la proposition conditionnelle traduit le fait que les parlers manding estiment que le procès envisagé par celle-ci doit être réalisé avant que celui de la principale puisse se dérouler, c'est-à-dire "une fois que celui-ci sera venu, tu lui diras ...".

Toujours à propos de ce morphème **ka**, notons enfin que le korokan et le jula de Kong l'emploient aussi en dehors de cette proposition subordonnée, lorsque le procès est envisagé dans son dynamisme dans un contexte narratif, comme le montre l'exemple suivant relevé en jula de Kong dans les *Contes dioula* (M.-J. Derive, 1980c, p.72) :

à kà nà sà ... à sàrà ...	"elle vint à mourir ... elle était morte"

Ce dernier parler a d'ailleurs un prédicatif que nous n'avons rencontré dans aucun autre parler ivoirien[19] ; il s'agit du couple **kí(ye)/tì yé**, apparu dans les contes, avec une valeur durative dans le passé, le négatif s'exprimant par le morphème de l'inactualité **tì** dont nous reparlerons plus loin (cf. 3.4.4.). Exemple (*ibid.*, p. 116) :

à kí yé àrì bɔ̰̀ kí tágá ... il/*dur.*/eux/verser/*dur.*/partir	"il les a renversés et il est parti" (= il continuait à les renverser et à partir)

3.4.2.3. Le prédicatif verbal à valeur injonctive (hortatif, prohibitif)

Mis à part l'impératif singulier dont la caractéristique est qu'à cette forme n'apparaissent explicitement ni sujet, ni marque prédicative, l'injonction est, dans tous les parlers, formée à l'aide d'une marque prédicative. Les morphèmes prédicatifs à valeur d'injonctif et de prohibitif sur l'ensemble du territoire manding ivoirien sont rassemblés dans le tableau 19[20].

Remarques

1. On notera la relative homogénéité du prédicatif négatif qui est :

- **kɛ** ou **kɛna** (parlers 2, 3 et 4)
- **ka** ou **kana** (parlers 5 à 20, 22 et 23)
- **kara** (parler 21)

D'après les énoncés recueillis, nous avons pu remarquer que l'ambiguïté qui, dans un parler donné, risquait de se produire au niveau segmental entre, par exemple, **kɛ** (injonctif) et **kɛ** (accompli en proposition dépendante), ou entre **ka** (injonctif) et **ka** (accompli transitif lointain) était toujours levée grâce à la différence tonale : dans la plupart des parlers, le ton de l'injonctif est à ton haut.

---

[19] Il est tout à fait possible que ce prédicatif ou son correspondant existe dans d'autres parlers ivoiriens, il faudrait pour cela recueillir, comme nous l'avons fait à Kong, un corpus de contes dans chaque parler.

[20] Ces morphèmes ont été relevés dans les phrases suivantes du Q.I.L. : 65. "ne casse pas la calebasse", 158. ne suce pas cet os", 180a. "ton père a dit : ne danse pas", 210. "ne pleure pas", et au § VII.7. du questionnaire grammatical : "je veux que Sékou vienne mais que sa femme ne vienne pas", "j'ai demandé à Moussa de ne pas venir".

Tableau 19 – LE PRÉDICATIF VERBAL À VALEUR INJONCTIVE

Parlers	Positif	Négatif	*Parlers*	Positif	Négatif
1 tenengakan	a	ka	*13 sienkokokan*	(ye)	ka
2 maukakan	a/(ye)	kɛ, kɛna	*14 woroduguk.*	a/ye	ka ~ kana
3 finangakan	(ye)	kɛna	*15 kanikakan*	a/(ye)	ka
4 korokakan	(ye)	kɛ	*16 karanjankan*	a/(ye)	ka ~ kana
5 baralak.	a	ka	*17 siakakan*	(ye)	kana
6 wojenek.	ye	kana	*18 koyagakan*	ya	kana
7 boduguk.	ye	kana	*19 korokan*	ya	kana
8 folokakan	(ye)	kana	*20 sagakakan*	ya	kana
9 gbelebank.	(ye)	ka(na)	*21 nigbikakan*	a/(ye)	kara
10 tuduguk.	(ye)	kana	*22 jula de Kong*	ka/ye/ti	kana
11 vanduguk.	ye	kana	*23 jula véhic.*	ye	kana
12 nɔwolok.	ye	kana			

2. Au positif, on constate que les variations dialectales sont plus nombreuses (cf. carte 67) :

– Le prédicatif **a**, ou **ye** à certaines personnes, est attesté dans les parlers 1, 2, 5, 14, 15, 16 et 21, c'est-à-dire dans la zone méridionale de l'aire manding ivoirienne. Nous avons pu observer, à la suite de ce qu'a noté D. Creissels à propos du mauk., que du sujet dépend la forme du prédicatif : il sera **a** si le sujet est autre qu'un personnel ; dans le cas contraire on rencontrera

> «des amalgames du sujet et du prédicatif qui, si on les compare avec les autres paradigmes, imposent de reconnaître la présence d'un prédicatif ayant pour forme sous-jacente au niveau segmental **ye**.»

Nous citerons les exemples suivants :

woroduguk.	1.	**néě fɛ̀ kő mű sa á nà** **> ne ye a fɛ ko**	"je veux que Moussa vienne"
	2.	**néě fɛ̀ kő á yé táá**	"je veux que vous veniez"
nigbik.	3.	**ń yé à fɛ̀ àá táʀá** **> a ye taʀa**	"je veux qu'il parte"

Dans l'énoncé 2., le prédicatif est attesté sous sa forme segmentale complète. Il faudrait là encore faire une analyse tonale très précise pour comparer ce prédicatif de l'injonctif à ceux que nous avons déjà rencontrés dans les mêmes parlers et qui sont segmentalement identiques à, notamment, celui de l'accompli.

– Le prédicatif **ya** attesté dans les parlers 18, 19 et 20 situés à l'extrême est de la zone méridionale manding en Côte-d'Ivoire.

– Le prédicatif **ye** rencontré dans les parlers 3, 4, 6 à 13, 17, 22 et 23, c'est-à-dire la majorité des parlers concernés.Dans le tableau 19, la forme segmentale **ye** figure entre parenthèses dans les parlers où elle n'apparaît qu'amalgamée au sujet, comme dans l'énoncé suivant :

sienkok. [a̰ nĩ ná] < I a̰ ye na I "que nous venions"

– Le prédicatif **ka** n'apparaît en Côte-d'Ivoire.qu'en jula de Kong, mais il existe dans d'autre parlers manding comme le bambara. A ce propos, signalons qu'à Kong, un locuteur marquera une différence de valeur dans l'emploi de **ka** ou de **ye** qui existe aussi. Ainsi **à ká sɔ̀gɔ̀ sà̰ ń yé** "qu'il m'achète de la viande (s'il lui plait)" est un désidératif, alors que **à yé sɔ̀gɔ̀ sà̰ ń yé** "qu'il m'achète de la viande ! (il le doit)" est un véritable impératif.

Toujours en jula de Kong, on notera l'existence d'un prédicatif qui, contrairement aux autres, a la faculté de s'employer soit seul, soit associé à quelques autres. Il s'agit du morphème **tì** dont certains des emplois nous le font comparer à **sí** que D. Creissels (1983) a relevé en mandinka de Gambie. Citons, pour illustration, les énoncés suivants :

1. **é tí jé tà** "tu devrais prendre de l'eau"
2. **à tí ní balemori bɛ́ táʁá** "il aurait dû partir avec Balemori"
3. **é tí ká táʁá** "tu aurais dû partir"

Dans l'énoncé 1., **tí** est employé seul, alors qu'en 2. et 3. il est associé à **bɛ́** et à **ká**, avec, toujours, cette valeur de conseil. Précisons qu'il diffère, par le ton, de la marque de l'inactuel qui est **tì** en jula de Kong et que, contrairement à ce qu'a observé D. Creissels à propos de **sí**, il peut également s'associer aux marques négatives (**tɛ́** et **kana** du moins), comme en témoigne l'exemple ci-après :

é tí kánà táʁá "tu n'aurais pas dû partir"

Hypothèse sur l'étymologie du prédicatif d'injonction

Ce rapide aperçu des variations dialectales des marques de l'injonctif et du prohibitif sur le territoire manding ivoirien nous permet de poser l'hypothèse selon laquelle il y aurait probablement eu deux prédicatifs différents en proto-manding : l'un **ye**, l'autre **ka** dont est vraisemblablement dérivée la forme **a** ; quant à la forme **ya**, elle est peut-être le résultat de l'amalgame des deux formes **ye** et **a** que distinguent encore aujourd'hui certains parlers.

3.4.3. Le prédicatif verbo-adjectival

Les parlers manding de Côte-d'Ivoire connaissent un nombre limité de lexèmes – nombre variable selon les parlers – qui peuvent être qualifiants d'un nom (il reçoivent alors le suffixe -ma̰) mais aussi, comme le définit D. Creissels (1980b) «constituer un prédicat à valeur d'état en s'associant à un couple particulier de marques prédicatives». C'est la variation de ces prédicatifs sur le territoire manding que nous présenterons ici.

Mais avant cela nous voudrions insister sur le fait qu'il s'agit bien, dans ces parlers, de verbo-adjectivaux et non de simples adjectivaux, étant donné l'aptitude qu'ont ces lexèmes à constituer, soit directement, soit au moyen d'un suffixe (le plus souvent -ya), une prédication, verbale ou adjectivale selon le prédicatif auquel ils sont associés. Exemple :

folokakan	1.	**sílá kɔ̀rɔ̀là**	"le chemin est vieux"
	2.	**sílá ká kɔ̀rɔ̀**	*idem*

L'énoncé 1. relève de la prédication verbale : **kɔ̀rɔ̀** est ici un verbal qui a reçu le suffixe **-la**, marque de l'accompli à l'intransitif ; il pourra également s'associer à l'autre prédicatif de l'accompli, **bra**, que connaît ce parler, tel l'énoncé suivant :

sílá brá kɔ̀rɔ̀ "le chemin est vieux"

qui, au négatif, deviendra

sílá má kɔ̀rɔ̀ "le chemin n'est pas vieux"

L'énoncé 2. relève, lui, de la prédication adjectivale reconnaissable par ce prédicatif qui ne s'associe qu'à un nombre restreint de lexèmes et qui, au négatif, s'oppose à **má̰** :

sílá má̰ kɔ̀rɔ̀ "le chemin n'est pas vieux"

D'après le corpus recueilli en Côte-d'Ivoire, il semblerait que, de ce point de vue, il y ait, dans la plupart des parlers, trois sortes de lexèmes :

1. Des verbo-adjectivaux, type **kɔrɔ** qui, selon le prédicatif auquel ils sont associés, entrent dans une prédication verbale ou adjectivale.
2. Des adjectivaux qui s'associent au morphème de la prédication adjectivale et qui peuvent aussi entrer dans une prédication verbale à la condition d'être suffixé en -ya (type **dɔɣɔ** "petit").
3. Des adjectifs «purs» en quelque sorte, qui ne peuvent que constituer une prédication adjectivale en s'associant au prédicatif spécifique de cette construction (type **ɲi** "beau", *a **ɲi-ya** est tout à fait impossible).

A cela s'ajoute une autre construction, elle aussi à valeur d'état et dont nous avons déjà parlé, celle du parler suffixé en **-nḭ** à valeur résultative qui, selon les parlers, s'associe ou non au prédicatif de situation.

Nous donnerons, en illustration de ces diverses constructions, les énoncés recueillis en folokan pour traduire "le chemin est vieux", étant entendu que notre enquête demanderait à être complétée pour déterminer avec précision les différentes valeurs et les diverses conditions d'emploi de tels énoncés.

sílá kɔ̀rɔ̀-là	**sílá kɔ̀rɔ̀nḭ́(ye)**
sílá brá kɔ̀rɔ̀	**sílá kɔ̀rɔ̀má̰(ye)**
sílá ká kɔ̀rɔ̀	

Ainsi, les parlers illustreront, selon leur propre norme, telle ou telle construction. Etant donné l'optique qui a été la nôtre dans ce travail, de repérer ce qui, d'un parler à l'autre, était sujet à variation, nous nous sommes attachée principalement à recenser les variantes de ce couple de prédicatifs qui entre dans la prédication verbo-adjectivale. Ces différentes formes sont rassemblées dans le tableau 20[21].

Tableau 20 – LE PRÉDICATIF VERBO-ADJECTIVAL

Parlers	Positif	Négatif	*Parlers*	Positif	Négatif
1 tenengakan	a	maŋ	*13 sienkokokan*	a	ma̰
2 maukakan	a	maŋ	*14 woroduguk.*	a	maŋ
3 finangakan	a	ma̰	*15 kanikakan*	a	ma̰
4 korokakan	a	ma̰	*16 karanjankan*	a	ma̰
5 baralak.	a	ma̰	*17 siakakan*	ya ~ a	ma̰
6 wojenek.	ya ~ a	ma̰	*18 koyagakan*	ya ~ a	ma̰
7 boduguk.	ye	ma̰	*19 korokan*	ya ~ a	ma̰
8 folokakan	a ~ ka	ma̰	*20 sagakakan*	ya ~ a	ma̰
9 gbelebank.	a	ma̰	*21 nigbikakan*	a	ma̰
10 tuduguk.	ya	ma̰	*22 jula de Kong*	ya	ma̰
11 vanduguk.	ka	ma̰	*23 jula véhic.*	ka	ma̰
12 nɔwolok.	a	ma̰			

Remarques

1. Une grande homogénéité est attestée dans tous les parlers au négatif ; en effet, une seule forme est attestée : ma̰ ou maŋ. A ce propos, signalons, comme D. Creissels (1982) l'a fort bien démontré, il n'y a aucun risque de confusion en maukakan, entre ce prédicatif et celui de l'accompli négatif ma̰ qui porte le même ton car, dans le cas présent c'est un appendice nasal qui est en finale, alors que, dans celui de l'accompli-négatif, c'est une voyelle nasale. En effet, en teneng., parler très proche du mauk., nous avons relevé les exemples ci-après :

[àà lɔ̃ɔ̃]	"il est petit"	[à mà̰ nɔ̃ɔ̃]	"il n'est pas petit"
[àà ʃyá]	"il est cher"	[à mà̰ ʒyá]	"il n'est pas cher"
[àà fɛ́ɛ́]	"il est courageux"	[à mà̰ vɛ́ɛ́]	"il n'est pas courageux"

dans lesquels on peut observer l'influence de l'appendice nasal du prédicatif ma̰ sur la consonne qui le suit, selon les règles décrites au § 2.1.3. Par contre, les énoncés ci-dessous attestent de l'absence de cet appendice nasal puisque les consonnes initiales l- et f- ne subissent ici aucune modification :

[à mà̰ lɔ̃ŋ gɛ̀] "il n'a pas dansé" [à mà̰ fá] "ça n'a pas été rempli"

2. Au positif, trois marques prédicatives se dégagent :
- ye attesté seulement dans le parler 7
- ka attesté dans les parlers 8, 11 et 23

---

[21] Les phrases 4, 18, 24, 57b, 67, 72, 94, 97 à 100, 106 à 109, 206 du Q.I.L., et les quinze phrases du § V du questionnaire grammatical ont permis de relever ces marques prédicatives sur l'ensemble du territoire manding ivoirien.

– **ya**, ou **a** qui est souvent sa forme élidée, dans tous les autres parlers.

A propos de la forme **ye**, rencontrée dans seulement un parler sous sa forme segmentale complète, nous rappellerons les remarques faites par D. Creissels (1982) pour le mauk. au sujet de l'existence de ce même prédicatif dans la prédication verbo-adjectivale lorsque le sujet est un personnel. Il cite en effet les exemples suivants :

1.	**séékù á kɛ̰nɛ̰́**	"Sékou va bien" (est en bonne santé)
2.	**ní kɛ̰́nɛ̰́**	"je vais bien"
3.	**ìì kɛ̰́nɛ̰́**	"tu vas bien"
4.	**ánì kɛ̰́nɛ̰́**	"nous allons bien"

L'énoncé 1. témoigne de la présence du prédicatif **a**, alors que 2., 3. et 4. sont visiblement les réalisations du morphème **ye** sous-jacent dont nous avons déjà eu l'occasion plusieurs fois de noter la présence par les amalgames avec la voyelle précédente.

On peut donc se demander, à la suite de notre auteur

> «s'il n'y a pas eu là une sorte de contamination de la prédication qualificative par les prédications sémantiquement proches, d'identification et de qualification».

Quoi qu'il en soit, bien que cet inventaire des prédicatifs verbo-adjectivaux ne permette pas de repérer des groupes distinctifs du point de vue de la géographie linguistique des parlers manding de Côte-d'Ivoire, il permet en revanche, par l'existence des formes attestées, de formuler l'hypothèse qu'il y a eu, à un certain moment de l'évolution du manding, deux prédicatifs verbo-adjectivaux.

3.4.4. Le prédicatif de l'inactuel

Ce prédicatif a la particularité de s'associer, au positif comme au négatif, à tous ceux qui ont été relevés ici, en se plaçant généralement juste devant eux. Il est la marque de ce que M. Houis a appelé l'inactualité. Les diverses formes dialectales de ce morphèmes sont rassemblées dans le tableau 21[22].

Les variantes dialectales sont les suivantes :

1. **tɛɛ** dans les parlers du sud-ouest de l'aire manding (1, 2 3 et 9)
2. **tɛrɛ ~ trɛ** ou **tere ~ tre** dans trois parlers du nord (7, 8 et 10)
3. **tṵ** en jula véhiculaire (cette même marque est utilisée en bambara)
4. **tḛ ~ tɛ̰ ~ tḭ** dans les parlers 6, 11, 13, 16 et 20.
5. **te ~ ti ~ tɛ ~ tyɛ** dans les parlers 4, 5, 12, 14, 15, 17, 18, 19, 21 et 22.

---

22 Ces formes ont été relevées dans les phrases 2. "elle avait les yeux noirs", 25. "cet animal avait une seule corne", 62. "les cendres étaient encore chaudes", 132a. "il marchait en chantant", 133. "les enfants couraient ...", 157. "il vomissait tout ce qu'il avait mangé", 211. "j'ai ri parce que tu étais tombé" du QIL, et au § VII.4. "il était venu l'année dernière/n'était pas venu ..." du questionnaire grammatical.

Tableau 21 – LE PRÉDICATIF VERBAL DE L'INACTUEL

1 tenengakan	t ɛ ɛ	*13 sienkokokan*	t ɛ ~ t i̱
2 maukakan	t ɛ ɛ	*14 woroduguk.*	t i ~ t ɛ ~ t y ɛ
3 finangakan	t ɛ ɛ	*15 kanikakan*	t ɛ
4 korokakan	t ɛ	*16 karanjankan*	t ɛ̰
5 baralak.	t ɛ	*17 siakakan*	t ɛ
6 wojenek.	t ḛ	*18 koyagakan*	t e ~ t ɛ
7 boduguk.	t ɛ r ɛ	*19 korokan*	t ɛ ~ t e
8 folokakan	t r ɛ	*20 sagakakan*	t ḛ ~ t ɛ
9 gbelebank.	t ɛ ɛ	*21 nigbikakan*	t e
10 tuduguk.	t e r e ~ t r e	*22 jula de Kong*	t i
11 vanduguk.	t ḛ	*23 jula véhic.*	t ṵ
12 nɔwolok.	t e		

Une fois encore, la cartographie de la répartition de ces marques prédicatives (cf. carte 69), témoigne du fait que la situation dialectale du manding de Côte-d'Ivoire n'est pas celle d'isoglosses aux contours précis mais bien celle d'un continuum linguistique dont les différents maillons attestent les étapes présumées d'une évolution. En effet, les différentes formes du prédicatif de l'inactuel permettent de supposer que le schème de l'évolution de ce morphème a pu être le suivant :

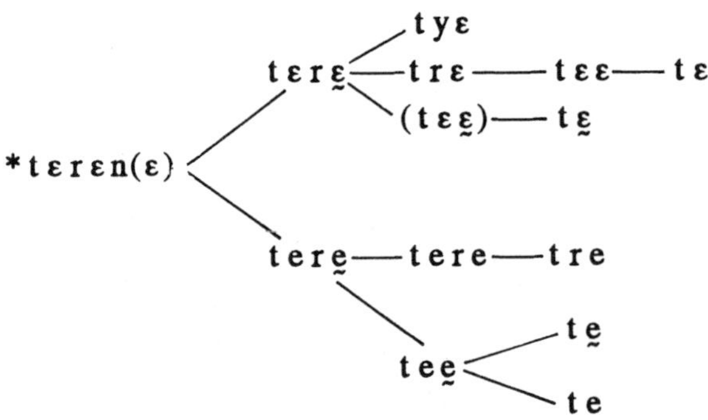

3.5. ANALYSE DES RÉSULTATS DE L'ÉTUDE COMPARÉE DES PARLERS MANDING D'APRÈS LEURS TRAITS GRAMMATICAUX

Tout comme nous l'avons fait pour la comparaison des parlers manding du point de vue consonantique et vocalique, nous nous proposons ici tout d'abord de rassembler dans un tableau la totalité des traits grammaticaux (c'est-à-dire vingt) caractéristiques de chaque parler que nous venons de présenter dans cette section. Sur la base de ces traits recensés, nous calculerons ensuite le nombre de propriétés communes à tel parler avec chacun des vingt-deux autres, en les comparant par paire, selon les mêmes principes que ceux qui ont été appliqués pour le calcul de distance d'après les caractéristiques consonantiques et vocaliques.

Ainsi, à partir du tableau récapitulatif n° 22 qui rassemble les variations grammaticales des différents parlers à la fois dans le syntagme nominal et le syntagme verbal, nous avons pu dresser le tableau 23 qui présente en abscisse et en ordonnée les noms des parlers et, à l'intérieur de chaque case, le chiffre correspondant au nombre de traits communs à deux parlers placés, l'un sur l'axe horizontal, l'autre sur l'axe vertical.

Contrairement à ce que nous avons pu observer dans les tableaux de calcul de distances entre parlers du point de vue de leurs traits consonantiques et vocaliques, il est très difficile, à la lecture du tableau 23, de repérer des groupes de parlers. En effet, dans les tableaux précédents, on pouvait observer, par le nombre élevé de traits communs à plusieurs parlers comparé au nombre très faible qu'ils partageaient avec les autres, une frontière qui délimitait en quelque sorte le groupe qu'ils constituaient. Ici, s'il est vrai que les parlers d'un même groupe ont en commun un nombre élevé de traits grammaticaux, on ne peut cependant plus délimiter des ensembles apparentés avec autant de certitude. On remarquera que de nombreux parlers ont autant, et parfois plus, de traits en commun avec ceux qui appartiennent à d'autres ensembles qu'avec ceux de leur propre groupe. Les cas sont nombreux. Nous citerons les quelques exemples suivants :

Le baralak. a, avec le teneng, mauk., finang. et korok., parlers, de son groupe, respectivement 7, 7, 16 et 12 traits en commun, mais il en possède également dix avec le sienkok., lequel, par son consonantisme et son vocalisme, appartient à un autre groupe ; c'est-à-dire que ce parler est, par ses traits grammaticaux, plus proche du sienkok. – parler défini précédemment comme appartenant à un autre ensemble – que du teneng. et du mauk. qui, d'après les conclusions de la section 2, formaient avec lui un même groupe.

L'exemple du kanik. illustre bien cette impossibilité à repérer des groupes de parlers sur la base des traits grammaticaux. En effet, sur le tableau 23 on peut constater que ce parler a un nombre élevé de traits communs avec des parlers appartenant à tous les groupes : 8 avec le teneng., 10 avec le mauk. et 12 avec le korok., qui, d'après les conclusions précédentes, constituaient le groupe I, mais également 8 avec le nɔwolok. (groupe II), 14 avec le woroduguk. qui, par ses traits consonantiques, appartenait au même groupe (III).

En effet, si l'on observe le tableau 22 qui regroupe les variations des morphèmes dans le syntagme nominal et dans le système verbal, on s'aperçoit que ce sont les marques prédicatives qui constituent le point majeur de différenciation dialectale et qui, par conséquent, empêchent des regroupements de parlers. En effet, à la fin de l'étude comparée des variations grammaticales dans le syntagme nominal (cf. 3.3.5.), nous avions pu encore repérer quelques groupes correspondant le plus souvent à ceux constitués par la similitude des traits consonantiques et vocaliques.

Faut-il pour autant en conclure que ce relevé des marques prédicatives ne présente aucun intérêt ? A l'inverse des autres traits consonantiques, vocaliques ou grammaticaux qui ont servi à mettre en lumière les similitudes entre parlers manding ivoiriens, similitudes à partir desquelles ont été repérés des groupes, les marques prédicatives, par leurs très grandes variations, permettent de différencier, de façon extrêmement fine, tel parler de tel autre, et ainsi, de vérifier le bien-fondé de leur distinction.

C'est ainsi que nous avons pu observer dans les tableaux des distances entre parlers, d'après leurs caractéristiques consonantiques (tabl. 3) et vocaliques (tabl. 5) que le folok. et le gbelebank. avaient tous deux exactement les mêmes traits, si bien qu'on pouvait se demander s'il était justifié de les distinguer. L'examen du tableau 22 montre qu'ils diffèrent, par la forme du connectif de liaison (**la** en folok., **ya** ou **ta** en gbelebank.) – seul point de divergence, il est vrai, dans le syntagme nominal – mais surtout par quatre marques prédicatives :

1. Le prédicatif d'identification à un terme, qui est **le** en folok. et **ye** en gbelebank.
2. Le prédicatif de l'inaccompli, qui est **(ye)ka** en folok. et **(ye)kaa** en gbelebank.
3. Le prédicatif de l'accompli lointain, qui peut être soit le suffixe **-la/-ra** ou **-n**$\underset{\sim}{\text{i}}$ en folok., alors que le gbelebank. ne connaît que le suffixe **-n**$\underset{\sim}{\text{i}}$.
4. Le prédicatif de l'inactuel est **trɛ** en folok. et **tɛɛ** en gbelebank.

De même, si nous observons les tableaux des distances (3 et 5), nous constatons que le wojenek. et le boduguk. présentent les mêmes traits vocaliques et quasiment les mêmes traits consonantiques (treize sur quatorze).

Alors que du point de vue des traits grammaticaux, outre les différences de tons et de forme des pronoms emphatiques et non emphatique 2ème et 3ème pers. du pluriel, ils se distinguent par quatre marques prédicatives :

1. Le prédicatif de l'inaccompli progressif : **ye kaa** en wojenek., dans lequel **ye** peut s'élider, et **ye ka** en boduguk., dans lequel **ye** ne s'élide pas.
2. Le prédicatif de l'accompli lointain exprimé par **naa** suivi du verbo-nominal auquel est suffixé **-la/-ra** en wojenek., et par **nɔ** suivi du verbo-nominal auquel est suffixé **-la** ou **-ra** en boduguk.
3. Le prédicatif verbo-adjectival **ya** ou **a** en wojenek. et **ye** en boduguk.
4. Le prédicatif de l'inactuel **tḛ** en wojenek. et **tɛrɛ** en boduguk.

Si l'étude des marques prédicatives des parlers comparés par paire est, comme nous venons de le montrer, utile pour mettre en lumière ce qui différencie l'un et l'autre, elle l'est également pour souligner la parenté entre deux parlers différant par leurs traits consonantiques et vocaliques. Ceci est encore un des intérêts du tableau récapitulatif des variations grammaticales qui, bien qu'il ne permette pas le repérage de groupes apparentés, est, en tous cas, instructif quant au rapprochement de certains parlers entre eux.

Nous citerons tout d'abord l'exemple du woroduguk. qui, par ses traits consonantiques, appartient au groupe III, alors que, par ses traits vocaliques, il appartient au groupe I. Les morphèmes qu'il emploie dans le syntagme nominal, et surtout les marques prédicatives utilisées dans le syntagme verbal, militent sans aucun doute en faveur de son rapprochement avec le teneng. et le mauk. du sud-ouest avec lesquels il partage les traits suivants :

1. Le morphème **-o** comme marque du défini.
2. Le morphème **-olu** pour la marque du pluriel.
3. Le morphème discontinu **ye...le** dans la prédication d'identification à deux termes.
4. Le prédicatif de situation **ye**.
5. Le prédicatif de l'inaccompli à morphème discontinu **ye** qui, suivi de la base verbo-nominale suffixée avec **-la**.peut, tout comme en mauk., s'élider.
6. Le prédicatif de l'accompli **wɛɛ**
7. Les prédicatifs de l'injonctif **ye** et **a**
8. Le prédicatif du verbo-adjectival **a**

auxquels peut s'ajouter le prédicatif de l'éventuel dont la forme est **ya** en woroduguk., **yaa** en mauk. et **yɛa** en teneng.

Tableau 22 – RÉCAPITULATIF

	NOMINAL							NON VERBALES		
Parlers	*Spé.*	*Plur.*	"de"	"vous"	"ils"	"vous *emph.*"	"ils *emph.*"	d'identification à 1 terme	d'identification à 2 termes	de situation
1	-o	-olu	yɛ	a	ii	alee	ilee	ye	ye...le	ye
2	-o	-olu	yɛ	a	i	alee	ilee	ye	ye...le	ye
3	-o	-ẅi	ya	a	ii	aluu	iluu	ye	ye...ye	ye
4	-o	-olu	ya	a	ii	aluu	iluu	ye	ye...ye	ye
5	-o	-ẅi	a	a~alu	ii	aluu	iluu	ye/ni	ye...ye	ye
6	T	T+i/lugu	ya~a~ta	àyì~àì	áyí~áí	alugu	wolugu	le	ye...ye	ye
7	T	-i	la~ta	áyí	àyì	áyíle	àyìle	le	ye...ye	ye
8	T	-yi	la	àyì	áyí	áluu	àluu	le	ye...ye	ye
9	T	-yi	ya-ta	àyì	áyí	áluu	àluu	ye	ye...le	ye
10	T	-yi~i	la	ayi	ii	ayile	iile	le	ye...ye	ye
11	-	-i	la	ayi	ii	ayile	iile	do	ye...ye	bɛ~ye
12	T	-yi	ya~ta	áyí	àyì	álugu	àlugu	le	ye...ye	ye
13	T	-wi	a~ta	áyí	àyì	álugu	àlugu	ye	ye...ye	ye
14	-o	-olu	ya~ta	áá~álù	àà~àlù	álö	àlö	lo~lö	ye...le	yɛ~ye~e
15	-o	-olu	ya	áá~álù	àlù	álugu	ɔ̀lu	lo~le	ye...le	ye~yɛ
16	T	-u	ya	áyí	àyì	álugu	àlugu	ni~le	ye...ɛ~le	ye
17	-o	-olu	ya~ta	a	o~olu	alo	olo	le~lo~do	ye...le	wɛ
18	-o~õ	-lu	ya	a	olu	aluu	olelu	lo	ye...le	wɛ
19	T	-VV	ya~ta	a	aa	alo	aalo	lo~le mu ~nu̱	wɛ...ye	wɛ
20	õ	u	yɛ~ya~ta	a~alu	aa~alu	alugu	aalugu	o/ye mu	ye...ye	wɛ~ye
21	-	-o	yɛ~a~ta	a	ɔ	alugu	ɔlugu	ye mu	ye...ye	wɛ~ye
22	T	T+ri~ yɔgɔri	ta	árí	àrì	álori	àlori	lo~lomu ~nu	bɛ...ye	bɛ~ye
23	-	u	ta	aw	o~u	awle	ole	lo	bɛ...ye	bɛ

1. tenengakan 4. korokakan 7. bodugukakan 10. tudugukakan
2. maukakan 5. baralakakan 8. folokakan 11. vandugukakan
3. finangakan 6. wojenekakan 9. gbelebankakan 12. nɔwolokakan

T = marque tonale — VV = allongement de la voyelle finale — - = absence de marque

DES VARIATIONS GRAMMATICALES

VERBALES									
INACCOMPLI			ACCOMPLI				in-jonc-tif	verbo-adjec-tival	inac-tuel
			+ COD		– COD				
progressif	habituel	éventuel	récent	lointain	récent	lointain			
(ye) VN+o la	(ye) VN-la	yɛa	ye~yɛ	wɛɛ	ye~yɛ	wɛɛ	a	a	tɛɛ
(ye) VN-la	→	yaa, kaa	ye	wɛɛ	wɛɛ	ye	a/(ye)	a	tɛɛ
ye VN-a	→	(ye) na, -tɔ	wɛɛ	na...VN-a/na	wɛɛ	na..VN-a/na	(ye)	a	tɛɛ
(ye) VN-la	→	na, -tɔ	wee	ye	wee	ye	(ye)	a	tɛ
ye VN-a	→	(ye) na, kɔtɔ/-tɔ	wɛɛ	na...VN-a/na	wɛɛ	na..VN-a/na	a	a	tɛ
(ye) kaa	(ye)VN-ra	na, kɔtɔ/-tɔ	bara	naa...VN-la /ra	bara	naa..VN-la/ra *ou* VN-nĩ	ye	ya~a	tẽ
ye ka	ye VN-la	na, kɔtɔ/-tɔ	bara	nɔ...VN-la/ra	bara	nɔ..VN-la *ou* VN-le	ye	ye	tɛrɛ
(ye) ka	ye VN-la	bɛ na, kɔtɔ/-tɔ	bra	na...VN-la	bra	VN...-la/ra *ou* VN-nĩ	(ye)	a~ka	trɛ
(ye) kaa	ye VN-la	bɛ na, kɔtɔ/-tɔ	bra	na VN-la	bra	VN-nĩ	(ye)	a	tɛɛ
(ye) ka	(ye) VN–la	bɛ na, kɔtɔ/-tɔ	bara	nɔ...VN-la	bara	nɔ...VN-la *ou* VN-la, -nĩ yɛ	(ye)	ya	tere ~tre
bɛ ka	bɛ VN-la	bɛ na, kɛcɔ/-cɔ	bara	nɔ...VN	bara	VN-la *ou* VN -nĩ yɛ	ye	ka	tẽ
ye VN-la	→	be na, kɔtɔ/-tɔ	ba	ka	ba	VN -nĩ *ou* VN -la~na	ye	a	te
(ye) ka	(ye) VN-a	be na, kɔtɔ/-tɔ	ba	na...VN-la	ba	VN-nĩ	(ye)	a	tɛ ~tĩ
(yɛ) VN-la	→	ya	yɛ~ wɛɛ	ka	yɛ~ wɛɛ	VN-la	a/ye	a	ti~tɛ tyɛ
(ye) VN-la	→	ya, -tɔ	ka	yɛ	VN-ra *ou* yɛ	VN-nĩ õ	a/(ye)	a	tɛ
(ye) VN-a	→	bɛna, kɔtɔ/-tɔ	ba	ka	ba *ou* VN-ra	VN-nĩ	a/(ye)	a	tɛ̃
wɛ VN-la	→	(ye) na, -tɔ	wa	ka	wa	VN–ra/-nĩ	(ye)	ya~a	tɛ
wɛ/ye VN-la	→	ye na, -tɔ	waa	ka	waa *ou* VN-ra	VN-nĩ	ya	ya~a	te~tɛ
wɛ VN-la	ye	ye na	baa	ka	baa *ou* ka	VN-la~na	ya	ya~a	te-tɛ
wɛ VN-a	ye VN-a	(ye) na	wa	ka	wa *ou* VN-a	VN-nĩ õ	ya	ya~a	tẹ-tɛ
wɛ VN-a	ye VN-a	(ye) na	wa	ka	wa *ou* VN-a	VN-nũ	a/(ye)	a	te
bɛ VN-ra	ye	be~ye na	ka	ki ye	VN-ra~na *ou* ka	ki ye	ka/ye /ti	ya	ti
bɛ VN-la	bɛ	be na	ka	ka	VN-ra	VN-ra	ye	ka	tũ

13. sienkokakan 16. karanjankan 19. korokan 22. jula de Kong
14. worodugukakan 17. siakakan 20. sagakakan 23. jula véhiculaire
15. kanikakan 18. koyagakan 21. nigbikan

→ indique que la marque est identique à celle de la marque précédente — VN = radical verbo-nominal

Tableau 23 – DISTANCES ENTRE LES 23 PARLERS MANDING DE COTE-D'IVOIRE
d'après leurs caractéristiques grammaticales

	1	2	3	4	5	6	7	8	9	10	11	12	13	14	15	16	17	18	19	20	21	22	23
1. teneng.	20																						
2. mauk.	16	20																					
3. finang.	8	7	20																				
4. korokak.	9	8	13	20																			
5. baralak.	7	7	16	12	20																		
6. wojenek.	2	4	8	5	7	20																	
7. boduguk.	2	2	4	4	3	12	20																
8. folok.	3	3	6	5	4	13	12	20															
9. gbelebank.	6	6	8	6	5	11	10	15	20														
10. tuduguk.	3	2	4	5	4	11	13	13	9	20													
11. vanduguk.	2	1	4	4	3	7	9	7	5	12	20												
12. nɔwolok.	3	4	5	7	4	8	8	10	8	9	6	20											
13. sienkok.	3	3	7	6	10	10	9	8	10	7	7	14	20										
14. worodug.	9	10	6	11	5	3	2	3	5	3	2	7	4	20									
15. kanik.	8	10	4	12	6	4	5	4	6	4	2	8	4	14	20								
16. karanjan.	3	4	5	4	6	7	6	5	9	6	5	14	12	6	7	20							
17. siak.	4	5	6	7	4	4	3	4	4	3	2	6	4	10	8	7	20						
18. koyag.	3	4	6	6	4	2	1	1	4	1	0	7	3	7	7	5	15	20					
19. korokan	2	1	4	3	3	3	2	1	3	2	0	7	5	8	4	5	10	10	20				
20. sagak.	3	3	4	5	5	5	3	2	3	3	3	7	8	7	8	8	9	11	9	20			
21. nigbik.	4	4	5	4	6	4	3	4	5	3	2	7	6	4	5	7	7	8	9	13	20		
22. jula Kong	0	1	2	1	1	5	3	2	3	4	2	3	4	4	3	3	2	8	5	4	4	20	
23. jula véhic.	0	0	0	1	0	2	1	0	2	1	4	3	2	4	2	4	5	2	4	3	2	6	20

La comparaison entre korokan et jula de Kong est, du point de vue des marques prédicatives, également très intéressante. En effet, sur le plan phonétique, ces deux parlers, compte tenu de leur nombre relativement peu élevé de traits communs (sept sur quatorze traits consonantiques, et cinq sur sept traits vocaliques), avaient été classés dans des groupes différents.

Par contre, comme l'a noté D. Creissels (1984), leurs traits grammaticaux, notamment les prédicatifs, affirment leur parenté :

1. Le prédicatif non verbal d'identification à un terme est **mu**, généralement associé à **lo**. Ce trait est tout à fait particulier à ces zones périphériques à l'aire manding. On a vu, dans ce chapitre, qu'on le retrouvait également en sagak. et en nigbik., mais associés cette fois à **ye**.
2. Le prédicatif non verbal d'identification à deux termes **wɛ...ye** est la correspondance phonétique régulière de **bɛ...ye** (cf. correspondance **-b-/-w-** au § 2.1.5.). A noter que partout ailleurs en Côte-d'Ivoire, sauf en jula véhic., on a **ye** comme premier terme de cette prédication.
3. Le prédicatif non verbal de situation **wɛ** en korokan correspond à **bɛ**, en accord avec la règle rappelée ci-dessus.
4. Le prédicatif de l'inaccompli habituel **ye** dans les deux parlers.
5. Le prédicatif de l'accompli avec construction intransitive **ka**. Celui-ci, d'après ce qu'a pu vérifier D. Creissels, se rencontre, tout comme en jula de Kong, dans un contexte narratif, ce qui est tout à fait particulier à ces deux parlers.
6. Le prédicatif verbo-adjectival **ya**, également présent en siak., koyag. et sagak.

Ainsi, bien que l'inventaire systématique des marques prédicatives dans l'aire manding ivoirienne n'ait permis ni de confirmer ni d'infirmer les ensembles apparentés sur la base de traits phonétiques communs, il aura tout au moins montré que le système prédicatif constitue un point essentiel dans une étude comparée, pour ce qui est des langues manding en tout cas. En effet, il peut constituer soit un critère de différenciation, soit, comme nous venons de le montrer, un critère de rapprochement entre deux parlers. Il ne met donc pas en place une nouvelle structuration par groupes, mais permet d'obtenir une grille de différenciation plus fine.

CONCLUSION

1. PRESENTATION DES RESULTATS

Au terme de cette analyse, nous pouvons présenter les résultats partiels obtenus par la comparaison phonétique, puis grammaticale des vingt-trois parlers manding de Côte-d'Ivoire étudiés ici. Ces résultats sont rassemblés dans le tableau 24 qui constitue, en quelque sorte, la matrice des indices de ressemblance des parlers entre eux. Il a été établi à partir des trois tableaux de calcul des distances entre les parlers (cf. les tabl. 2 et 5, section 2, et le tabl. 23, section 3).

A propos de cette méthode de calcul, nous voudrions rappeler que, à peu près à l'époque où nous rédigions la présente étude, W. Möhlig fondait les bases de la dialectométrie. Précisons d'emblée que si, tout comme W. Möhlig, l'un de nos objectifs était de trouver une méthode pour mesurer les distances linguistiques existant entre des parlers appartenant à une même aire géographique, les moyens que nous avons élaborés sont beaucoup plus modestes. Notre méthode de calcul diffère essentiellement sur les deux points suivants :

1. Ne sont pris en compte que des critères strictement linguistiques ; le critère lexical a été exclu, car non pertinent pour des parlers trop proches.
2. Elle ne se fonde que sur les ressemblances ; contrairement à ce que propose W. Möhlig, il n'a été établi aucun calcul des divergences, celles-ci apparaissant en quelque sorte en négatif dans la matrice ; ainsi, le jula véhiculaire, avec seulement trois traits communs avec le finangakan, diffère donc de ce dernier par 38 traits, 41 étant le nombre obtenu dans le cas d'identité absolue (14 traits consonantiques, sept traits vocaliques et vingt traits grammaticaux).

Tableau 24 – MATRICE DES INDICES DE RESSEMBLANCE
calculés à partir de l'ensemble des traits phonétiques et grammaticaux

	1	2	3	4	5	6	7	8	9	10	11	12	13	14	15	16	17	18	19	20	21	22	23
1. TEN	41																						
2.MAU	31	41																					
3. FIN	21	19	41																				
4. KORK	23	23	31	41																			
5. BAR	18	23	33	28	41																		
6. WOJ	6	11	14	8	15	41																	
7. BOD	7	10	9	8	10	32	41																
8. FOL	10	14	11	11	11	28	28	41															
9. GBE	13	17	13	12	12	26	26	36	41														
10. TUD	8	9	10	10	11	26	28	27	24	41													
11. VAN	9	10	7	8	8	22	25	21	19	18	41												
12. NOW	7	11	11	19	12	27	26	25	24	27	22	41											
13.SIE	10	11	22	12	20	24	23	20	22	21	19	31	41										
14. WOR	20	18	21	23	16	10	8	7	9	10	5	14	13	41									
15. KAN	18	18	9	14	13	12	12	11	13	13	9	16	12	23	41								
16. KAR	15	16	14	12	17	15	15	13	17	16	13	24	24	18	24	41							
17. SIA	12	13	13	13	13	12	12	11	11	13	9	14	14	21	21	19	41						
18. KOY	13	13	14	13	14	10	10	7	10	10	7	15	14	19	20	17	30	41					
19. KOR	13	10	8	8	9	11	11	10	12	10	11	16	15	16	19	20	24	22	41				
20. SAG	14	12	12	9	15	10	10	7	8	11	9	14	17	19	25	26	34	26	25	41			
21. NIG	15	12	13	9	12	12	12	9	10	12	9	15	17	16	22	23	22	22	24	32	41		
22. J.Kg	7	9	7	5	8	18	18	13	14	21	15	17	17	9	14	14	12	17	17	15	16	41	
23. J.vh	5	7	3	4	5	21	21	15	17	17	22	20	15	9	9	12	14	11	14	11	11	20	41

Il est important de noter que cette méthode de calcul met sur le même plan ressemblances grammaticales et ressemblances phonétiques. Or, il semble bien, ainsi que l'affirme W. Möhlig et avec lui la plupart des dialectologues, qu'il existe une hiérarchie dans l'importance des traits ; c'est en tout cas ce que, pour notre part, nous avons pu observer en ce qui concerne l'aire manding : on relève un plus grand nombre de divergences entre les parlers dès lors que l'on prend en compte, non pas les seuls traits phonétiques mais aussi les traits grammaticaux (cf. 3.5.). Faute d'avoir résolu le problème de savoir comment faire apparaître, dans les indices globaux de ressemblance, cette hiérarchie des degrés de divergence, nous avons choisi de présenter nos résultats sous la forme d'un tableau ; cette matrice nous a permis d'établir ensuite la liste des indices de ressemblance par paire de parlers.

L'étude de ces résultats nous amène à formuler les remarques suivantes :

1. Les parlers dont les indices de ressemblance sont les plus élevés appartiennent à des aires géographiques différentes et ne constituent pas un groupe homogène .

2. Le faible écart des indices de ressemblance comparés deux à deux fait ressortir l'aspect de continuum dialectal caractéristique de l'aire manding ivoirienne.

3. Les parlers les plus divergents – si l'on exclut le jula véhiculaire situé hors de la zone manding – sont le vanduguk. et le woroduguk. situés aux deux extrémités (nord et sud) de la «chaîne» dialectale qui présentent un indice de ressemblance très faible (5 traits).

4. Comme on l'a déjà constaté dans les résultats partiels, proximité linguistique et proximité géographique ne vont pas toujours de pair : c'est le cas du sagak. qui partage 34 traits avec le siak. et seulement 26 avec le koyag. qui est pourtant plus près de lui.
Encore plus probant est l'exemple du tuduguk. qui «ressemble» plus au jula de Kong, pourtant situé à 350 km. (indice 21), qu'au vanduguk. dont il n'est éloigné que de 40 km (indice 18).

5. S'il n'est pas possible de tracer des frontières linguistiques très nettes à l'intérieur du continuum dialectal que constitue la zone manding de Côte-d'Ivoire, on ne peut néanmoins affirmer qu'aucun regroupement n'apparaît. En effet, la matrice révèle que les cinq premiers parlers (teneng., mauk., finang. korokan et baralak.) situés dans le sud-ouest de l'aire manding, présentent entre eux des indices de ressemblance élevés avec un coefficient de proximité linguistique[1] de 60%. Ces cinq parlers semblent bien constituer un groupe, distinct par exemple de l'ensemble des parlers du sud-ouest avec lequel le C.P.L. tombe à 33%.

[1] Ce coefficient de proximité linguistique (C.P.L.) représente la proportion de traits communs (par paires) que les parlers de l'ensemble considéré ont entre eux par rapport au chiffre obtenu dans le cas d'une identité absolue.

De même les huit parlers de la zone septentrionale (wojenek., boduguk., gbele-bank., tuduguk., vanduguk., nɔwolok. et sienkok.) ont un C.P.L. de 60%. Par contre les parlers situés au sud-est (woroduguk., kanik., karak., siak., koyag., korokan, sagak. et nigbik.) ne constituent pas véritablement un groupe dans la mesure où leur C.P.L. n'est que de 45%. Il est d'ailleurs intéressant de noter que le woroduguk. qui se trouve au milieu de la zone méridionale, appartient tout autant au groupe des parlers de l'ouest (C.P.L. de 47%), qu'à celui des parlers de l'est (C.P.L. de 45%).

Quant au jula de Kong et au jula véhic., ils semblent bien appartenir au groupe des parlers septentrionaux avec lesquels leur C.P.L. est respectivement de 40% et 45%, plutôt qu'à celui des parlers du sud avec un C.P.L. de 36% et 28% respectivement.

INDICES DE RESSEMBLANCE (par ordre décroissant)

			indice
9. GBE	-	8. FOL	**36**
17. SIA	-	20. SAG	**34**
3. FIN	-	5. BAR	**33**
7. BOD	-	6. WOJ	**32**
21. NIG	-	20 SAG	–
2. MAU	-	1. TEN	**31**
4. KORK	-	3. FIN	–
13. SIE	-	12. NOW	–
18. KOY	-	17. SIA	**30**
5. BAR	-	4. KORK	**28**
7. BOD	-	8. FOL	–
6. WOJ	-	8. FOL	–
10. TUD	-	11. VAN	–
7. BOD	-	10. TUD	–
10. TUD	-	8. FOL	**27**
12. NOW	-	10. TUD	–
6. WOJ	-	12. NOW	–
20. SAG	-	16. KAR	**26**
18. KOY	-	20. SAG	–
7. BOD	-	9. GBE	–
6. WOJ	-	9. GBE	–
6. WOJ	-	10. TUD	–
12. NOW	-	7. BOD	–
20. SAG	-	15. KAN	**25**
19. KOR	-	20. SAG	–
12. NOW	-	8. FOL	–
7. BOD	-	11. VAN	–
16. KAR	-	15. KAN	**24**
13. SIE	-	16. KAR	–
12. NOW	-	16. KAR	–
19. KOR	-	21. NIG	–
10. TUD	-	9. GBE	–
12. NOW	-	9. GBE	–

			indice
17. SIA	-	19. KOR	–
6. WOJ	-	13. SIE	–
4. KORK	-	1. TEN	**23**
4. KORK	-	2. MAU	–
5. BAR	-	2. MAU	–
14. WOR	-	4. KORK	–
15. KAN	-	14. WOR	–
21. NIG	-	16. KAR	–
7. BOD	-	13. SIE	–
21. NIG	-	15. KAN	**22**
17. SIA	-	21. NIG	–
18. KOY	-	21. NIG	–
18. KOY	-	19. KOR	–
13. SIE	-	9. GBE	–
13. SIE	-	3. FIN	–
12. NOW	-	11. VAN	–
6. WOJ	-	11. VAN	–
23. J.vh.	-	11. VAN	–
3. FIN	-	1. TEN	**21**
14. WOR	-	3. FIN	–
17. SIA	-	14. WOR	–
17. SIA	-	15. KAN	–
11. VAN	-	8. FOL	–
10. TUD	-	13. SIE	–
22. J.Kg	-	10. TUD	–
23. J.vh.	-	7. BOD	–
23. J.vh.	-	6. WOJ	–
14. WOR	-	1. TEN	**20**
18. KOY	-	15. KAN	–
13. SIE	-	5. BAR	–
19. KOR	-	16. KAR	–
13. SIE	-	8. FOL	–
6. WOJ	-	22. J.Kg	–
23. J.vh.	-	22. J.Kg	–

			indice
12. NOW	-	23. J.Vh.	–
3. FIN	-	2. MAU	**19**
19. KOR	-	15. KAN	–
12. NOW	-	4. KORK	–
20. SAG	-	14. WOR	–
18. KOY	-	14. WOR	–
17. SIA	-	16. KAR	–
11. VAN	-	9. GBE	–
11. VAN	-	13. SIE	–
15. KAN	-	1. TEN	**18**
5. BAR	-	1. TEN	–
6. WOR	-	2. MAU	–
15. KAN	-	2. MAU	–
16. KAR	-	14. WOR	–
22. J.Kg	-	7. BOD	–
9. GBE	-	2. MAU	**17**
16. KAR	-	5. BAR	–
9. GBE	-	16. KAR	–
18. KOY	-	16. KAR	–
6. WOK	-	16. KAR	–
13. SIE	-	21. NIG	–
13. SIE	-	20. SAG	–
23. J.Vh.	-	9. GBE	–
22. J.Kg	-	18. KOY	–
22. J.Kg	-	19. KOR	–
22. J.Kg	-	13. SIE	–
23. J.vh.	-	10. TUD	–
12. NOW	-	22. J.Kg	–
16. KAR	-	2. MAU	**16**
5. BAR	-	14. WOR	–
21. NIG	-	14. WOR	–
19. KOR	-	14. WOR	–
12. NOW	-	15. KAN	–
10. TUD	-	16. KAR	–

22. J.Kg	-	21. NIG	–
12. NOW	-	19. KOR	–
16. KAR	-	1. TEN	**15**
6. WOJ	-	5. BAR	–
21. NIG	-	1. TEN	–
20. SAG	-	5. BAR	–
7. BOD	-	16. KAR	–
12. NOW	-	21. NIG	–
12. NOW	-	18. KOY	–
22. J.Kg	-	20. SAG	–
13. SIE	-	19. KOR	–
23. J.vh.	-	8. FOL	–
23. J.vh.	-	13. SIE	–
22. J.Kg	-	11. VAN	–
20. SAG	-	1. TEN	**14**
8. FOL	-	2. MAU	–
15. KAN	-	4. KORK	–
22. J.Kg	-	16. KAR	–
16. KAR	-	3. FIN	–
18. KOY	-	3. FIN	–
6. WOJ	-	3. FIN	–
12. NOW	-	14. WOR	–
22. J.Kg	-	15. KAN	–
18. KOY	-	5. BAR	–
6. WOJ	-	21. NIG	–
12. NOW	-	20. SAG	–
6. WOJ	-	20. SAG	–
22. J.Kg	-	9. GBE	–
13. SIE	-	18. KOY	–
13. SIE	-	17. SIA	–
12. NOW	-	17. SIA	–
23. J.vh.	-	17. SIA	–
23. J.vh.	-	19. KOR	–
9. GBE	-	1. TEN	**13**
11. VAN	-	15. KAR	–
18. KOY	-	1. TEN	–
8. FOL	-	15. KAR	–
19. KOR	-	1. TEN	–
17. SIA	-	2. MAU	–
18. KOY	-	2. MAU	–
18. KOY	-	4. KORK	–
17. SIA	-	4. KORK	–
21. NIG	-	3. FIN	–
9. GBE	-	3. FIN	–
17. SIA	-	3. FIN	–
13. SIE	-	14. WOR	–
5. BAR	-	15. KAN	–
9. GBE	-	15. KAN	–
10. TUD	-	15. KAN	–
10. TUD	-	17. SIA	–
22. J.Kg	-	8. FOL	–

21. NIG	-	2. MAU	**12**
17. SIA	-	1. TEN	–
20. SAG	-	2. MAU	–
16. KAR	-	4. KORK	–
13. SIE	-	4. KORK	–
20. SAG	-	3. FIN	–
13. SIE	-	15. KAN	–
7. BOD	-	15. KAN	–
6. WOJ	-	15. KAN	–
9. GBE	-	5. BAR	–
9. GBE	-	4. KORK	–
21. NIG	-	5. BAR	–
12. NOW	-	5. BAR	–
10. TUG	-	21. NIG	–
7. BOD	-	21. NIG	–
4. KOR	-	9. GBE	–
7. BOD	-	7. SIA	–
23. J.vh.	-	15. KAR	–
22. J.Kg	-	17. SIA	–
13. SIE	-	2. MAU	**11**
12. NOW	-	2. MAU	–
6. WOK	-	2. MAU	–
8. FOL	-	4. KORK	–
8. FOL	-	3. FIN	–
12. NOW	-	3. FIN	–
8. FOL	-	15. KAN	–
8. FOL	-	5. BAR	–
10. TUD	-	5 BAR	–
23. J.vh.	-	21. NIG	–
10. TUD	-	20. SAG	–
23. J.vh.	-	20. SAG	–
17. SIA	-	9. GBE	–
23. J.vh.	-	18. KOY	–
11. VAN	-	19. KOR	–
7. BOD	-	19. KOR	–
6. WOJ	-	19. KOR	–
8. FOL	–	17. SIA	–
6. WOJ	-	17. SIA	–
8. FOL	-	1. TEN	**10**
13. SIE	-	1. TEN	–
11. VAN	-	2. MAU	–
7. BOD	-	2. MAU	–
10. TUD	-	4. KORK	–
10. TUD	-	3. FIN	–
10. TUD	-	14. WOR	–
6. WOJ	-	14. WOR	–
7. BOD	-	5. BAR	–
9. GBE	-	21. NIG	–
7. BOD	-	20. SAG	–
18. KOY	-	9. GBE	–
10. TUD	-	18. KOY	–

7. BOD	-	18. KOY	–
6. WOJ	-	18. KOY	–
8. FOL	-	19. KOR	–
10. TUD	-	19. KOR	–
19. KOR	-	2. MAU	–
11. VAN	-	1. TEN	**9**
10. TUD	-	2. MAU	–
22. J.Kg	-	2. MAU	–
21. NIG	-	4. KORK	–
20. SAG	-	4. KORK	–
15. KAN	-	3. FIN	–
7. BOD	-	3. FIN	–
9. GBE	-	14. WOR	–
22. J.Kg	-	14. WOR	–
23. J.vh	-	14. WOR	–
11. VAN	-	15. KAN	–
23. J.vh	-	15. KAN	–
19. KOR	-	5. BAR	–
11. VAN	-	21. NIG	–
8. FOL	-	21. NIG	–
11. VAN	-	20. SAG	–
11. VAN	-	17. SIA	–
10. TUD	-	1. TEN	**8**
19. KOR	-	4. KORK	–
11. VAN	-	4. KORK	–
7. BOD	-	4. KORK	–
6. WOJ	-	4. KORK	–
19. KOR	-	3. FIN	–
7. BOD	-	14. WOR	–
11. VAN	-	5. BAR	–
22. J.Kg	-	5. BAR	–
9. GBE	-	20. SAG	–
7. BOD	-	1. TEN	**7**
22. J.Kg	-	1. TEN	–
23. J.vh.	-	2. MAU	–
11. VAN	-	3. FIN	–
22. J.Kg	-	3. FIN	–
8. FOL	-	14. WOR	–
8. FOL	-	20. SAG	–
8. FOL	-	18. KOY	–
11. VAN	-	18. KOY	–
6. WOJ	-	1. TEN	**6**
23. J.vh.	-	1. TEN	**5**
22. J.Kg	-	4. KORK	–
11. VAN	-	14. WOR	–
23. J.vh.	-	5. BAR	–
23. J.vh.	-	4. KORK	**4**
23. J.vh.	-	3. FIN	**3**

2. CROISEMENT DES RESULTATS

Pour qu'une étude comme celle présentée ici rende au mieux compte de la réalité qu'elle tente de décrire, il convient à notre avis que ces résultats d'ordre strictement linguistique, un peu «désincarnés» soient croisés, confrontés, avec ceux obtenus par la sociolinguistique d'une part et la tradition orale d'autre part.

a) La sociolinguistique

Après avoir évalué la proximité des parlers à partir de critères linguistiques, il est légitime de se poser la question du degré d'intercompréhension entre locuteurs de ces mêmes parlers. Pour répondre à cette interrogation, nous nous appuierons sur les travaux de J. Maire (1980a), chercheur à la Société Internationale de Linguistique (S.I.L.). L'enquête menée par notre collègue quant au degré d'intelligibilité des locuteurs des parlers manding ne porte pas sur tous ceux que nous avons relevés mais – ce qui n'est pas négligeable – sur quatre d'entre eux, répartis sur quatre aires géographiques différentes, à savoir le jula de Kong (est), le wojenekakan (nord), le maukakan (sud-ouest), le worodugukakan (sud-est), auxquels s'ajoute le jula véhiculaire parlé à Abidjan[2].

Tableau 25 – POURCENTAGE D'INTELLIGIBILITE RECIPROQUE (d'après J. Maire)

	23. jula véhiculaire	22. jula de Kong	6. wojenekakan	14. worodugukakan	2. maukakan
Jula de K.	99	100	78,5	48,5	28
Wojenek.	100	88	100	61	35,5
Worodug.	98,5	90	78	100	84
Mauk.	99	89	90,5	92,5	100

L'examen des résultats obtenus par J. Maire révèle que, bien souvent, intelligibilité et proximité linguistique vont de pair. En effet, si l'on compare les indices de ressemblance des quatre parlers considérés aux pourcentages d'intelligibilité entre les locuteurs de ces mêmes parlers (tableau 24), on constate que les locuteurs des parlers les plus distants, à savoir wojenek. et mauk. (indice 11),

[2] Nous ne nous étendrons pas ici sur la méthodologie utilisée pour faire passer ces tests, aussi renvoyons-nous le lecteur à l'ouvrage cité.

avec un pourcentage d'intelligibilité de 35,5%, se comprennent mal entre eux, tout comme ceux du jula de Kong et du woroduguk. (indice 9) avec un pourcentage d'intelligibilité de 28%.

Cependant, si la réciprocité des indices de ressemblance est mathématique, A étant aussi distant de B que B de A, il n'en va pas de même dès qu'interviennent des facteurs autres que linguistiques : le taux d'intercompréhension entre locuteurs de deux parlers n'est pas réciproque. Ceci apparaît clairement dans le tableau 25 où l'on voit que les locuteurs des parlers du sud de l'aire manding comprennent beaucoup mieux ceux du nord (mauk./wojenek. 90,5% ; woroduguk./jula de Kong 90%) que ces derniers ne les comprennent (wojenek./mauk. 35,5% ; jula de Kong/woroduguk. 48,5%).

Cet exemple, à notre avis, illustre parfaitement le fait que l'anthropologie de la communication est une composante importante de l'étude dialectologique.

b) La tradition orale

La confrontation avec les enquêtes de tradition orale (cf. annexe 2) confirme l'origine commune de tous les ressortissants de cette même aire linguistique puisque le même mythe de dispersion se retrouve dans de nombreux points d'enquête et – ce qui est plus intéressant pour le linguiste – atteste leur rencontre avec divers locuteurs d'autres langues ; ainsi, ces Manding venus du Mali ont trouvé dans l'ouest les Dan ou Yacouba qu'ils ont en partie chassés de leur territoire, au sud les Gouro, au sud-est les Baoulé et enfin, au nord-est, les Sénoufo. Il est donc légitime de postuler que cette rencontre avec des peuples parlant différentes langues est l'un des facteurs de la très forte dialectalisation du manding en Côte-d'Ivoire et constitue, par conséquent, l'une des explications possibles de l'existence des différences entre les parlers. Nous n'avons pas systématiquement fait de comparaison entre ces parlers manding et les parlers voisins mais les quelques sondages effectuées à titre d'exemple en maukakan et en dan, langue mandé-sud parlée par le peuple avec lequel les Mahou se sont trouvés en contact à une certaine époque, militent en faveur de cette interprétation. En effet, l'influence du dan se retrouve non seulement dans l'origine des noms de village mahou mais aussi dans la structure syllabique de type CVV qui apparaît en maukakan, alors qu'elle est généralement inexistante dans les parlers manding. Exemples :

dan	maukakan	
zía	**syá**	"chemin"
tɔ́	**tɔ́ɔ́**	"nom"
tő	**tóó**	"oreille"

De même que ce n'est pas un hasard si la bilabiale ɸ n'apparaît que dans les parlers sud de l'aire manding (woroduguk., kanik.), c'est-à-dire là où il y a eu contact avec les Gouro et les Gban, dont les langues, mandé-sud, possèdent elles aussi ce phonème.

*

Ainsi, comme nous avons pu le voir tout au long de ce travail, une étude dialectologique présente un double intérêt :

- au plan *synchronique* : l'étude des variantes, déjà intéressante en elle-même, permet de plus d'établir des critères utiles pour la dialectométrie
- au plan *diachronique* : le quadrillage systématique de l'aire manding à l'aide d'une grille suffisamment fine offre la possibilité de retrouver inscrites dans l'espace les principales étapes de l'évolution de la langue au cours du temps (ce fut le cas pour certains items tels "trou", "pou", et certains morphèmes tel le prédicatif d'inactualité) ou tout au moins de reconstruire certains radicaux.

Cet intérêt se trouve renforcé par l'apport de deux disciplines complémentaires qui interviennent respectivement à chacun des deux niveaux envisagés :

- la sociolinguistique au niveau synchronique qui permet de répondre à la question «qui comprend qui, ici, aujourd'hui ?»
- la collecte de traditions orales qui, par sa dimension diachronique, fournit des hypothèses pour expliquer les variantes actuelles.

Enfin, cette vaste enquête dialectologique a mis en évidence le fait que la situation du manding en Côte-d'Ivoire n'est pas aussi simple qu'on pouvait le croire, et nous pouvons espérer qu'elle aura aidé à en mesurer la complexité. En effet, il nous semble que dans l'optique d'une promotion des langues nationales, il est capital de dresser au préalable un état aussi précis que possible de la structure des différentes aires linguistiques pour avoir, en ce domaine, une politique adaptée à la réalité. Puisse cette étude, parmi de nombreuses autres, y avoir modestement contribué.

BIBLIOGRAPHIE DES OUVRAGES CITÉS

BAILLEUIL, C. – 1981, *Petit dictionnaire bambara-français, français-bambara*, Avebury Publishing Co., 339 p.

BAMBA, M. – 1984, *Etudes phonologiques du mahou*, Montréal, Université du Québec, 154 p.

BIRD, C. – 1966, *Aspects of Bambara Syntax*, University Microfilms, Ann Arbor, Michigan, 163 p. multigr.

BRACONNIER, C. – 1980, *Enquête dialectologique du dioula de Côte-d'Ivoire et du wojɛnɛkã: correspondances phonétiques*, (projet manding/peul MA PE. 5),.Abidjan, ILA, 25 p. multigr.

— 1982, *Le système tonal du dioula d'Odienné*, T. I, Abidjan/Paris, ILA/ACCT (Documents Linguistiques 86), 206 p.

— 1983a, *Phonologie du dioula d'Odienné*, Abidjan/Paris, ILA/ACCT (Promotion des langues manding), 131 p.

— 1983b, L'inaccompli neutre en dioula d'Odienné : construction nominale ou construction verbale ?, *Mandenkan* 6 (Paris), p. 3-8.

— 1983c, *Le système tonal du dioula d'Odienné*, T. II, Abidjan/Paris, ILA/ACCT (Documents linguistiques), 222 p. et enregistrement.

— 1984, *Tons et segments en dioula d'Odienné (parler de Samatiguila)*, Abidjan/Paris, ILA/ACCT, 497 p.

BRACONNIER, C. et DIABY, S. – *Dioula d'Odienné (parler de Samatiguila), matériel lexical*, ILA/ACCT 96 (Abidjan), 130 p. multigr.

COMMISSION DES LANGUES VOLTAIQUES – 1974, *Règles de transcription et lexique de base jula*, Ouagadougou, 97 p.

COMITÉ NATIONAL DE 1975 (RECENSEMENT) – *Répertoire des localités de Côte-d'Ivoire et population*, Ministère de l'Economie et des Finances, Direction de la Statistique.

COULIBALY, B.– 1975, Pour une transcription des tons en jula, *Cahiers de Linguistique Voltaïque* 1 (Ouagadougou).

— 1984 – *Le jula véhiculaire de Haute-Volta. Phonologie, morphologie, syntaxe et règles de transcription orthographique*, thèse de Doctorat d'Etat, 3 vol., Paris, Université René Descartes-Paris V, 1008 p., annexes, bibliogr.

CREISSELS, D.– 1979a, L'hypothèse de l'origine pronominale des morphèmes marqueurs du nom et le système nominal de quelques langues ouest-africaines, Communication au colloque sur le changement grammatical organisé par le Dépt. de Linguistique Africaine de l'Université de Leiden, 17-18 sept. 1979.

— 1979b, *Unités et catégories grammaticales*, Publications de l'Université des Langues et Lettres, Grenoble, 209 p.

— 1979c, *Les constructions dites "possessives". Etude de linguistique générale et de typologie linguistique*. Thèse pour le Doctorat d'Etat, 2 vol., 869 p.

— 1980a, *Introduction à l'étude dialectologique des parlers manding* (Cours pour le certificat de la Maîtrise de Linguistique), Université de Grenoble.

— 1980b, Variations dialectales dans les systèmes de marques prédicatives des parlers manding, in G. Guarisma et S. Platiel (éds) *Dialectologie et Comparatisme en Afrique Noire*, Paris, SELAF (Oralité-Documents 2), p. 139-155.

— 1980c, *Correspondances phonétiques mandinka-bambara*, Université de Grenoble, 41 p.

— 1981a, L'étymologie des prédicatifs d'identification des parlers bambara et jula : yɛ́ et dɔ̃-dɔ̀-lɔ̃, *Mandenkan* 1, (Paris), p. 3-10.

— 1981b, *Schèmes d'énoncés et fonctions syntaxiques : l'exemple du bambara*, multicopié par l'Université des Langues et Lettres de Grenoble, Certificat de Linguistique Générale, 12 p.

— 1982a, *Document lexical maukakan*, Publications du Centre de Dialectologie Africaine 1, 59 p.

— 1982b, Notes d'enquête sur le système tonal du maukakan, *Cahiers Ivoiriens de Recherche en Linguistique* 11 (Abidjan), 22 p.

— 1982c, Note sur les prédicatifs du maukakan, *Mandenkan* 4 (Paris), p. 3-15.

— 1984 – Le système des marques prédicatives du korokan, *Mandenkan* 7, p. 15-25:

— 1987 – Esquisse du système tonal du korokan, *Mandenkan* 14-15, p. 81-106.

CREISSELS, D., avec la collaboration de S. JATTA et K. JOBARTEH, – 1983, *Eléments de grammaire de la langue mandinka,* Publications de l'Université des Langues et Lettres, Grenoble, 223 p.

DELAFOSSE, M. – 1901, *Essai de manuel pratique de la langue mandé ou mandingue. Etude grammaticale du dialecte dyoula. Vocabulaire français-dyoula. Histoire de Samori en mandé, étude comparée des principaux dialectes mandé*, Paris, Ernest Leroux, 304 p., 1 carte. Repr. Paris, INLOV, 1973, microfiche.

— 1929-1955, *La langue mandingue et ses dialectes (malinké, bambara, dioula)*, Paris, Imprimerie Nationale et Librairie orientaliste Geuthner, 2 vol. : 1. *Introduction, grammaire, lexique français-mandingue*, 674 p.; 2. *Dictionnaire manding-français*, XIX+857p. (Bibliothèque de l'ENLOV 10 et 15).

DELUZ, A. – 1973, Réflexions sur la fonction politique chez les islamisés malinké, sia, guro de Côte-d'Ivoire, *L'homme* 1-2, vol. XIII, p. 83-96

DERIVE, M.-J. – 1976a, Dioula véhiculaire, dioula de Kong et dioula d'Odienné, *Annales de l'Université d'Abidjan*, série Linguistique H, fasc. 1, p. 55-83.

— 1976b, *Chroniques des grandes familles d'Odienné*, Abidjan, ILA, multigr. n° LXII.

— 1977, Table ronde sur les origines de Kong, *Annales de l'Université d'Abidjan*, série J, T. 1 (Traditions orales), 505 p.

— 1980a, Rapport sur les parlers Mandé-nord de Côte-d'Ivoire, *Cahiers Ivoiriens de la Recherche en Linguistique* 7, ILA (Abidjan), p. 1-55.

— 1980b, Correspondances phonétiques dans les parlers manding de Côte-d'Ivoire, in G. Guarisma et S. Platiel (éds) *Dialectologie et Comparatisme en Afrique Noire* (Actes des journées d'étude tenues au Centre de Recherche Pluridisciplinaire du CNRS, Ivry, 2-5 juin 1980) Paris, SELAF, p. 159-205.

— 1980c, *Contes dioula*, Abidjan-Paris, CEDA/Hatier.

— 1981, Variations dialectales de certaines marques prédicatives des parlers manding ivoiriens, *Mandenkan* 1 (Paris), p. 59-78.

— 1985, *Etude comparée des parlers manding*, Thèse pour le Doctorat (nouveau régime), Université Paris V, 597 p., 69 cartes, 35 tabl.

DERIVE, M.-J. et LAFAGE, S. – 1978, Situation sociolinguistique de la Côte-d'Ivoire, *Inventaires des Etudes Linguistiques*, Paris, CILF, p. 390-409.

DIABATE, V. – 1979, *La région de Kong d'après les fouilles archéologiques, les sources écrites et orales*, Thèse pour le Doctorat de 3e cycle, Université de Paris I.

DUMESTRE, G – 1974, *Lexique fondamental du dioula de Côte d'Ivoire*, Abidjan, ILA, 75 p. multigr. (Documents linguistiques 51).

DUMESTRE, G. et RETORD, C. – 1974, Kɔ̃ dì ? Cours audio-oral de dioula, Université d'Abidjan.

GALTIER, G. – 1980, *Problèmes dialectologiques et phonographématiques des parlers mandingues*, Thèse pour le Doctorat de 3e cycle, Université de Paris VII, 449 p. multigr.

GINGISS, P. – 1972, Adyula : a sociolinguistic perspective, Communication au Congrès d'Etudes Manding/Manding Conference, London, School of Oriental & African Studies (Actes non publiés), 18 p. multigr.

— 1973, *Worodugukakan : a comparative and descriptive study*, University Microfilms n° 73-30, 590, Ann Arbor, Michigan, 149 p.

GRÉGOIRE, H.C. – 1977, Bilinguisme et multilinguisme en Côte-d'Ivoire, *Cahiers Ivoiriens de Recherche Linguistique* 1, ILA (Abidjan), p. 87-124.

HAUDRICOURT, A.-G. et THOMAS, J.M.C. – 1967, *La notation des langues. Phonétique et Phonologie,* Paris, I.G.N., 166 p.

HOUIS, M. – 1966, Aperçu sur les structures grammaticales des langues négro-africaines, *Afrique et Langage* (Lyon), 311+XLVII p.

— 1972, L'identité typologique du bambara, Communication au Congrès d'Etudes Manding/ Manding Conference, London, School of Oriental & African Studies (Actes non publiés), 12 p. multigr.

— 1974, A propos du phonème p, *Afrique et Langage* 1 (Paris), p. 35-38.

— 1976, Notes de recherche, dialectologie manding : une correspondance entre consonnes et tons, *Afrique et Langage* 6 (Paris), p. 45-47.

— 1977, Plan de description systématique des langues négro-africaines, *Afrique et Langage* 7 (Paris), p. 5-65.

— 1980, Problèmes de dialectologie, *Eléments de recherches sur les langues africaines*, Paris, AGECOP, 141 p.

KEITA, Y. – 1976, *Phonologie du worodougou de Séguéla,* mémoire de Maîtrise de linguistique, Abidjan, ILA, 121 p. multigr.

KOUASSI, A. *et al.* – 1977, Les langues africaines, instruments de développement, Communication au Deuxième Festival mondial des Arts négro-africains, Lagos, Nigeria.

LONG, R.W. – 1971, *A comparative study od the Northern Mande languages*, University Microfilms n° 72-6803, Ann Arbor, Michigan, 190 p.

— 1972 – The Northern Mande languages : a statistical pretesting of twenty-two idiolects, Communication au Congrès d'Etudes Manding/Manding Conference, London, School of Oriental & African Studies (Actes non publiés), 24 p. multigr.

MAIRE, J. – 1980a, *Enquête d'intelligibilité des principaux parlers manding de Côte-d'Ivoire*, Projet manding/peul ACCT/ILA, Abidjan, ILA (Documents linguistiques 3), 42 p. multigr.

— 1980b, *Enquête dialectologique du dioula de Côte d'Ivoire et du dioula de Kong : comparaison lexicale*, Projet manding/peul ACCT/ILA, Abidjan, ILA (Documents linguistiques 4), 32 p. multigr.

MANESSY, G. – 1964, Remarques sur la formation du pluriel en bandi, loma, mende et kpelle, *Bulletin de l'IFAN* 1-2, T. XXVI, Dakar, p. 119-126.

— 1975, *Les langues oti-volta,* Paris, SELAF (TO 15), 314 p.

MAROUZEAU, J. – 1969, *Lexique de la terminologie linguistique*, Paris, Geuthner.

MÖHLIG, W. – 1980, La dialectométrie : une méthode de classification synchronique en Afrique, in *Dialectologie et Comparatisme en Afrique Noire*, Actes des journées d'étude tenues au Centre de Recherche Pluridisciplinaire du CNRS, Paris, SELAF, p. 27-45.

PARTMANN, G. – 1974, Derivation and simplification by adolescent dioula speakers, *Studies in African Linguistics* 1, T. 5 (Los Angeles), p. 101-105.

PERSON, Y. – 1968, Samori : une révolution dyula, *Mémoires de l'IFAN* 80, T. I et II, 1271 p.

— 1975, Samori : une révolution dyula, *Mémoires de l'IFAN* 89, T. III, 1273+2377 p.

PERSSON, A. et J. - 1975 – *Preliminary phonological statement for Ligbi*, manuscrit déposé à la Bibliothèque de la Société Internationale de Linguistique, Abidjan, 28 p.

PLATIEL, S. – 1978, Les langues mandé, in D. Barreteau (éd.) *Inventaire des études linguistiques sur les pays d'Afrique Noire d'Expression Française et sur Madagascar*, Paris, CILF, p. 41-63.

PROST, A. – 1971, Eléments de sembla, *Afrique et Langage* (Lyon), (Documents 5), 157 p.

SANGARE, A. – 1983 - Note sur les prédicatifs et le système tonal du parler de Kong, *Mandenkan* 6 (Paris), p. 91-97.

— 1984 – *Dioula de Kong (Côte-d'Ivoire). Phonologie, grammaire, lexique et textes*, thèse pour le Doctorat de 3ème cycle, 3 vol., Grenoble, Université des Langues et Lettres, 432+85+51 p.

THOMAS, J.M.C. et BOUQUIAUX, L. (éds) – 1971, *Enquête et description des langues à tradition orale*, I. *L'enquête de terrain et l'analyse grammaticale*, (2ème édition revue et corrigée 1976) 3 vol., Paris, SELAF (NSP1), 950 p.

THOMAS, J.M.C., BOUQUIAUX, L. et CLOAREC-HEISS, F. – 1976, *Initiation à la phonétique*, Paris, PUF, 252 p.

WELMERS, W. – 1958, The Mande Languages, in William Austin (ed.), *Report on the Ninth Annual Round Table Meeting on Linguistics and Language Studies*, Georgetown University, Washington DC (Monograph Series on Languages and Linguistics 11), p. 9-24.

— 1971, Niger-Congo : Mande, in T.A. Sebeok (ed.), *Current Trends in Linguistics* 7, The Hague-Paris, Mouton, p. 113-140.

— 1976, *A grammar of Vaï*, Berkeley, University of California Press (Publications in Linguistics 84), 151 p.

ZIMMERMANN, D. – *Statistiques des ethnies de Côte-d'Ivoire par préfectures et sous-préfectures, d'après le recensement de la population de 1975*, manuscrit déposé à la bibliothèque de la Société Internationale de Linguistique (SIL), Abidjan.

TABLE des MATIERES

Fascicule 1

Section 1 - GENERALITES

Section 2 - ETUDE PHONETIQUE COMPAREE

Section 3 - ETUDE GRAMMATICALE COMPAREE

CARTES et TABLEAUX

Cartes

Tableaux

Fascicule 2

ANNEXES ET APPENDICES

*

ORIENTALISTE, P.B. 41, B-3000 Leuven